ANTOLOGÍA DE LA POESÍA ESPAÑOLA DEL SIGLO DE ORO
(SIGLOS XVI-XVII)

POESÍA

ANTOLOGÍA DE LA POESÍA ESPAÑOLA DEL SIGLO DE ORO

(SIGLOS XVI-XVII)

Edición
Pablo Jauralde Pou

Apéndice
Mercedes Sánchez Sánchez

COLECCIÓN AUSTRAL

Primera edición: 27-VIII-1999
Segunda edición: 13-II-2003

© *Pablo Jauralde Pou y Mercedes Sánchez Sánchez, 1999*

© *Espasa Calpe, S. A., 1999*

Diseño de cubierta: Tasmanias

Depósito legal: M. 6.324—2003
ISBN 84—239—7472—3

Reservados todos los derechos. No se permite reproducir, almacenar en sistemas de recuperación de la información ni transmitir alguna parte de esta publicación, cualquiera que sea el medio empleado —electrónico, mecánico, fotocopia, grabación, etc.—, sin el permiso previo de los titulares de los derechos de la propiedad intelectual

Espasa, en su deseo de mejorar sus publicaciones, agradecerá cualquier sugerencia que los lectores hagan al departamento editorial por correo electrónico: sugerencias@espasa.es

Impreso en España/Printed in Spain
Impresión: UNIGRAF, S. L.

ESPASA

Editorial Espasa Calpe, S. A.
Carretera de Irún, km 12,200. 28049 Madrid

ÍNDICE

INTRODUCCIÓN por Pablo Jauralde Pou	11
Perduración de la lírica medieval de cancioneros	17
El petrarquismo	21
Del manierismo	29
Canciones para una nueva época	35
La nueva poesía: final de siglo	40
El avispero poético del siglo XVII	42
BIBLIOGRAFÍA SELECTA	49
ESTA EDICIÓN	55

ANTOLOGÍA DE LA POESÍA ESPAÑOLA DEL SIGLO DE ORO
(SIGLOS XVI-XVII)

POESÍA DE CANCIONEROS	57
GARCILASO Y LA POESÍA PETRARQUISTA	67
Cristóbal de Castillejo	69
Juan Boscán	78
Garcilaso de la Vega	80
Diego Hurtado de Mendoza	91
Gutierre de Cetina	98
Hernando de Acuña	100
Gregorio Silvestre	102
Francisco de Terrazas	106

Francisco de Figueroa	108
Francisco de la Torre	115
MANIERISMO Y FIN DE SIGLO	119
Sebastián de Horozco	121
Fray Luis de León	123
Baltasar del Alcázar	135
Fernando de Herrera	137
Francisco de Aldana	144
San Juan de la Cruz	149
López Maldonado	164
Miguel de Cervantes	167
Poesía erótica	170
Luis Barahona de Soto	174
Poesía anónima	176
Vicente Espinel	177
Francisco de Medrano	179
Rodrigo Caro	182
Andrés Fernández de Andrada	186
EL BARROCO	195
Luis Carrillo y Sotomayor	197
Lupercio Leonardo de Argensola	199
Lope de Vega	211
Luis de Góngora	234
Juan de Salinas	260
Bartolomé Leonardo de Argensola	267
Juan de Arguijo	282
Pedro de Espinosa	284
Francisco López de Zárate	290
Francisco de Quevedo	294
Conde de Villamediana	327
Francisco de Rioja	335
Conde de Salinas	339
Juan de Jáuregui	341
Pedro Soto de Rojas	343
Antonio Hurtado de Mendoza	345
Esteban Manuel de Villegas	350

Anastasio Pantaleón de Ribera 353
Gabriel Bocángel 354
Salvador Jacinto Polo de Medina 357
Antonio de Solís y Rivadeneyra 361
Francisco Trillo y Figueroa 362
Sor Juana Inés de la Cruz 367

Apéndice por Mercedes Sánchez Sánchez 371
  Documentación complementaria 373
  Taller de lectura 391
  Comentario de texto (por Pablo Jauralde) 417

PROCEDENCIA DE LOS TEXTOS 424

ÍNDICE DE TÍTULOS Y PRIMEROS VERSOS 426

INTRODUCCIÓN

Poesía y música siempre fueron de la mano, pero en tanto las gentes de todo tipo cantan sin preocuparse demasiado del origen o el valor de sus canciones, otros más curiosos memorizan cuidadosamente, y a veces copian, esas mismas canciones, para repetirlas o paladearlas con cierto regusto artístico. Este fenómeno, tan sencillo, al apoyarse en otros de carácter histórico, como la difusión de la imprenta o un lento proceso de alfabetización, extendería prodigiosamente los dominios del arte poética a lo largo de los siglos XVI y XVII.

Son dos siglos de poesía, los que van de la fecha inevitable de 1492 (descubrimiento de América, final de la reconquista peninsular, expulsión de los judíos...) hasta el lento e inexorable declive, durante la segunda mitad del siglo XVII, que se cierra con el fin de la dinastía de los Austrias.

En efecto, a veces, se ha identificado con este nombre al largo período de doscientos años que comprende los reinados de los Reyes Católicos, el emperador Carlos I (1517-1556), Felipe II (1556-1598), Felipe III (1598-1621), Felipe IV (1621-1665) y el agotamiento dinástico de Carlos II (1665-1700). Pero un nombre más apropiado para definir el esplendor artístico característico de ese período es el de Siglo o Siglos de Oro, pues es entonces cuando estalla en maravilla la creación no sólo literaria, sino artística y cultural. Imposible enumerar todo lo que hemos heredado de esos doscientos años; bastará con señalar que, hacia 1600, cuando ya se ha terminado El Escorial, conviven en España Cervantes, Góngora, Quevedo, Tirso de Molina, el padre Victoria, Argensola..., y que, cuando se inaugura el Retiro, van de la mano Lope de Vega, Quevedo, Velázquez, Calderón, Zurbarán...

«Esplendor del arte» no quiere decir «serenidad de vida», ni siquiera significa bienestar económico o en cualquier otro ámbito; antes bien, a lo largo de esos dos siglos —otras veces denominados «la edad conflictiva»— se suceden el caos político y administrativo y el desorden social, o cruzan el país los fantasmas de la peste, la bancarrota y la miseria. Ni los galeones que llegan cargados de plata de Indias (América) pueden frenar el vértigo de una sociedad que vivía sin saber exactamente dónde terminaban sus fronteras en Europa (guerras en Flandes, Italia, el Mediterráneo...) y América. En 1580 la monarquía hispana se anexiona Portugal y todo sus territorios de ultramar, tras la muerte sin heredero del rey don Sebastián en África. Es el momento de mayor tensión política y extensión territorial, que sólo se alivia ligeramente cuando Felipe II, al final de su reinado (1597), deja a su hija Clara Eugenia el gobierno de los Países Bajos; cuando se concede la tregua de los Doce Años (1609), o cuando, después de nueva guerra con Francia (1635), la monarquía se descompone y es incapaz de contener la segregación de Portugal, de Rosellón y de Cataluña (1640), o de Nápoles y Sicilia (1647), etc. La paz de Westfalia (1648) significa el comienzo del final, que se acepta en la paz de los Pirineos (1659).

Las gentes a las que, enseguida, vamos a atribuir canciones y poesías, vivían una existencia tensa; la crispación política y militar alcanzaba fácilmente la esfera de lo cotidiano, no sólo por el ambiente bélico que caracteriza a esta época, sino porque la población participaba activamente de la guerra de una u otra forma (alojamiento de tropas, pago de impuestos para mantener los ejércitos, constante sangría de varones para los tercios y la armada, enquistamiento de actitudes violentas: jactancia, orgullo, valor físico, temeridad, riesgo, etc.).

De la misma forma, honda huella dejó en aquella sociedad la virulencia con la que se señalaron exclusiones e inclusiones para preservar la pureza social que hiciera posible mantener la unidad política. La homogeneidad religiosa se convirtió en la base de esa unión y, en consecuencia, la vida religiosa se apoderó de cualquier otro tipo de manifestación (el arte, la vida social, el orden económico, el ocio, la política, etc.). Felipe II llegó a decretar que fueran leyes del Reino las conclusiones del Concilio de Trento. Todas aquellas personas y grupos sociales que no presentaran esa pureza que los legitimaba como españolitos católicos por los cuatro costados, jamás contaminados por otras razas o castas, tendrían que esconder su origen y arrastrar una existencia precaria.

A los judíos se les expulsó en 1492, a los moriscos entre 1609 y 1614; pero a los conversos de cualquier origen se les miró siempre con extrema suspicacia. Muchos prohombres de la época, y especialmente muchos artistas y escritores, eran descendientes de conversos: fray Luis de León, los hermanos Valdés, santa Teresa de Jesús, Mateo Alemán... Sin embargo, el tono íntimo, extremado o amargo de sus creaciones no implicaba que hubieran padecido en su propia carne las carencias o los afanes de humanistas, burgueses, conversos y otras gentes zarandeadas durante la segunda mitad del siglo XVI; les bastaba con conectar con el mundo ideológico que se formó a partir de esa situación y que en modo alguno era patrimonio de los directamente implicados. De hecho, las grandes corrientes de pensamiento que atraviesan esos tiempos —en especial el neoestoicismo— se pueden explicar a partir del sentimiento de confusión y malestar del que participaba toda la sociedad, al que se refieren aquellas biografías como cualquier otra calamidad histórico-social.

La historia de la poesía durante los siglos XVI y XVII tiene mucho que ver con la historia de la cultura y con los modos de difusión de esa misma poesía. Un tanto por ciento muy elevado de la población peninsular, hasta un ochenta por ciento a comienzos del siglo XVI, era analfabeta. No podía, en consecuencia, ni recibir ni producir literatura —poesía—

que se trasmitiera por escrito. Accedían al mundo de la poesía a través de las canciones —así vamos a denominar a la poesía cantada— y de los actos colectivos en los que se cantaba o se recitaba; por ejemplo las fiestas, las ceremonias religiosas, los juegos, etc. Por tanto, la transmisión oral de la poesía es esencial para conocer la literatura de esos siglos, lo que no implica que la mayoría de las gentes sólo conociera canciones populares o de tradición oral; nada impedía que admiraran una fiesta cortesana en la que se recitaban poemas cultos; que asistieran a oficios y a ceremonias religiosas en las que se escuchasen himnos y rezos; o que asistieran a algún acto adornado por canciones de la exquisita «capilla real», es decir, por el coro de voces angélicas que para su recreo y adorno mantenía el rey, como un servicio más hacia su real persona en la sociedad cortesana.

Bien se ve, por otro lado, que junto a las canciones de trasmisión oral, que podían llegar a todas las gentes, hubo de existir otra poesía de trasmisión más culta, fundamentalmente aquella que se «escribía», a la que tenían acceso las minorías cultas, las clases privilegiadas.

Nunca existió una separación tan rígida como la que, breve y sencillamente, acabo de exponer. Quizá hoy, en el terreno de algunas artes, sí se llega a producir ese divorcio insalvable entre arte creado desde teorías muy difíciles y expresión popular muy directa. De finales del siglo XV, en la época que tradicionalmente se denomina Renacimiento —y cuyo etiquetado, según la perspectiva que se adopte, puede ser también el de «transición entre feudalismo y capitalismo», «nacimiento de la burguesía», Humanismo, etc.— nos ha llegado una poesía culta que solemos denominar «de cancioneros»: era la poesía cortesana, que a veces se recogía por escrito —precisamente en los *Cancioneros*— y que así se trasmitía normalmente, aunque tampoco era extraño que se difundiera acompañada de música, es decir, como canción. Por lo general, conocemos el nombre del autor que compuso el poema (Jorge Manrique, Carvajal, Antón de Montoro, Garci Sánchez de Badajoz, Juan del Enzina...).

Por otro lado, aquellos poetas cultos venían fijándose en la gracia, en el valor expresivo, y en otros aspectos de la poesía que se trasmitía oralmente, hasta el punto de que muchas veces tomaban letras de aquellas canciones para glosarlas, imitarlas o recrearlas. La moda de rehacer esquemas, temas o tonos de la poesía de trasmisión oral estalla a lo largo del siglo XVI y culmina en los grandes géneros (romances, teatro) y autores (Lope, Góngora...) de las generaciones posteriores.

Por qué se produce este maridaje entre lo uno y lo otro se explica desde la historia. La diferenciación social, la fragmentación social que provoca la tímida aparición de una clase media —la burguesía urbana— lleva a que los individuos de esa nueva clase miren con curiosidad los productos artísticos de carácter popular, y a que los recojan por escrito, prestos a ser imitados por la pericia del «artista culto». Además, aquellos productos espontáneos y frescos eran una forma de refrendar la esencial igualdad del ser humano —el sujeto de la ideología burguesa emergente— ante sentimientos también universales: el amor, la tristeza, la muerte, etc.

Un dato más nos hace falta para trazar mínimamente el panorama: la paulatina implantación de la imprenta. Si hasta entonces —finales del siglo XV—, la poesía se trasmitía de forma oral y a través de manuscritos, el cuño de la imprenta abrirá un ancho camino a otro tipo de difusión. Podríamos añadir que será la poesía culta la que se aproveche del invento. Pero no sólo ella. En los primeros momentos, parece que la impresión va a favorecer la difusión de los cancioneros; pero enseguida constatamos que los cancioneros impresos a comienzos del siglo XVI recogen también poesía de trasmisión oral; que la divulgación de «pliegos sueltos» —es decir, unas cuantas hojas, las que salen de doblar un pliego de papel— favorece o prefiere difundir letras de canciones populares. Desde luego, a partir de 1550 la imprenta publica más letras de canciones y poesía de transmisión oral que de poesía culta. Ello es lógico: el mercado, como vimos, era mucho mayor en aquel caso. Por otro lado, la imprenta no termina con la difusión manuscrita de la poesía, hasta el punto de que grandes poetas de aquellos siglos (san Juan de la Cruz, Fray Luis de León, Góngora, Quevedo...) publicaron sus poemas de esta forma y nunca en letra de molde. También es lógico: Garcilaso o Góngora no necesitaban imprimir unas composiciones que iban a ser leídas y admiradas en círculos artísticos exquisitos por pocas gentes. De manera que la poesía de los siglos XVI y XVII nos va a legar un riquísimo caudal de géneros, tipos, temas, etc., producto de esta diversificación.

La evolución de la poesía a lo largo del siglo XVI, sobre todo en sus dos primeros tercios, es bien conocida en la actualidad. En términos generales, se habla de la continuidad de los *cancioneros* tardomedievales, que penetran en la nueva centuria y, con mayor o menor fortuna, cobran vigor en el *conceptismo* de finales de siglo y del Barroco. Los cancioneros recogían modalidades poéticas mezcladas, aunque con predominio de las formas cultas o prestigiosas, que se trasmitían por escrito.

A su lado, asistimos al paulatino auge de las formas populares, principalmente de la *lírica tradicional* y del *romancero*, a través, primero, de su propia difusión oral, de los libros para música y de los *pliegos sueltos,* y de las colecciones y florilegios desde mediados de siglo. Desde muy temprano, los libros con letras para ser cantadas recogen todo tipo de tendencias poéticas, supeditándolas siempre a su soporte musical.

En este contexto, ya bastante rico, se hace un lugar la poesía petrarquista, la nueva lírica culta, con su cortejo de formas métricas y subgéneros poéticos deslumbrantes. Hacia mediados del siglo XVI el triunfo de esta modalidad alcanza a todas las manifestaciones poéticas, incluida la épica culta, sin llegar a anularlas, y provoca una toma de conciencia sobre el devenir de la poesía, esto es, su consideración teórica, lo que propicia unos años —década de los setenta— de auge de los estudios críticos y de las traducciones. Hitos en este último camino son los que van desde la publicación de las obras de Boscán y Garcilaso (1546) hasta las *Anotaciones* de Herrera (1580), pasando por las colecciones de Ramírez Pagan y Montemayor, y la enorme proyección de *La Araucana*, desde 1574.

La poesía moderna, que había nacido con Petrarca o Garcilaso, se había generalizado en toda la Europa culta y trasladado al Nuevo Mundo, experimenta su cambio más trascendental hacia 1580, fecha en la que convergen todas las modalidades —poesía culta (de cancioneros o petrarquista), lírica tradicional, romancero, épica culta...—. Así lo atestiguan el *Cartapacio* de Francisco Morán de la Estrella (terminado de recopilar en 1582, recoge ya quince odas horacianas, junto a los primeros atisbos satíricos sobre el fondo petrarquista y otras mezclas) o el *Cancionero* de López de Maldonado... (1586), quizá la última y más bella colección de poesía petrarquista, antes de su distorsión definitiva.

De modo que las dos décadas finales del siglo XVI y la primera del siglo XVII representan una verdadera Edad de Oro de la poesía clásica española. Es en esos años cuando se atisban nuevos caminos, tonos, temas, estilos, que van a caracterizar el desarrollo de la poesía posterior. Pronto un hecho marcará la evolución de esta nueva poesía: la línea gongorina, que, al imponerse y empapar a las restantes tendencias, arrincona otras modalidades o las relega a un segundo plano, sobre todo a partir de 1613.

Desde la década de 1640, la repetición y la banalización de temas y formas delata una época de decadencia.

Perduración de la lírica medieval de cancioneros

Durante el último tercio del siglo XIV había florecido una modalidad de la lírica medieval y prerrenacentista, sin que ninguna poética hubiera teorizado sobre sus géneros y formas a pesar de su evidente riqueza. Lo esencial se expone en los nueve capitulillos del *Arte de poesía castellana* (1496) de Juan del Enzina. La poética, en los términos más extensos y rigurosos, como hoy la entendemos, hay que deducirla de la poesía real que se amontonaba en los cancioneros, y de algunas refrescantes reacciones, como la de Cristóbal Castillejo, que escribió versos a favor o en contra de las modas, o enmendando la plana a los nuevos poetas con deliciosas fábulas mitológicas en octosílabos.

La poesía que precede al triunfo de las formas italianas, con las que convive durante largo tiempo, y que termina por formar parte de la tradición poética peninsular, era el reino de las «coplas», en sus diversas variantes (de arte mayor, de arte menor, *esparsas* o coplas sueltas), y con una clara tendencia al triunfo total de las coplas de arte menor frente al empaque y grandiosidad de las de arte mayor[1]. Jorge Manrique, por ejemplo, deja de usar las de arte mayor, que poco a poco se reservan para poemas de aliento, aunque todavía en el siglo XVI aparecen en obras como el *Retablo de la vida de Cristo* (1521) de Juan de Padilla o de glosadores empedernidos, como L. de Aranda (su cancionero es de 1564).

Las primeras décadas del siglo XVI son, por tanto, los momentos en que triunfa la copla y también cuando aparece el monumental *Cancionero General* (1511, y reediciones) de Hernando del Castillo. Junto a las coplas, se impone la moda de las estrofas «con vuelta» (cabeza / mudanza / vuelta), sobre todo, la *canción medieval* (con sus tres partes: tema, desarrollo y final), de carácter cortesano, y el *villancico*, de carácter popular, que se inicia con un cantarcillo anónimo o popular, se desarrolla con tres versos monorrimos —como el *zéjel*— y cada estrofa finaliza con una vuelta. Ambas formas, la canción medieval y el villancico, acaban por mez-

---

[1] La copla era una estrofa de siete a doce versos, dividida generalmente en dos partes, que se correspondían con sendas unidades sintácticas de sentido. Los versos podían ser todos de arte mayor, todos octosílabos o combinarse con los respectivos quebrados, esto es, con hexasílabos o tetrasílabos. Las rimas, cuyo número varía de dos a seis, eran siempre aconsonantadas y podían disponerse de modo que enlazaran las dos partes de la copla, o bien acentuar la autonomía de éstas (Lapesa).

clarse y crear, junto a la *endecha exasilábica* y el *mote*, un abanico de posibilidades métricas o de subgéneros poéticos muy notable, capaces de satisfacer adecuadamente las necesidades expresivas de la época, que sobrevive al triunfo del petrarquismo y rebrota con dignidad y fuerza durante las décadas finales del siglo XVI.

Tanto la esparsa como la canción, con su brevedad y la tendencia a cerrar con un mismo juego de rimas el comienzo de la composición, resultaban muy adecuadas para la expresión reconcentrada, epigramática e ingeniosa, como puede comprobarse en esta canción de Juan Álvarez Gato:

> No le des prisa, dolor,
> a mi tormento crescido,
> que a las veces el olvido
> es un concierto d'amor.
>
> Que do más la pena hiere,
> allí está el querer callado,
> y lo más disimulado
> aquello es lo que se quiere;
> aunque es el daño mayor
> del huego no conoscido,
> a las veces el olvido
> es un concierto d'amor.

Este tipo de composición alimentaba la expresión sentenciosa del refrán o de la cabeza, permitía una breve y enjundiosa explayación poética y exigía una cierta rotundidad en la conclusión, canalizando adecuadamente la evidente tendencia al conceptismo. Por su parte, la sucesión de coplas —castellanas, reales, quebradas, mixtas, que también podían desarrollar una canción— permitía avanzar en exposiciones más narrativas, o desplegar variaciones sobre un mismo motivo, como puede observarse en el modelo, paradigmático, de las coplas de Jorge Manrique a la muerte de su padre.

Así mismo, a comienzos de siglo se incrementa el gusto por los romances, con una tendencia temática, entonces, hacia lo lírico-novelesco más que hacia lo épico-histórico. Todas estas formas se divinizarán y duplicarán en el espejo de los *contrafacta,* o vueltas a lo divino, que se adivina ya desde finales del siglo XV en la obra de fray Íñigo de Mendoza, Juan Álvarez Gato, fray Ambrosio de Montesino..., pero que reciben su consagración a lo largo de la segunda mitad del siglo XVI y durante las primeras décadas de la centuria siguiente: desde Garcilaso a las novelas de caballería se pueden encontrar contrahechas «a lo divino».

Como contrapartida, no se puede dejar de citar esa otra riquísima veta paródica, que ya estaba en toda la literatura medieval y se proyecta hacia los nuevos tiempos a través del *Cancionero de obras de burlas provocantes a risa...,* que es la última parte del *Cancionero General*. Con ella se constata una resistencia a la gravedad, a la tensión y al lirismo exacerbado común a todos los tiempos. La línea menos grave, que constantemente recibía impulsos de los epigramas y de la sátira, se ampliará durante las últimas décadas del siglo XVI y estallará, apoderándose de todo, durante el siglo XVII. No es difícil reconocer su inspiración en poetas longevos o de inspiración más abierta que la de los primeros petrarquistas, como son Diego Hurtado de Mendoza, Baltasar del Alcázar, Cervantes...

Quizá la interpretación global de aquella variedad poética necesite de esfuerzos mayores de los que realiza la historiografía literaria tradicional. Este panorama no concuerda exactamente con los clásicos, sobre todo porque las líneas teóricas no hacen justicia a la riqueza histórica: no hay, del lado de la poesía cantable, cancioneros por un lado y romanceros por otro; tampoco existe, de modo similar, poesía culta transitando exclusivamente por la imprenta o a través de manuscritos, en tanto la trasmisión oral recogía la poesía popular. Muy al contrario, desde muy temprano, un mismo libro de época, con el título que se quiera, iba gozosamente mezclando letrillas con romances viejos, sonetos de Garcilaso y Boscán, canciones de Figueroa, romances nuevos de Lope o Góngora... Incluso en los grandes repertorios poéticos que más ayudaron a propagar el petrarquismo se produce esta conjunción: *La Diana* de Jorge de Montemayor (1558) se abre, poéticamente hablando, con coplas, pero continúa con octavas reales, para seguir con dos coplas novenas, una canción, una composición en tercetos encadenados, un soneto, unas coplas reales, un villancico, una canción trovadoresca, etc. Este polimorfismo será típico del género pastoril, muy adecuado, por lo demás, para trasvasar registros diferentes a formas narrativas, es decir, para crear un lenguaje métrico interno. El género bucólico-pastoril —tan denostado desde finales del siglo XV— fue, sin embargo, el que más contribuyó a difundir un ambiente poético rico y difuso.

El petrarquismo

El petrarquismo se extiende imparablemente en España desde mediados del siglo XVI, fecha de las grandes antologías que son las novelas pastoriles, de la edición de las obras poéticas de Garcilaso y Boscán, de la aparición de gran cantidad de poemas de origen culto, por ejemplo, los sonetos de los propios Boscán y Garcilaso, en libros con letras para canciones, etc.

La poesía petrarquista es, esencialmente, y sobre todo en las primeras hornadas poéticas, poesía de amor, declamada con «dolorido sentir» desde un yo lírico: es el «siempre está en llanto esta ánima mezquina» de Garcilaso (Égloga I, 81); o la confesión paladina del soneto XXVIII:

> Sabed que en mi perfeta edad y armado,
> con mis ojos abiertos, me he rendido
> al niño que sabéis, ciego y desnudo.
> De tan hermoso fuego consumido
> nunca fue corazón; si preguntado
> soy lo demás, en lo demás soy mudo.

Fácilmente esta modalidad poética se adscribe a la nueva ideología burguesa, que está descubriendo en el *alma* del poeta los *efectos del amor;* que está recreando por primera vez en la historia de nuestra cultura ese *espacio interior* del *sujeto libre,* correlato de una nueva mentalidad *posibilista* que proclama a los cuatro vientos la *libertad y la dignidad humanas:* se puede viajar, pensar, trabajar, comprar y vender, meditar, experimentar, creer y razonar, libremente. La nueva poesía renacentista es un efecto personal y lírico del *humanismo.* El poeta se admira ante la posibilidad de esa mirada interior que le descubre el arrebatado paisaje del alma *(Cuando me paro a contemplar mi estado)* e intenta expresar esa *individualidad,* el sentimiento interno suyo y sólo suyo, mediante una expresión nueva que lo singularice, es decir, mediante la búsqueda de fuentes, técnicas, recursos expresivos que sean capaces de prestar originalidad a su expresión. En esos momentos recoge la tradición y acude a las fuentes que mejor se acomodan a sus deseos: la poesía italiana, fundamentalmente; los modelos clásicos, al fondo; el amor cortés, como tradición inagotable para cantar el universo del amor. Lo consigue, y de manera tal, que los detractores —Barahona de Soto, por ejemplo, señalan que hay que entrar con «antorchas» en los poemas de Garcilaso para poder entenderlos. Como todas las vanguardias, el petrarquismo fue, al comienzo, arte de minorías selectas.

La obsesión por el espacio interior —el «alma» del poeta—, en donde se ha esculpido la imagen de la amada, en donde el amor habita, produce esas primeras imágenes disociadoras de abolengo platónico, en las que el poeta confiesa abandonar el cuerpo o llevar sólo el alma, etc., como en el soneto XIX de Garcilaso:

> Julio, después que me partí llorando
> de quien jamás mi pensamiento parte
> y dejé de mi alma aquella parte
> que al cuerpo vida y fuerza staba dando...

La retórica del «alma» se elaborará, con el tiempo, cada vez de manera más consecuente y atrevida. No es raro en

Garcilaso escenas poetizadas sobre ella, como la del soneto XXII:

> Con ansia extrema de mirar qué tiene
> vuestro pecho escondido allá en su centro
> y ver si a lo de fuera lo de dentro
> en apariencia y ser igual conviene,
>
> en él puse la vista, mas detiene
> de vuestra hermosura el duro encuentro
> mis ojos; y no pasan tan adentro,
> que miren lo qu'el alma en sí contiene.

La gran innovación formal procede del metro, el endecasílabo, con tres modalidades básicas (sáfico, heroico, melódico) y un deslumbrante cortejo de estrofas (soneto, terceto, octavas, liras, sextinas...), que determinaron un cambio radical en la historia de la poesía española. Asociado a ese cambio formal se desarrolla un original estilo expresivo, mucho más selecto, abierto a la incorporación de léxico culto e infinitamente más audaz desde el punto de vista sintáctico, hasta conseguir una maleabilidad —hipérbatos, perífrasis, períodos circulares, desplazamientos...— que aproximaba a la lengua española a sus modelos más queridos, sobre todo al latín —concretamente, a la poesía latina—, como puede observarse en el sinuoso y expresivo comienzo de la famosa canción V de Garcilaso, que en realidad se construye por semejantes parámetros (ver pág. 85).

Nótese semejante dispersión en todo el arranque de la Égloga I:

> El dulce lamentar de dos pastores,
> Salicio juntamente y Nemoroso,
> he de cantar, sus quejas imitando;
> cuyas ovejas al cantar sabroso
> estaban muy atentas, los amores,
> de pacer olvidadas, escuchando.

Por lo demás, el universo amoroso de los poetas renacentistas se reescribe desde el yo lírico enajenado, que enfrenta la dificultad del amor por la dureza de la amada, cuando no por su ausencia o su pérdida. Garcilaso refiere una y otra vez su «trabajosa / vida, en miseria y lágrimas pasadas...» (soneto XV, vv. 9-10) o «del grave mal que en mí está de contino» (soneto XX, v. 11). Así se abre a la expresión paradójica de fuerte tono lacrimógeno («salid sin duelo, lágrimas, corriendo»), más preocupada por encontrar la voz con que expresar ese dolor que por describir a la amada, lejana, huidiza. Incluso cuando la amada aparece en el poema lo hace como un ser fantasmagórico idealizado a través de una serie de rasgos físicos y morales, como en el bellísimo soneto XXIII de Garcilaso, que comienza «En tanto que de rosa y d'azucena / se muestra la color en vuestro gesto...» (ver pág. 84).

Esa negatividad se desborda expresivamente más allá de su propia conciencia:

> El ancho campo me parece estrecho,
> la noche clara para mí es escura,
> la dulce compañía amarga y dura,
> y duro campo de batalla el lecho.
> (Soneto XVII, vv. 5-8.)

El poeta buscará escenas semejantes en los universos metafóricos de moda: el pastor que contribuye con su llanto a la crecida de los ríos; Apolo que llora junto al árbol en que fue convertida Dafne, y de ese modo riega y acrecienta la dolorosa metamorfosis:

> Aquel que fue la causa de tal daño,
> a fuerza de llorar, crecer hacía
> este árbol, que con lágrimas regaba.
>
> ¡Oh miserable estado, oh mal tamaño,
> que con llorarla crezca cada día
> la causa y la razón por que lloraba!
> (Soneto XIII, vv. 9-14.)

La expresión de la paradoja se desarrolla a través de una imaginería harto conocida, cuyos núcleos semánticos son el fuego y el yelo:

> ¡Oh más dura que mármol a mis quejas
> y al encendido fuego en que me quemo
> más helada que nieve, Galatea!
> Estoy muriendo, y aun la vida temo;
> témola con razón, pues tú me dejas,
> que no hay sin ti el vivir para qué sea...
> (Égloga I, vv. 56-62.)

La realización léxica de esa paradoja será uno de los índices permanentes de la poesía petrarquista, que agotó el campo hasta la parodia.

En el proceso expresivo, el poeta echa mano de universos imaginarios de prestigio o de la tradición inmediata: la retórica de la *interiorización,* de la *naturaleza* y del universo *mitológico* habrán de nutrir la mayoría de los procesos de expresión imaginaria. El soneto VIII de Garcilaso se acomoda ajustadamente a esa retórica de la *interiorización,* con toda la casuística de «dentro», «fuera», ojos como ventanas, miradas como modos de penetración, el «alma» como término clave que describe ese santuario de la intimidad, etc. En el soneto V se expresa cumplidamente esa culminación vital en la pasión amorosa, que ocupa toda el «alma»: «Escrito está en mi alma vuestro gesto...» (ver pág. 81).

El otro universo metafórico —el mitológico— contribuye a crear una red de metaforizaciones decorativas y de referencia, pero puede llegar a ser tema o escena único de un poema, como en los sonetos a Dafne (XIII), a Leandro (XXIX), etcétera.

El descubrimiento de los efectos del amor en el alma del poeta, hasta el punto de anular cualquier otro sentimiento, agiganta el deseo y eterniza la pasión, que se desborda —hipérboles constantes— e inunda el mundo circundante, la naturaleza, a la que se invoca —prosopopeyas— desde una angustiosa soledad, correlato obligado de la libertad del artista libre:

> Por ti el silencio de la selva umbrosa,
> por ti la esquividad y apartamiento
> del solitario monte m'agradaba;
> por ti la verde hierba, el fresco viento,
> el blanco lirio y colorada rosa
> y dulce primavera deseaba...
> (Garcilaso, Égloga I, vv. 99-104.)

> Con mi llorar las piedras enternecen
> su natural dureza y la quebrantan;
> los árboles parece que s'inclinan;
> las aves que m'escuchan, cuando cantan,
> con diferente voz se condolecen
> y mi morir cantando me adevinan;
> las fieras que reclinan
> su cuerpo fatigado
> dejan el sosegado
> sueño por escuchar mi llanto triste...
> (Garcilaso, Égloga I, vv. 197-206.)

Situación dolorosa, conflictiva, que se poetiza una y otra vez («... en llanto y en ceniza me deshago», soneto XXXIII, v. 14) y proporciona la sensación de que la vida es como un combate, o casi mejor, como una derrota sentimental («Estoy contino en lágrimas bañado, / rompiendo siempre el aire con sospiros...», soneto XXXVIII, vv. 1-2), mientras que se reconoce la capacidad del poeta, del artista, para expresar o al menos intentarlo, el sentimiento de dolor. Así sucede en el soneto XXXIII de Garcilaso, que comienza: «Mi lengua va por do el dolor la guía». En este sentido, el tortuoso soneto XL de Garcilaso es la expresión cumplida de esa conciencia de sufrimiento amoroso, con quejas como éstas:

> El mal ha hecho en mí su cimiento...
> Ya todo mi ser se ha vuelto en dolor...
> Y el mayor bien que tengo es el llorar...

que se reiteran a lo largo de sus poesías: «Así paso la vida acrecentando / materia de dolor a mis sentidos...» (Canción I, vv. 26-27).

En los momentos de más lograda realización artística, por ejemplo en la Égloga III (vv. 12-16), las referencias a la creación poética (la voz a ti debida) expresan bellamente su función:

> pienso mover la voz a ti debida;
> libre mi alma de su estrecha roca,
> por el Estigio lago conducida,
> celebrando te irá, y aquel sonido
> hará parar las aguas del olvido.

La contemplación de la belleza amada, o su recuerdo real o en sueños compensa, sin embargo, sobradamente al amado, que así, además, recupera platónicamente algo de la belleza eterna y celestial y acepta un camino lleno de amarguras:

> Parecerá a la gente desvarío
> preciarme deste mal do me destruyo:
> yo lo tengo por única ventura.

Fue la asociación de estas novedades formales con el impulso expresivo nuevo lo que configuró al petrarquismo o el garcilasismo o el renacentismo poético como una corriente poética histórica original y fecunda.

Los estereotipos poéticos quedaron, con Garcilaso y sus seguidores, fijados para siglos, como modelos permanentes de la expresión lírica. Así, escenas como la que abre la Canción II (vv. 1-6), el poeta quejoso, que camina en soledad por «los caminos» y dispersa sus quejas al viento:

> La soledad siguiendo,
> rendido a mi fortuna,
> me voy por los caminos que se ofrecen,

>   por ellos esparciendo
>   mis quejas de una en una
>   al viento, que las lleva do perecen.

Al triunfo y naturalización del petrarquismo sucede el desarrollo de formas tradicionales y medievales, que ahora se pueden expresar con lenguaje petrarquista, es decir: saltan sus fronteras las otras modalidades poéticas de origen no culto y de trasmisión oral. Góngora compondrá letrillas; Lope, romances; etcétera. No es raro, decíamos, el caso de Garcilaso, antes cantado que impreso, ya que eso mismo les ocurrirá unos lustros después a Góngora, a Lope, a Liñán de Riaza o a Quevedo. Por ejemplo, es habitual encontrar sonetos entre estas antologías para cantar.

El petrarquismo puro y aquilatado todavía dará su fruto espléndido y tardío en una última generación, en torno a Herrera, que sublima el estilo de la poesía renacentista y en cierto modo la agota. El género más prestigioso durante aquellos años será la quintaesencia del petrarquismo: la épica culta, que, por medio de *La Araucana* de Ercilla, probablemente el libro más leído y admirado de poesía en las décadas finales de siglo, influye en el enriquecimiento léxico, en el lenguaje retórico y en la popularización de formas versales de las generaciones inmediatas. Lo cierto es que, con frecuencia, éste y otros aspectos de la épica culta se han desestimado para trazar el panorama de nuestra poesía áurea, puesto que entre 1552 y 1696 se escribieron hasta medio millar de extensos poemas épicos[2]. No obtuvieron el favor de la crítica ni el cariño del público, y nosotros tampoco nos vamos a detener en su historia y en sus variedades.

---

[2] En término absolutos, los primeros poemas épicos son de carácter religioso: los de Juan de Quirós (1552), Girón de Rebolledo (1563), Ramírez Pagán (1564), Juan Coloma (1576), Sánchez Galiando (1576) y Hernández Blasco (1584-1613)..., que confluyen en *La Cristiada* (1611) de Hojeda.

Del manierismo

Al tiempo que se desarrolla la épica culta, los signos de relajación de la estética petrarquista se dejan ver en las primeras y continuadas notas de humor metapoético en autores cultos: es decir, en la consideración de todo ese bagaje como algo alejado, dado, objetivo, sobre lo que ironizar. A veces se suele hablar de «manierismo» cuando se identifican las características de un género y unas formas, hasta el punto de que esa toma de conciencia constructiva se sobrepone a cualquier otro aspecto, por ejemplo, al tema mismo, y se apodera de parte o de toda la obra. El «manierismo» así concebido se percibe en estado latente en todas las formas evolucionadas o tardías de cualquier manifestación artística.

En efecto, la descomposición del petrarquismo desemboca en una serie de modalidades poéticas basadas en el desencanto, la extensión temática, la pérdida de la armonía, la exageración formal, etc., que traslucen un mismo telón de fondo: la crisis del humanismo, de las ideas sobre la armonía del cosmos y la falta de fe en las posibilidades del hombre. El viejo humanista, de raíces éticas muy claras y de intencionalidad histórico-social muy señalada, se encierra en la erudición o se sumerge en la historia del pasado. El trasfondo histórico muestra curiosos cambios concretos: la vuelta de Felipe II de sus viajes europeos, el paulatino abandono de la etiqueta borgoñona, cierto regusto por las formas más austeras y clásicas frente al evidente flamenquismo anterior...

En términos cronológicos más escuetos, el arte manierista surge como un derivado del arte renacentista antes de entrar en el Barroco, aunque dependerá de la manifestación a la que nos estemos refiriendo: en el caso de la poesía, por ejemplo, si consideramos que el Renacimiento triunfa entre 1545 y 1565, y que el Barroco aparece muy en las postrimerías del siglo XVI, el manierismo ocuparía ese hueco del último tercio del siglo XVI del que pretendemos hablar.

Desde el punto de vista ideológico, descubrimos como telón de fondo la crisis de las ideas renacentistas, con lo que se trata de una época en la que se observarán rasgos negativos o la contraposición de rasgos negativos a los que habían caracterizado la serenidad, la contención, la tersura y la armonía de los primeros petrarquistas. Muy llamativa es la desaparición del «humanismo» activo de comienzos de siglo, que se refugia en la erudición y en la intimidad, renunciando a su papel social.

Estéticamente, se romperá la unidad entre lo formal y lo espiritual, violentando cierto sentido de la armonía entre lo uno y lo otro, que había caracterizado al período anterior. En esta distorsión, el manierismo intenta liberar a lo espiritual de su costra formal, que exagera, deforma o rompe, alejándolo de medidas y reglas preceptivas. Esa disociación se opera hasta en las referencias léxicas más frecuentes de aquella poesía, por ejemplo en la pareja «alma / cuerpo» y en todos sus precipitados retóricos.

Se suele considerar a El Greco como el pintor manierista por excelencia; el músico sería, en consecuencia, el sevillano Francisco Guerrero, aunque la versión más espiritualizada de esa contraposición formal nos sobrecoja en los espectaculares lienzos corales del padre Victoria, cuyo parangón poético podría ser el *Cantico espiritual* de san Juan de la Cruz, en ambos casos unificando en una sola obra tensiones infinitas entre lo terrenal y lo espiritual. Si el ejemplo citado del reformador carmelita representa el mejor modelo de esa espiritualización absoluta, en la poesía de esos años nos encontramos, en efecto, rasgos de esa tortuosidad liberadora en poetas petrarquistas de generaciones tardías, esencialmente en Aldana o en la atormentada construcción de las odas luisianas.

En ese camino hacia las formas del espíritu, el manierismo se reencuentra con viejas corrientes clásicas —el estoicismo, particularmente— que le prestan su tono rancio y meditativo y le permiten una versión mucho más pasiva y reflexiva, aunque apegada a circunstancias históricas: la mirada alrededor, que lleva a la meditación sobre ruinas, jardines abandonados, pasados gloriosos, etc., y a la consideración grave de las miserias de la vida del hombre sobre la tierra. Nos hallamos, en efecto, ante una auténtica «floración» de estanques y de jardines. El siglo se va terminando, como Felipe II, enfermo, en El Escorial.

Por «manierismo» entendemos también la sobreimportancia de los elementos decorativos y formales, que se apoderan de la obra de arte para mostrar de qué «manera» se ha fabricado. Se trata de otro resultado lógico de esa pugna por disociar lo formal de lo espiritual; véase como ejemplo la obra poética de Herrera: una infinita variación formal sobre unos pocos motivos. Es probable que, en estos casos, la lucha por la expresión en aquel contexto ideológicamente cerrado se resuelva, mejor que en sus logros, en sus intentos: la acumulación y la reiteración artística de lo decorativo. El propio lenguaje se adensa hasta impedir la expresión original, que se ahoga en este primer paso. No es extraño que, visto desde dentro de la tradición literaria y sin tener en cuenta la historia, se hable de la *imitatio* o de la infinita variación de un sistema de tópicos, las más de las veces suministrados por el clasicismo grecolatino o el italiano. El modo de producir poesía a partir de la imitación de los clásicos —lo que inevitablemente lleva al estudio de las fuentes y de los tópicos como sustancia del poema— es uno de los valladares mejor levantados y esgrimidos para no poder entender nunca la poesía del Siglo de Oro como de ese siglo y no de otro: es un campo para la erudición vana, que se complace en la disecación de su objeto pero que nunca llega a comprender por qué es así.

El petrarquismo tardío se proyecta, pues, hacia varios caminos; esencialmente: el refinamiento artístico, el desvío moral y neoestoico que busca nuevas fuentes en el inagotable minero de los clásicos, el distanciamiento irónico, el espiritualismo exagerado o tortuoso, la variación formal, la renovación de la tradición literaria desde dentro... Son los caminos que conducen al siglo XVII, al Barroco.

La visión irónica del mundo poético heredado no sólo procede del interior y del exterior de la propia poesía petrarquista, sino que también se engendra de forma natural en la moda de cancioncillas y romances, hasta confluir ambas en un tono jocoserio. Pero ese tono no es más que un perfume exótico en los primeros florilegios; no se trata de un rasgo de estilo de época. En general, todas las colecciones de la última década contienen poemas que anuncian el mundo picaresco y la carcajada barroca. Estos primeros florilegios proceden, mayoritariamente, de romances moriscos, con algunos tradicionales y unos cuantos pastoriles; el conjunto se adereza con alguna letrilla.

El diálogo humorístico y artístico que establecen los autores de romances nuevos con el romancero viejo es el mismo que entablarán los de las generaciones siguientes con esta primera hornada. Por ejemplo, el diálogo de los romances de Quevedo con los de Góngora. Se podría trazar todo un panorama de la poesía del primer Quevedo a partir de los temas y motivos que contrahace de Góngora, quien, a su vez, gustaba de retomar viejas tradiciones de la lírica (romances, Castillejo, villancicos y letrillas...).

La distancia con el tono lacrimógeno de los primeros romances nuevos es muy diversa según los autores y las épocas. La escasa proporción de tonos desviados hacia lo sarcástico en autores como Liñán —apenas un puñado— contrasta con el decidido rumbo paródico de los de Quevedo, por ejemplo, que termina por no escribir más que lienzos grotescos, tarea en la que le acompañarán Juan de Salinas, Antonio Hurtado de Mendoza, Villamediana, etcétera. El fenómeno tiene bastante que ver con la evolución de los subgéneros poéticos: el romance se estaba especializando en la forma confidencial y coloquial sobre la que el poeta vierte sus experiencias cotidianas, a modo de una epístola desenfadada o burlesca, en tanto la silva se preparaba para ocupar el hueco meditativo y abierto de las odas y las canciones. Existe otro tipo de variación que ahora nos interesa, porque apunta hacia la diversidad barroca: el empuje de los romances pastoriles —que empiezan por servir de relleno o apéndice a los romanceros más conocidos— utiliza la licencia que estaba en la tradición de Gil Polo o de Montemayor de mezclar metros, incluso romances y formas italianas.

Lo que se deduce, por tanto, es que en estas dos décadas de finales del siglo XVI existe una clara conciencia de tradición gastada, de final de ciclo, tanto en su vertiente popular como en su faceta culta. Lo gastado es el tono meloso, el exceso lírico, la absoluta anteposición del yo, el lenguaje petrarquista, la metaforización imaginativa en el mundo morisco y —menos— pastoril; el exceso expresivo; la propia retórica de lo uno y de lo otro.

Es curiosa la conciencia que se tiene, hacia 1580, de la decadencia de la poesía, porque ha desaparecido la primera generación de petrarquistas y no se ve bien el camino que va a seguir la lírica. Esta conciencia está en la poética de Sánchez de Lima, en poetas como el primer Lope, Lomas Cantoral, Espinel, Liñán, etc. Se trata de poetas cultos, que perciben oscuramente el avance impredecible de las formas populares, de los romanceros y florilegios, ahora ya incluso ocupando un honroso lugar en las representaciones teatrales. Mientras tanto, moralistas y predicadores, como Malón de Chaide, en *La conversión de la Magdalena* (1588) atacan «los libros de amores y las Dianas, Boscanes y Garcilasos»; crítica que también encontramos en Francisco Terrones del Caño *(Instrucción de predicadores)*. Pero es el ataque contra los triunfadores.

La duda sobre los nuevos caminos de la poesía no se manifiesta sólo teóricamente. El primer principio que parece ponerse en entredicho es el de la imitación y la traducción —el Brocense lo defiende en sus comentarios—, es decir, el de la continuidad de una poética que se manifiesta frecuentemente en el señalamiento de las fuentes y de su utilización; o, cuando se trata de los niveles de la lengua, la fascinación por la etimología. Y este principio es el que sale reforzado, indudablemente, en las odas de fray Luis de León, que engastan motivos más ricos, sutiles y efectivos de la tradición clásica que cualquier poesía anterior y que acuden al valor etimológico de la lengua incluso en los casos más extremos de «cultismo semántico».

Los comentarios de Herrera y toda la atmósfera de la poesía herreriana derivan más hacia los niveles de estilo, las cualidades de la lengua y los aspectos de retórica, cada vez más refinados, es decir, hacia un amaneramiento del arte heredado. Muy en esta línea, Herrera se niega a interpretaciones biográficas e históricas, que no son extrañas en el Brocense: la autonomía del artefacto estético se sobrepone a su creación personal. Ese camino, que culminará con el «distanciamiento estético» de Góngora, será el de la vanguardia, en tanto la poesía de carácter meditativo y «afectivo» —por emplear un término de Dámaso Alonso— terminará siendo desbordada.

El Barroco será el arte de la palabra. En contrapartida, el espacio poético en que sitúa a la poética de Garcilaso es mucho más nacionalista que el del Brocense, quien sólo concede profundidad a la literatura clásica y a la italiana. Todo esto ha sido suficientemente estudiado.

Para cuando Herrera poetiza, incansablemente, a juzgar por la extensión de su obra, ya hay quien se ha empezado a plantear un cambio de rumbo. La idea de un cancionero amoroso, a la manera petrarquista, resultaba gastada y anodina para los que querían lograr «su» expresión, aunque todavía colee en autores ideológicamente retrasados de la magnitud de Lope o de Quevedo. En cualquier caso, se trataba de una tradición asimilada sobre la que trabajar, a la que se podía dar la espalda si fuera preciso.

La inspiración amorosa se quiebra paulatinamente en las generaciones posteriores a Garcilaso, en poetas que leerían con renovado deleite las epístolas después de haberse aprendido de memoria los sonetos, las églogas y las canciones. En el «alma» del sujeto burgués que se paraba a contemplar Garcilaso ya no habita exclusivamente el amor, como fuerza poderosa y cósmica que todo lo llena; los poetas más jóvenes —Aldana, Figueroa, Cervantes, Medrano...— han descubierto que es también el espacio de la angustia, la soledad, el placer... que no sólo provoca el amor. Eran también otros tiempos.

Esta segunda opción será la que lleve a la poesía petrarquista del último tercio del siglo XVI por los derroteros del espiritualismo, del neoestoicismo y del horacianismo. Los poetas sevillanos, los salmantinos, los más jóvenes de las nuevas generaciones acudirían al tono grave y meditativo de las epístolas y de las odas: las ruinas, el paso del tiempo, la amistad, el estudio... son temas muy característicos de esta poesía, que tuvo nombres tan grandes como Medrano, fray Luis de León, Arguijo, Rioja, los Argensola... Hasta que el joven Quevedo, hacia 1603, creyó encontrar en la silva estaciana el modelo clásico que mejor convenía a este deseo de buscar nuevos rumbos por la vía erudita y culta. Le acompañarán enseguida los Rioja, Calatayud, Pacheco, Arguijo, Jáuregui, etc. Bastaría con echar una ojeada a otro tipo de obras para subrayar ese quiebro indudable. El gran libro de erudición de la época, por ejemplo, será ese ingente acopio de ruinas históricas que publica Ambrosio de Morales (1580), lo que provocará todo un género de moda, de Pedro de Medina, de Argote de Molina, de Rodrigo Caro..., y un desmedido afán por la historia, hasta el punto de inventarla. Esa literatura se enseñorea de la «intelectualidad» española de entresiglos.

La vía culta, como la he llamado, será fructífera, quizá por algo tan banal como encontrar una forma estrófica propia y adecuada: la silva, es decir, la tirada de versos de siete y once sílabas, que, con su estructura abierta, permitía salir de ese agobio tectónico de las formas rígidas del Renacimiento (sonetos, liras, tercetos) hacia la vaguedad de la meditación, desprendiéndose del lastre amanerado que se había creado en torno al lenguaje petrarquista.

Canciones para una nueva época

Había otros lugares en donde inspirarse para llevar a cabo la renovación: fundamentalmente lo que la gente cantaba. Y la gente cantaba —era uno de los grandes placeres de la época— multitud de cosas: romances, canciones populares o popularizadas, unas tradicionales y otras no tanto (ya dijimos que se cantaban sonetos de Garcilaso, por ejemplo). Y la época suministraba cancioneros, con texto y música, para las capillas, los músicos, etc., y, en el caso de los libreros más avezados, y desde mediados del siglo XVI, lo que el público realmente quería: las letras de todo aquel inmenso *corpus* poético, a modo de pliegos sueltos, pero también de importantes colecciones y voluminosos libros (florilegios, romanceros, antologías...).

Por lo que concierne a los cancioneros, el hilo va del *Cancionero de la Colombina,* de finales del siglo XV, pasando por los cancioneros de *Palacio* (1505-1520), el *musical de la Catedral de Segovia* y el *Cancionero musical de Barcelona* (entre 1525-1535), que son todos manuscritos, para entrar en el amplio caudal de textos publicados a lo largo del siglo XVI. Los dos primeros citados son, en realidad, los acompañantes musicales del *Cancionero General* y no están exentos de interés específico; por ejemplo, muestran la derivación de la canción medieval hacia el villancico, cierta poquedad del romance (ninguna representación en el *Cancionero de la Catedral de Segovia,* por ejemplo), las mezclas e interferencias de lo religioso y lo profano, etc.

El primer cancionero musical español publicado es *Villancicos de diversos autores...* (Jerónimo Scoto, Venecia, 1556), es decir, el llamado *Cancionero de Upsala.* Pero el que marca claramente la evolución del gusto poético es el *Cancionero musical de la casa de Medinaceli,* manuscrito que se debió de recopilar al inicio de la segunda mitad del siglo XVI (hacia 1569) y muestra ya un cambio resuelto en temas y tonos: el villancico ha barrido a la canción, se incorporan como canciones fragmentos de los poetas cultos renacentistas (Garcilaso, Cetina, Montemayor, etc.) —naturalmente con la utilización de endecasílabos—, pero decaen los romances. En el *corpus* están representados Boscán, Garcilaso, Castillejo, Montemayor, B. de Alcázar, Cetina, G. Silvestre... Esta recopilación confluyó con la edición de las obras de Boscán y Garcilaso, con las primeras novelas pastoriles, con el *Cancionero* de Montemayor, etc., y significa el triunfo absoluto del petrarquismo.

Por esas mismas fechas, Juan Vásquez logra publicar nada menos que dos libros de lírica profana en castellano: *Villancicos y canciones a quatro y a cinco voces* (Osuna, 1551) y *Recopilación de sonetos y villancicos* (Sevilla, 1569), este último bastante representativo de lo que señalaban los nuevos tiempos[3]. Poco después Miguel de la Fuenllana publica *Orphénica Lyra* (Sevilla, 1552). La confluencia de los músicos con los poetas cultos del petrarquismo tiene lugar con Francisco Guerrero (1528-1599), quien incluso trabó amistad y camaradería con varios de ellos y contrahizo grandes éxitos del petrarquismo español[4]. Los mejores y más importantes de los libros para vihuela, como se sabe, se refieren también a este segmento: si se exceptúa Milán, que a veces compone sólo para el instrumento, el resto de los grandes vihuelistas lo hacen a partir, sobre o para texto. Lo más importante de este repertorio estriba en saber no sólo cuál es el texto de partida, sino cómo se adapta, trasforma o incluso se inventa al pasar al repertorio de un vihuelista. Como dice Carmen Valcárcel: «Es notable la enorme variedad de textos estróficos; el romance y el villancico de amplia tradición castellana, conviven con las nuevas formas de inspiración italiana; el gusto por lo clásico se refleja en el canto de versos latinos, y las misas, los himnos sacros y los salmos configuran todo el repertorio vihuelístico»[5].

---

[3] De estas fechas son también los libros de música *Silva de sirenas* (Valladolid, 1547) de Valderrábano y *Libro de música de vihuela* (Salamanca, 1552) de Diego Pisador, entre otros, que con frecuencia acompañan a textos.

[4] Sus *Canciones y villanescas espírituales* se publicaron en Venecia (1589). Existe edición moderna de V. García y M. Querol (CSIC, Barcelona, 1955).

[5] Estoy citando su tesis doctoral, UAM, Madrid, 1994, pág 397. La doctora Valcárcel se refiere a estos géneros entre el *Cancionero de Montecasino* (hacia 1430-1480) y el *Cancionero de Turín* (hacia 1580-1590).

Milán introduce en su repertorio poesía petrarquista, aunque italiana; pero Mudarra (1546) incorpora a su repertorio vihuelístico el soneto «Por ásperos caminos soy llevado» de Garcilaso, además de otros dos sin atribución y varias canciones madrigalescas, con lo que confluyen en esta corriente con villancicos y romances. Para Narváez (1538) y Valderrábano (1547) era todavía significativamente prematuro, aunque el primero incluye madrigales de Juan Vázquez, pero Pisador (1652) y Fuenllana (1554) entran decididamente por ese camino. Por lo demás, subgéneros musicales como las *diferencias* y las *fantasías* apuntan, con su libertad de creación y de ejecución, hacia una apertura de los subgéneros tradicionales, bien patente en otras formas literarias —como la comedia del arte— o anunciando ya la silva.

Solamente en cuanto a los textos. El primero que lo hizo con los romances fue el librero holandés Martín Nucio[6], que formó un envidiable *corpus* de romances viejos a partir de los pliegos sueltos, del *Cancionero general* y de noticias, orales y escritas, que le llegaron durante su estancia en España, o luego, con el ajetreo militar y burocrático de los españoles en Flandes, coincidiendo casi con el viaje del futuro Felipe II por los Países Bajos y la Corte imperial. Pero, naturalmente, nada encontraremos en ese precioso libro de los nuevos tonos y temas. Casi al mismo tiempo que Martín Nucio en Amberes, prepara Esteban G. de Nájera en Zaragoza su *Silva*, que se publica en tres partes: *Primera parte de la silva de varios romances...*, que va a desarrollarse en las ediciones de Barcelona (1550 y 1552); *Segunda parte de la silva de varios romances...*, del mismo Esteban Nájera (Zaragoza, 1550, reeditada con cambios en 1552) y *Tercera parte de la silva de varios romances...* (id., 1651). El ingente *corpus* que pone en circulación la *Silva* sobresale respecto del de Martín

---

[6] Impreso hacia 1548, reimpreso en Medina del Campo, a costa de Guillermo de Miles, en 1550, ej. de la BN, único, R. 12.895; reimpreso con mejoras por el propio Nucio en 1550. Luego se reimprime con apenas cambios tres veces: en Amberes (1555 y 1568) y en Lisboa (1581).

Nucio por la inclusión de bastantes romances religiosos y por esa concesión final a temas más desenfadados, e incluso subidos de tono, que le permiten incluir, por ejemplo, «El diálogo entre el autor y su pluma», de Castillejo, que, junto con alguna obra de Boscán, es la composición más reciente con nombre de autor, ya que se siguen reeditando romances del *Cancionero General* y se repiten los nombres de Torres Naharro, Juan del Enzina, etc. Todavía no se observa en ese *corpus* una tendencia clara hacia la nueva poesía.

El romancero, como dijo con acierto y gracia el gran crítico español Eugenio Asensio, había naufragado hasta 1580, y desde entonces tienta la inspiración de los nuevos poetas desde perspectivas insólitas: irónica —Góngora—, burlesca —Quevedo—. Yo prefiero escalonar esta caída del romancero, que tanto hizo padecer «al patético Marqués de Mantua y al gallardo don Gaiferos» (Asensio), desde el extremado y veteado lirismo de Góngora a la desencajada burla del Barroco, entremés incluido.

Realmente se traza con suma ligereza la historia de nuestra poesía áurea cuando no se tiene en cuenta todo este enorme caudal de textos para bailar, cantar, representar, recitar y recordar. Y no porque, en algunos casos, nos falten instrumentos de trabajo. Rodríguez Moñino trabajó incansablemente para que conociéramos la *Poesía y cancioneros (siglo XVI)*. Y puso las bases de lo que sería una metodología de trabajo tendente a historiar la poesía de estos dos siglos: los volúmenes impresos con obra individual, los textos manuscritos, los pliegos poéticos y las antologías o cancioneros. Claro que el mismo egregio bibliógrafo desenfocó el panorama con su famosa teoría sobre la «realidad histórica», al identificarla con la poesía publicada y trasmitida, como si la creación poética, aunque no se publicara ni se trasmitiera, no fuera tan real e historiable como la otra[7]. Es difícil corregir

---

[7] Es el título de su discurso de ingreso en la Academia, que puede verse en *Construcción Crítica y Realidad Histórica en la Poesía Española de los siglos XVI y XVII*, Castalia, Madrid,1968.

esta apreciación: la historia literaria se construye a veces con pilares defectuosos, muy difíciles de sustituir.

LA NUEVA POESÍA: FINAL DE SIGLO

Retomemos ahora el hilo de la poesía culta a comienzos del siglo XVII. La otra gran novedad de las nuevas corrientes —la primera hubo de ser la de la poesía neoestoica— consiste, por tanto, en que las nuevas generaciones de poetas, con nombre y apellidos, decidieron componer también en ese modo triunfante y popular: Lope de Vega, Miguel Sánchez, Liñán de Riaza, Espinel, Luis de Góngora... Y lo hicieron desde un postura histórica peculiar: habían aprendido a versificar a partir del endecasílabo y volvían a cantar en versos de arte menor. Las novedades formales de las canciones no eran muchas —espinelas, seguidillas, ovillejos, ensaladillas, versolibrismo, poliestrofismo, juegos constantes con glosas y refranes, etc.—, pero sí mayores que las de la tradición italiana. No obstante, la riqueza de aquella tradición poética que recogían no armonizaba con los tiempos: la España finisecular, la del último Felipe II, era un espacio histórico muy peculiar, ideológicamente agobiante, económicamente todavía rico y expansivo, religiosamente intransigente, abierto hacia un futuro cada vez más problemático. Lejos quedaba el universalismo de la década de los cincuenta, cuando Felipe II deambulaba de Borgoña a Amberes, de Amberes a Londres, enriqueciendo su gusto artístico.

Ese maridaje, como hemos visto, ya se producía en algunos florilegios de mediados de siglo y en la obra de muchos poetas tradicionalmente etiquetados como petrarquistas: Boscán, Cetina, Montemayor, Figueroa, Cueva, etc. Las nuevas generaciones incrementan esa inspiración abierta. Y ahí empieza a componer Góngora.

Con la poesía meditativa y horaciana, con esas variantes de la poesía popular —aparece cada vez con mayor fuerza la seguidilla—, con el intento de acoplar la silva y la imparable entrada de Góngora, nos plantamos en la corte vallisoletana para ver cómo un joven poeta andaluz, Pedro Espinosa, consciente de los nuevos tiempos, prepara «contra» los romanceros y demás florilegios de consumo «vulgar» unas *Flores de poetas ilustres,* es decir, una antología de vanguardia, muy consciente de que algo estaba cambiando en la poesía española en los últimos veinte años. Representantes de esas nuevas modalidades —Góngora, Argensola, Arguijo, Quevedo...— copan los lugares de prestigio en esa antología, que reclama desde la portada contener dieciocho epístolas horacianas traducidas. Las *Flores* son un hito, en efecto, harto conocido como para detenernos ahora en él.

Decía que ahí empiezan a componer Lope y Góngora, y a educar su gusto poético Quevedo. Ya vemos, ante todo, cómo Lope y Góngora recogen la doble tradición: serán poetas polifónicos y no sólo en el sentido de utilizar metros tradicionales e italianos (cosa que hicieron mucho antes Cetina o Diego Hurtado de Mendoza, y otros muchos más), sino en el de aceptar todo tipo de inspiración y abrirse a las posibilidades que ello acarreaba en todo los terrenos. Se comprenderá mejor lo que quiero decir, si se compara con la evidente monodia de los poetas de las generaciones anteriores: Medrano, fray Luis de León, Aldana, Herrera, poetas de una sola voz. La excepción, como siempre, será la de un poeta menor, que posee, sin embargo, un excelente olfato para detectar las nuevas corrientes literarias: Cervantes.

Después de Góngora y Lope, lo harán prácticamente todos los poetas. Nosotros, críticos, hemos calificado a esa peculiaridad («por mucho variar es hermosa la naturaleza») como uno de los rasgos del Barroco.

Góngora en particular se distancia, claramente, de ese atenazamiento sentimental que sufría la poesía petrarquista; se libera de ella, demostrando dominarla y superarla (¡esos soberbios sonetos juveniles¡), como debe ser. Incluso se ha hablado al estudiarse las *Soledades* de «una retórica de la ausencia»[8]. Es como si ahora se leyera cuidadosamente a Ovidio y a los epigramáticos latinos, después de haber asimilado a los grandes elegíacos. Los elementos que uno capta de modo inmediato en este nuevo modo de hacer poesía serán: huida del sentimentalismo, humor e ironía, expresión poética a través de la dramatización historiada, de la anécdota; búsqueda de la fórmula expresiva más suelta y libre, recuperación de un léxico, sintaxis, etc. mucho más abierto; acogida de temas aparentemente nimios y cotidianos; recuperación de lo familiar y lo sencillo, empleo de la paleta artística para este espacio (el humor, la cotidiano, lo escatológico, lo apicarado), la ambigüedad, etc. Muchas de estas características proceden del tratamiento de un subgénero como el de la epístola o del desarrollo de un motivo.

Nos encontramos a finales de siglo, cuando ya está triunfando la revolución poética de 1580. La culminación brillante y llena de empaque y amanerada del garcilasismo. El nuevo rumbo neoestoico, que se preludia en la figura importantísima de fray Luis de León. El auge de las formas cantadas: romances, letrillas, seguidillas, canciones, etc. La moda de llevar todo «a lo divino». La aparición de la ironía y de la burla metapoética.

EL AVISPERO POÉTICO DEL SIGLO XVII

Ésta es la encrucijada de la que parte Góngora. Y la que determina la formación y el desarrollo de las siguientes generaciones, con el famoso quiebro de 1613 —difusión de los grandes poemas gongorinos, de la poética cultista—, que traza una línea gruesa en el desarrollo de la poesía del siglo XVII.

---

[8] E. Rivers, comentando un trabajo de Nadine Ly (en *NRFH*, 26 [1988], págs. 259-260): «... la retórica de la ausencia es una de las marcas más distintivas de la silva gongorina, de la nueva poesía barroca, en la que el lenguaje mismo es el protagonista».

La dificultad conceptista y la tendencia cultista, caras de una misma moneda que caracteriza a la poesía posgongorina, no anulan en absoluto temas, formas, tonos, tendencias, etc. de la poesía anterior: se mezclan, se sobreponen o se sumergen de mil modos distintos en la poesía del siglo XVII para crear ese avispero tan peculiar del que prácticamente nadie se salva. Poetas como Lope, Quevedo, Villamediana, Zárate, Hurtado de Mendoza, Salinas, etc. disfrutan o padecen de ese derroche poético que desprende el Barroco, y que les sirve, a la postre, para expresar las mil circunstancias de la condición humana. Polígrafos, lo mismo poetizan el estremecimiento de la pasión amorosa que el desgarro religioso, la carcajada social o el exabrupto casi animal; además de prestar su pluma para los mil actos de la sociedad cortesana, que debe acogerlos a través del mecenazgo.

Ahora bien, de entre todo este inmenso vocerío poético, es fácil distinguir, siquiera someramente, determinadas pautas. Es una de las más importantes la última que hemos señalado: la poesía de una sociedad cortesana, hecha de zalemas, miramientos, etiquetas, llantos y alegrías, que derivan de la posición social que cada poeta mantiene en aquella rigurosa sociedad cortesana, en la que cada uno se define por la distancia que le acerca o le aleja de los centros de poder, cuyo eje es el monarca y su cohorte. Epitafios, epitalamios, celebraciones, panegíricos, gestos de admiración poética, encomios, etc., alcanzan una parte sustancial de la tarea de los poetas, de todos, sobre todo de los mejores, obligados con su pluma a mantener o aumentar el estatus de los sistemas de poder de la época. No siempre se ha de desdeñar el resultado poético de tales ejercicios: el entusiasmo bélico de Quevedo; la sorna de Góngora; el sentido musical de Lope... pueden, a veces, tener como resultado una interesantísima poesía «cortesana». Al fin y al cabo, la nueva elegía tuvo modelos tempranos muy hermosos, como son los de Garcilaso o la «Elegía a la muerte de doña Marina de Aragón» (Diego H. de Mendoza); entre tanto, la inspiración bélica alcanzó a varias canciones de Herrera.

«Hablar de amor» es otro de los grandes motivos poéticos de la época, hasta el punto de que es el que mejor remite a la tradición literaria heredada, aquella que tras pasar por el petrarquismo y los restos del amor cortés hunde sus raíces en la literatura grecolatina. Tal inmersión en el motivo amoroso, rabiosamente encarnado en un sujeto que lo padece, es un hecho ideológico de primera magnitud, fácilmente explicable desde la nueva ideología burguesa y su concepción de un «sujeto libre», como ya explicábamos más arriba. La presunta libertad del sujeto —hablar de sus sentimientos «personales»—, sin embargo, se refrena por esa conciencia de estar «reescribiendo» un código poético heredado, que es lo que convierte a la poesía amorosa, paradójicamente, en la menos «biográfica» e «histórica» de todas, es decir, en un ejercicio literario o estético bastante convencional. Para situarse adecuadamente en esa tradición y poder entrar en su campo de posibilidades expresivas, el escritor debía inventar o posar como «el yo lírico» frente al tú de la amada o, en general, frente a la constelación de temas amorosos (el amor, la amada, los efectos del amor...). El amor es una auténtica *enfermedad* que *enajena* a quien la padece, hasta el punto de que no sabe si podrá expresarse adecuadamente, aunque se acepte *voluntariamente* vivir en esa *prisión*. La enorme distancia entre el yo lírico y el objeto amado se expresa en toda una constelación metafórica basada en *antítesis* y *paradojas,* que cristalizan en una red metafórica de lo positivo (luz, sol, belleza, esplendor, fuego, etc.) frente a lo negativo (oscuridad, hielo, etc.) y sus efectos desoladores sobre el yo lírico (agua, ríos, llanto, soledad...). El tono sentimentaloide —a veces trágico— es el efecto final sobre el poema que así se ha construido.

La tradición inmediata se complacía en aportar otros motivos de expresión que a veces jugaron un papel importante: el mundo de lo pastoril, de lo mitológico, de lo morisco, de lo caballeresco... De manera que el poeta «hablaba de amores» como si fuera un pastor, un personaje mitológico, un moro enamorado, etc. Todo ello canalizaba la expresión hacia una nueva sarta de motivos, que, en algunos casos, se reprodujeron e imitaron hasta el agotamiento. El poeta que llora su *soledad* en el campo, como el pastor, y que *invoca a las criaturas,* se estremece con el *paisaje* o busca motivos de reflexión que le permitan el regodeo afectivo en su mal de amores: el árbol que crece con los nombres de los amados grabados en la corteza; el viento que mueve las copas de los árboles al recoger sus suspiros; los ríos que crecen con su llanto, etc. Sensación de soledad y pánico ante la naturaleza.

Aquella tradición poética había convertido, a fuerza de usarlos, los ejemplos mitológicos en motivos lexicalizados, prestos para ser reutilizados como «universales» en nuevos lienzos poéticos, a partir de todo tipo de analogías, normalmente hiperbolizadas.

Bien se ve que todo aquel bagage anterior: el yo lírico que grita amores; los «universales» mitológicos; el ceremonial cortesano; la elaboración críptica de conceptos cada vez más atrevidos, etc., todo, decía, bien se ve que fácilmente iba a gastarse y a mirarse con suspicacia, provocando un tratamiento irónico de tales recursos. La ironía de los primeros poetas barrocos llega cada vez con más frecuencia a la carcajada.

Una tercera pauta que no se opone a la anterior estriba en la dificultad conceptista, en el malabarismo expresivo a que a veces se llega, sea cual sea el resorte de inspiración y el tema. La infinita elaboración de temas, recursos, motivos, etcétera. parecía, en realidad, abocada a esta profundización en universos semánticos a partir del juego con las significaciones y los conceptos. Durante el nuevo siglo, el XVII, los poetas «barrocos» han continuado el progreso técnico de la poesía, añadiendo perspectivas peculiares a la acumulación de técnicas y recursos: la «agitación» del poema barroco es, a veces, la única salida a unos deseos de novedad que seguían manifestándose con un material viejo. Agitación, distorsión, malabarismo, desproporción, conceptualización... son juicios que fácilmente esgrime el lector para calificar buena parte de la poesía barroca. Un gran crítico español —Emilio

Orozco— explicó toda esta agitación como un intento de profundización del Barroco para llegar más allá, más hondo, de los juegos formales y decorativos[9]. Si ésa fue la intención, el resultado más evidente, en la superficie del texto y en la consideración global de la poesía barroca, es el del grosor de las formas: la lengua misma y todas sus posibilidades como objeto aparatosamente inmediato del quehacer poético.

Junto a la inspiración cortesana, el «hablar de amores» y la elaboración artística (conceptismo, barroquismo), el lector actual distingue con claridad la veta festiva en la rica inspiración de los poetas del seiscientos. No es, empero, una modalidad que podamos despachar de un plumazo. La inspiración burlesca es extraordinariamente rica, en primer lugar, en cuanto a autores: pocos hubo que se libraran de jugar con su pluma. También lo es en cuanto a los temas: muy pocas cosas quedaron al margen de la burla, que se sirvió de la agudeza conceptista, de los recursos heredados por la tradición poética, de todos los temas y motivos, etc., para reescribir, ahora, en tono de burla. En algunos poetas la burla alcanza grados de inspiración genial. Una época de burlas e inversiones grotescas no es una época festiva y feliz, sino una época de desengaños, en la que se plantea como tarea la mirada destructora sobre el sistema estético o de valores heredado. La mayoría de los motivos «barrocos» que se asocian a esta actitud —desengaño, mundo al revés, carnavalismo, deformación grotesca, etc.— tienen esa raíz histórica.

En 1613 Góngora dio un paso más en su trayectoria poética y se atrevió a romper los moldes que permitían remitir fácilmente de la lectura de un poema a su mundo de referencias, inventadas o reales. Las *Soledades* y el *Polifemo* no se entendían fácilmente por el mero hecho de leer sus versos: había que desentrañar su lenguaje retórico. Esa técnica de «la oscuridad» pronto cuajó como moda «culterana» en los jóvenes poetas. Y con la moda y la vanguardia vinieron las

---

[9] Véase E. Orozco, *Mística, plástica y Barroco,* Cupsa, Madrid, 1977.

polémicas[10]. A estas alturas del siglo XX resulta mucho más simple explicar el proceso histórico por el que el arte literario —en este caso, el poético— busca significar más allá, o de modo distinto, de su inevitable estructura lingüística, incluso retórica. Desde los primeros años del siglo XX la vanguardia poética se ha acostumbrado a prescindir de esas referencias a un mundo lógico, real o fácilmente acomodado a las estructuras significadoras del lenguaje. En ese sentido, el atrevimiento de Góngora muestra su modernidad histórica; y la polémica reproduce la usual en los casos de fuertes cambios en los gustos estéticos. El gongorismo es, en este sentido, un apasionante capítulo de nuestra historia.

Si de la impronta de Góngora y sus dos obras más atrevidas queremos seguir trazando el desarrollo de la poesía a lo largo del siglo XVII, la cosa se torna más compleja debido a la multitud de poetas y corrientes que proliferaron durante dicha centuria. El gongorismo, la poesía de vanguardia, fue, pasados los años, no muchos, un ingrediente más en aquel prieto panorama, que se descompone lentamente hasta penetrar en el siglo XVIII: el sevillano Gabriel Álvarez de Toledo (1662-1714); José de León y Mansilla, que escribió una tercera soledad en 1718; el padre Butrón y Múxica (1677), José Tafalla Negrete *(Ramillete poético,* Zaragoza, 1704) representan el final de un largo camino, que ahora se señala por un excedente frívolo y carente de imaginación, en tanto se mantienen formas métricas, neologismos y excesos que casi nunca emanan de un aliento romántico o pasional y que no se utilizan más que como elemento decorativo, pocas veces al servicio de una estructura poética mayor, y de ahí pasa a fundirse lentamente con el rococó, como estudiaron los vie-

---

[10] Sigue siendo fundamental toda la tarea crítica de Dámaso Alonso sobre Góngora y el gongorismo, que se encontrará ahora cómodamente recopilada en sus *Obras Completas,* vols. IV, V, VI y VII (Gredos, Madrid, 1982-1984). Véase, en general, Joaquín Roses, *Una poética de la oscuridad: la recepción crítica de las Soledades en el siglo XVII,* Tamesis Books, Londres, 1994.

jos maestros (Valbuena, Orozco, etc.). El final del Barroco, después de algunos tardíos coletazos, como el de Eugenio Gerardo Lobo (1679-1750), el padre Nolasco de Ocejo, etc., en los años veinte del siglo XVIII, llegará en 1737 con la *Poética* de Luzán y con las polémicas acerca del teatro.

PABLO JAURALDE POU

BIBLIOGRAFÍA SELECTA

Panoramas y obras generales

Alonso, Dámaso: *Poesía española. Ensayo de métodos y límites estilísticos,* Gredos, Madrid, 1962, 4ª ed.
Blecua, Alberto: *Historia y crítica...,* vol. II, dirigido por F. López Estrada, Crítica, Barcelona, 1980. Ofrece un buen panorama general sobre la poesía del siglo XVI.
García Berrio, Antonio: *Formación de la teoría literaria moderna / 2. Teoría Poética del Siglo de Oro,* Universidad de Murcia, Murcia, 1980. Fundamental para una historia de las ideas literarias.
Rodríguez Moñino, Antonio: *Construcción Crítica y Realidad Histórica en la Poesía Española de los siglos XVI y XVII,* Castalia, Madrid, 1968.

Poesía de cancioneros

Cancionero de Juan Alfonso de Baena, ed. de Brian Dutton y Joaquín González Cuenca, Visor, Madrid,1993.
Lapesa, Rafael: *De la Edad Media a nuestros días,* Gredos, Madrid, 1967, págs.145-171.
—: *Poetas y prosistas de ayer y de hoy,* Gredos, Madrid, 1977, págs. 146 y sigs.
—: «Los géneros líricos del Renacimiento. La herencia cancioneresca», en *Homenaje a Eugenio Asensio,* Gredos, Madrid, 1988, págs. 259 y sigs.

Petrarquismo y manierismo

Asensio, Eugenio: «El Brocense contra Fernando de Herrera y sus Anotaciones a Garcilaso», *El Crotalon. Anuario de Filología Española,* I (1984).

Las «Anotaciones» de Fernando de Herrera. Doce estudios, PASO, Sevilla,1997.

López Bueno, Begoña: *La poética cultista, de Herrera a Góngora,* Alfar, Sevilla, 1987. Con bibliografía actualizada.

—: «El Brocense atacado y Garcilaso defendido (Un primer episodio en las polémicas de los comentaristas)», en *Homenaje a Alonso Zamora Vicente,* vol. IV, Castalia, Madrid, 1992.

Manero Sorolla, Pilar: *Introducción al estudio del petrarquismo en España,* PPU, Barcelona,1987. Breve panorama de la poesía petrarquista, con apoyo bibliográfico.

Montero, Juan: *La controversia sobre las «Anotaciones» herrerianas,* Ayuntamiento, Sevilla, 1987.

Ruiz Pérez, Pedro: «Las anotaciones del Brocense. Retórica e ideas poéticas renacentistas», *RILCE,* 4 (1988), págs. 73-98.

Serés, Guillermo: *La transformación de los amantes. Imágenes del amor de la antigüedad al Siglo de Oro,* Crítica, Barcelona, 1996.

Poesía cantada y cancioneros musicales

Cancionero musical de la casa de Medinaceli, transcripción de Miguel Querol, CSIC, Barcelona, 1949-1950, 2 vols.

De ese cancionero se pueden escuchar, entre otros, la interpretación moderna de un par de sonetos, musicados por Juan Navarro († 1580), «Ribera del saco Darro, en el arena...» y «Sobre una peña do la mar batía...» (sello discográfico DIAL, interpretación de Taller Ziryab, 1991). El soneto de Boscán «Determinado amor a dar contento...» se puede escuchar musicado por Juan Vasques, a partir de la *Recopilación de sone-*

tos y villancicos a quatro y a cinco, Sevilla, 1560 (ed. moderna de Higinio Anglés, CSIC, Barcelona, 1946), por el mismo conjunto sevillano.

- *Cancionero de Upsala*, transcripción de R. Mitjana, estudio de L. Querol, Instituto de España, Madrid, 1980.
  Hay edición facsímil en Instituto Hispano-Árabe de Cultura, Madrid, 1983. A veces se le denomina *Cancionero del Duque de Calabria* por su dependencia con la Corte de Germana de Foix en Valencia.

Otros libros de época

CABEZÓN, Antonio de: *Obras de música para tecla, arpa y vihuela...*, Madrid, 1578.

DAZA, Esteban: *Libro de música en cifra, intitulado «El Parnaso»*, Valladolid, 1576.

FUENLLANA, Miguel de: *Libro de música para cifra intitulado «Orphénica Lyra»*, Sevilla, 1554.

MILÁN, Luis: *Libro de música de vihuela de mano, intitulado «El Maestro»*, Valencia, 1536.

MUDARRA, Alonso de: *Tres libros de música en cifra para vihuela*, Sevilla, 1546.

NARVÁEZ, Luis de: *Los seis libros del Delphín de música de cifra para tañer vihuela*, Valladolid, 1538.

PISADOR, Diego: *Libro de música de vihuela*, Salamanca, 1552.

SANCTA MARÍA, Tomás de: *Libro llamado arte de tañer fantasía*, Valladolid, 1565.

VALDERRÁBANO, Enríquez de: *Libro de música de vihuela, intitulado «Silva de sirenas»*, Valladolid, 1547.

VENEGAS DE HENESTROSA, Luis: *Libro de cifra nueva para tecla, harpa y vihuela*, Alcalá, 1557.

Se deben mencionar, además, los tratados de composición y ejecución, como los de Juan BERMUDO (1550 y 1555), el propio Diego ORTIZ (Roma, 1553) y Tomás de SANCTA MARÍA (Valladolid, 1565). Véase, en general, el clásico de Higinio ANGLÉS: *La música en la Corte de Carlos V*.

Romanceros y otros florilegios

Flor de varios romances nuevos, primera y segunda parte recopiladas por Pedro de Moncayo, Barcelona, 1591; ed. facs. de Rodríguez Moñino, RAE, Madrid, 1957, como vol. II de «Las Fuentes del Romancero General».

FRENK, Margit (ed.): *Corpus de lírica tradicional,* Castalia, Madrid, 1986.

GONZÁLEZ CUENCA, Joaquín (ed.): *Cancionero de la catedral de Segovia,* Textos poéticos castellanos, Museo de Ciudad Real, Ciudad Real, 1980.

VILLAR AMADOR, Pablo: *Estudio de «Las Flores de Poetas Ilustres de España» de Pedro de Espinosa,* Universidad, Granada, 1994.

Las silvas y otros subgéneros poéticos

ASENSIO, Eugenio: «Un Quevedo incógnito: las silvas», *Edad de Oro,* II (1983), págs. 9-48.

CROSBY, James O., y SCHWARTZ LERNER, Lía: «La silva "El Sueño" de Quevedo: génesis y revisiones», *BHS,* 63 (1986), págs. 111 y sigs.

EGIDO, Aurora: «La silva en la poesía andaluza del Barroco (con un excurso sobre Estacio y las obrecillas de fray Luis)», *Criticón,* 46 (1989), págs. 5-39.

LÓPEZ BUENO, Begoña (ed.): *La silva,* Paso, Sevilla, 1991.

VV. AA.: *La oda,* Paso, Sevilla, 1993.

—: *La elegía,* Paso, Sevilla, 1996.

Barroco

ALONSO, Dámaso (ed.): Luis de Góngora, *Obras Completas,* vols. IV, V, VI y VII, Gredos, Madrid, 1982-1984. Fundamental todo su estudio crítico para Góngora y el gongorismo.

EGIDO, Aurora: *Fronteras de la poesía en el Barroco,* Crítica, Barcelona, 1990. La mejor introducción a temas poéticos del Barroco.
—«De la lengua de Erasmo al estilo de Gracián», en *II Curso sobre Lengua y Literatura en Aragón (Siglos de Oro),* Institución Fernando el Católico, Zaragoza, 1993, págs. 141-166.
—*La rosa del silencio. Estudios sobre Gracián,* Alianza, Madrid, 1996.
JAMMES, Robert: *La obra poética de don Luis de Góngora y Argote,* Castalia, Madrid, 1987.
OROZCO, Emilio: *Mística, plástica y Barroco,* Cupsa, Madrid, 1977.
—*Introducción a Góngora,* Crítica, Barcelona, 1984 (eds. origs. en 1953 y 1984).
ROSES LOZANO, Joaquín : *Una poética de la oscuridad. La recepción crítica de las «Soledades» en el siglo XVII,* Tamesis, Madrid, 1994. Panorama de conjunto para todas las polémicas relacionadas con la difusión de la poesía gongorina.
SCHWARTZ, Lia: «*Blanda pharetratos elegiae cantet amores*: el modelo romano y sus avatares en la poesía áurea», en *La elegía,* ed. dirigida por Begoña López Bueno, Paso, Sevilla, 1996, págs. 101-131.

Como tarea colectiva, merece señalarse la que desarrolla el grupo Paso de Sevilla, dirigido por Begoña López Bueno, de cuyas publicaciones —sobre la oda, la silva, elegía, etc.— se da cumplida noticia en esta bibliografía.

ESTA EDICIÓN

Toda antología sacrifica tanto como selecciona. En este caso ha sido mayor el sacrificio que la selección, pues se trataba —a sugerencia de los responsables de la editorial— de hacer realmente accesible nuestro tesoro poético a un público lector medio. Téngase en cuenta que no se ha podido dar cabida a los grandes poemas —en el sentido de «extensos»— de la época (églogas de Garcilaso, epístolas de Aldana, grandes creaciones de Góngora, toda la poesía épica...).

Obviamente, he intentado seleccionar los mejores textos, aunque no siempre existen ediciones actuales a las que acudir, de modo que, a veces, he leído en fuentes originales. Tanto en uno como en otro caso, he modernizado los textos según criterios convencionales de las ediciones al uso, es decir, sin dañar su estructura fonológica. Por lo general, me he servido de los sistemas de puntuación de las ediciones modernas más fiables, pues no parece éste el lugar para enmiendas e innovaciones de mayor calado. En muchos casos, ofrecemos textos que están siendo objeto de largos y sesudos estudios de crítica textual o de interpretación filológica.

Para la ordenación del conjunto se ha seguido el panorama teórico que precede; pero en cada apartado se ha procedido a una ordenación cronológica generacional, por año de nacimiento, con pequeñas enmiendas para no desbaratar la propia historia. Por ejemplo, hemos colocado a Carrillo y Sotomayor al comienzo del periodo barroco —pues todavía seguimos llorando su temprana muerte—, cuando Góngora ni siquiera había dado a conocer las *Soledades* y el *Polifemo*. Tales enmiendas son mínimas e imperceptibles.

Tanto las notas al prólogo como la bibliografía han sufrido constantes procesos de simplificación y allanamiento, para hacer accesible estos tesoros poéticos a mayor público, sin el erizamiento erudito. Semejante criterio ha presidido la anotación de los textos, en donde no suele faltar una indicación sobre su forma métrica, la recuperación de léxicos y alusiones históricas y una breve impresión de conjunto que permita abordar el poema con un mínimo sentido histórico. Este proceso de simplificación jamás ha ido contra la pureza del texto ni la calidad de la lectura: creo que son cosas compatibles.

Mercedes Sánchez me ayudó en la confección de las breves notas biográficas que preceden a cada autor, en la selección de textos teóricos y en la recopilación de textos. Suyo es el taller de lectura que termina esta antología. Mío el cariño y el respeto hacia su buen hacer y su colaboración.

P. J. P.

POESÍA DE CANCIONEROS

[AQUEL CABALLERO, MADRE]

Villancico con estribillo. Los tres primeros versos, octosilábicos y monorrimos, marcan el desarrollo de las tres coplas que siguen, que se rematan siempre con rima aguda que recuerda el estribillo. Es una mujer la que expresa sus cuitas amorosas (el «cuidado» del verso final) y su desazón porque no sabe cómo conducirse con el caballero que sufre por ella. Se trata de variaciones sobre el tema cortés de la relación amante-amado.

>   Aquel caballero, madre,
>   que de amores me fabló[1],
>   más que a mí le quiero yo.
>
>   Como amor no stá en razón
> 5 no le puedo remediar;
>   quiébraseme el corazón
>   en verle por mí penar.
>   En haberme de acordar
>   qu'en amores se venció,
> 10 más que a mí le quiero yo.
>
>   Si le quito de pasión
>   sin remedio soy perdida;
>   si le niego galardón[2]
>   perderá por mí la vida.
> 15 ¿Qué dirán, desgradecida,
>   sino que por mí murió

---

[1] *fabló:* habló.
[2] *galardón:* premio, compensación a sus esfuerzos.

el que no lo meresció?
Si estuviera la virtud
en la ley del bien amar,
20   diérale yo la salud,
pues no le quiero matar.
Mas hasta determinar
si virtud de amor venció,
en cuidado quedo yo.

[NO PUEDO APARTARME]

Se trata de un *zéjel,* una de las composiciones más venerables de nuestra poesía. Encabezan los tres versos del estribillo; siguen otros tres monorrimos y remata la vuelta con un pareado que remite al estribillo inicial. La fórmula resulta muy condensada y efectiva, especialmente apropiada para canciones reiterativas, con lenguaje lúdico, como ésta, que procede del *Cancionero de Palacio.* Los versos no son totalmente regulares, pero siempre de arte menor, en este caso con abundancia de exasílabos.

No puedo apartarme
de los amores, madre,
no puedo apartarme.

Amor tiene aquesto
5   con su lindo gesto,
que prende muy presto
y suelta muy tarde.
No puedo apartarme.

[DENTRO EN EL VERGEL]

Es una de las muchas variantes de villancico, muy difundido. Con frecuencia se ha interpretado como un juego simbólico sencillo *(vergel* = 'logro amoroso'), que expresa la gozosa muerte de amor. Como en el caso anterior, el lenguaje lúdico y repetitivo expresa la obsesión amorosa. Presenta dos estribillos irregulares como «cabeza», seguidos de una vuelta que recoge una de las rimas y un estribillo final, que recoge la otra. Nótese la brevedad, fragmentación y capacidad sugeridora de este tipo de poesía tradicional.

> Dentro en el vergel
> moriré.
> Dentro en el rosal
> matarm'han.
>
> 5 Yo m'iba, mi madre,
> las rosas coger;
> hallé mis amores
> dentro en el vergel.
> Dentro del rosal
> matarm'han.

[SOBRE BAZA ESTABA EL REY]

He aquí un ejemplo de un romance viejo, copiado de un antiguo cancionero. Son versos mayoritariamente octosílabos, de rima asonantada en -á, que cuentan el momento de un suceso histórico, ya poetizado, en este caso el sitio de Baza (en Granada) por Fernando el Católico (1489). El monarca es increpado por uno de los moros, y éste, como el motivo del juramento o la evocación de Roldán, es un lugar común del romancero.

> Sobre Baza estaba el Rey,
> lunes, después de yantar[3];
> miraba las ricas tiendas
> qu'estaban en su real[4],
> 5 miraba las huertas grandes
> y miraba el arrabal,

---

[3] *yantar:* comer.
[4] *real:* el campamento en donde se establecía el rey.

miraba el adarve[5] fuerte
que tenía la ciudad;
miraba las torres espesas
10 que no las puede contar.
Un moro tras una almena
comenzóle de fablar:
—Véte, el Rey don Fernando,
non queras aquí envernar[6],
15 que los fríos desta tierra
no los podrás comportar[7].
Pan[8] tenemos por diez años,
mil vacas para salar;
veinte mil moros hay dentro
20 todos de armas tomar;
ochocientos de caballo
para el escaramuzar[9];
siete caudillos tenemos,
tan buenos como Roldán[10],
25 y juramento tienen fecho
antes morir que se dar[11].

[CON DOS ESTREMOS GUERREO]

Se trata de una copla mixta (se compone de dos: una de cuatro y otra de cinco versos), que aparece en el *Cancionero General* atribuida a Juan Rodríguez del Padrón, uno de los innumerables poetas de cancionero. Nótese como la expresión de la confusión amorosa se resuelve en un juego de palabras —esto es lo que se llama «conceptismo»—. La

---

[5] *adarve:* camino de guarda, detrás de las almenas de la muralla.
[6] *envernar:* invernar.
[7] *comportar:* soportar.
[8] *pan:* alimentos, en general.
[9] *escaramuzar:* las luchas ocasionales, principalmente utilizando la rapidez de los caballos.
[10] *Roldán:* héroe de la antigua épica francesa.
[11] *se dar:* rendirse.

guerra de amor o las imágenes bélicas para las lides amorosas son expresión normal en este tipo de poesía. Las rimas consonantes en todos los versos aumentan, si cabe, esa sensación de composición muy técnica, de un poeta de oficio.

> Con dos estremos [12] guerreo
> que se cansan de quereros:
> ausente, muero por veros;
> y presente, porque os veo.
> 5 ¿Qué haré, triste, cativo [13];
> cuitado, triste de mí,
> que ni, ausente, yo comigo
> hago vida, ni contigo,
> ni puedo vevir [14] sin ti?

[VED EL CUERPO DONDE LLEGA]

Esparsa o copla suelta de otro poeta de cancionero, Rodrigo Dávalo, esta vez tomada de un cancionerillo llamado *Guirnalda esmaltada*. La esparsa era muy adecuada para la expresión momentánea y ágil de un solo pensamiento, lo que se suele llamar expresión «epigramática»; en ese sentido, fomenta el conceptismo expresivo.

> Ved el cuerpo donde llega
> sin el alma, que penáis,
> que con su firmeza ciega
> siempre está do vos estáis;
> 5 y ved que mal y deseo
> no mudable mas en calma:
> todo el tiempo que nos veo
> vivel cuerpo sin el alma.

---

[12] *estremos:* extremos, en el sentido, actual también, de posibilidades opuestas.
[13] *cativo:* desdichado, infeliz.
[14] *vevir:* vivir.

[VEN, MUERTE, TAN ESCONDIDA]

Se trata de una de las modalidades métricas más abundantes en toda la poesía que precede al triunfo del petrarquismo. Se compone de una copla octosilábica, de rima consonante abrazada (abba); otra copla (pueden ser varias) que cambia la rima, y termina con dos octosílabos que recogen las dos rimas de la inicial. Es una especie de «villancico» (cabeza, desarrollo y vuelta), pero con estructura mucho más rígida, al tratarse de una forma culta. Es, por lo demás, una famosísima canción, que se glosó innumerables veces a lo largo de estos dos siglos. La expresión de la paradoja al jugar con los contrarios (muerte/vida) se ha logrado con gran eficacia.

CANCIÓN DEL COMENDADOR ESCRIVÁ

> Ven, muerte, tan escondida
> que no te sienta comigo,
> porquel gozo de contigo
> no me torne a dar la vida.
>
> 5   Ven como rayo que hiere,
> que hasta que ha herido
> no se siente su ruido,
> por mejor herir do quiere.
> Así sea tu venida,
> 10 si no desde aquí me obligo
> quel gozo que habré contigo
> me dará de nuevo vida.

[DOS MIL SABIOS AYUNTADOS]

Copla real (formada por dos de cinco), que ejemplifica el tema jocoso de los cancioneros. El Ropero fue versificador muy notable en este tipo de composiciones. El humor escatológico, grueso, como diríamos hoy, apunta a una sociedad de valores distintos, en donde no se había introducido todavía el sentido de la intimidad, vergüenza, etc., de las sociedades burguesas.

COPLAS DEL ROPERO A UNAS SEÑORAS QUE LE PREGUNTARON QUÉ COSA ERAN LOS REGÜELDOS

Dos mil sabios ayuntados [15]
todos juntos sin libeldos [16]
dijeron que los regüeldos [17]
que son pedos mal logrados
de todos cuatro costados
que vienen como esforzados
haciendo notables hechos,
et pararon en los pechos,
do perdieron sus estados
los tristes desventurados.

---

[15] *ayuntados:* reunidos.
[16] *libeldos:* discusión. Estuvieron todos de acuerdo.
[17] *regüeldos:* don Quijote explicaba a Sancho que ésta era una palabra muy torpe, y que sería mejor sustituirla por el culto «erutar» (eructar).

GARCILASO Y LA POESÍA PETRARQUISTA

CRISTÓBAL DE CASTILLEJO
(Ciudad Rodrigo, h. 1490-Viena, 1550)

Conoció muy pronto la vida cortesana, ambiente que influyó en su quehacer literario; fue paje del rey Fernando el Católico y más tarde secretario del futuro emperador de Alemania, el archiduque don Fernando. Entregado durante unos años a la vida monacal, volvió al servicio del archiduque, en Viena, hacia 1525, donde tomó contacto con las corrientes erasmistas. Se trata de uno de los poetas más interesantes de la primera mitad del siglo XVI, por cuanto se opuso, con la frescura de sus versos tradicionales, a las innovaciones de los petrarquistas. Muchos de sus tonos poéticos —buen humor, distancia frente a los sentimientos, inventiva, etc.— se recuperarán a finales de siglo por los mejores poetas, por ejemplo por Góngora.

[¡OH VIDA DULCE Y SABROSA]

Glosa del romance *Tiempo bueno*. La glosa consiste en tomar una copla u otra composición, a modo de estribillo, e irlo parafraseando en nuevas coplas, para terminar cada una de ellas con dos versos del estribillo que se glosa. Éste podía pertenecer a la poesía tradicional o a la culta, pero lo normal es que fuese muy conocido. La glosa se convertirá en uno de los procedimientos métricos cada vez más empleados a lo largo del siglo, hasta alcanzar a los grandes poetas del siglo XVII. En cierto modo parafrasea un motivo amoroso de todos los tiempos, que acababa de volver a poetizar Dante: «No hay mayor dolor que acordarse del bien pasado».

¡Oh vida dulce y sabrosa,
si no fuese ya pasada;
sazón bienaventurada,
temporada venturosa!

5   ¡Oh descanso en que me vi!
    ¡oh bien de mil bienes lleno!
    Tiempo bueno, tiempo bueno,
    ¿Quién te me apartó de mí?

    Ya que llevabas mi gloria
10 cuando de mí te apartaste,
    dime ¿por qué no llevaste
    juntamente su memoria?
    ¿Por qué dejaste en mi seno
    rastro del bien que perdí
15 *qu'en acordarme de ti*
    todo placer m'es ajeno?

    Siendo, pues, la llaga tal,
    nadie culpe, mi dolor.
    ¿Cuál es el bruto pastor
20 que no le duela su mal?
    ¿Quién es así negligente
    que descuida en su cuidado?
    ¿Quién no llora lo pasado
    viendo cuál va lo presente?

25 Si la vida se acabara
    do se acabó la ventura,
    Aun la mesma sepultura
    de dulce carne gozara;
    mas quedando lastimado,
30 viviendo vida doliente,
    ¿quién es aquel que no siente
    lo que ventura ha quitado?

    Que, aunque así, sin alegría,
    me veis rico de pesar
35 abajado[1] a desear

---

[1] *abajado:* humillado.

lo que desechar solía;
aunque me veis sin estima,
en un rincón olvidado,
yo me vi ser bien amado,
40 *mi deseo en alta cima.*

El tiempo hizo mudanza,
dándome revés tamaño,
que, no contento del daño,
mató también la speranza.
45 Y de verme, estando encima,
por el suelo derribado,
Contemplar en lo pasado
la memoria me lastima.

El olvido porqu'es medio,
50 Húyele mi fantasía;
la muerte, que yo querría,
húyeme porqu'es remedio,
lo bueno que se me antoja
mi dicha no lo consiente;
55 *Y pues todo m'es ausente,*
no sé cuál estremo escoja.

De nada vivo contento,
y con todo vivo triste;
ausencia, tú me hiciste
60 de todos bienes ausente.
El más ligero acidente
de mi salud me despoja;
Bien y mal, todo me enoja,
¡Cuitado de quien lo siente!

65 Muy grande fue mi favor,
grande mi prosperidad;
a sola mi voluntad

reconoscí por señor;
en mis brazos se acostaron
70 speranzas, y no vanas;
Tiempo fue y horas ufanas
las que mi vida gozaron.

Y agora no gozan della
sino solos mis enojos,
75 que manando por los ojos,
satisfacen su querella.
Verdes nascieron, tempranas,
que sin tiempo maduraron;
donde, tristes, se sembraron
80 *las simientes de mis canas.*

Y lo que más grave siento
es que, teniendo pasiones,
me fuerzan las ocasiones
a mostrar contentamiento.
85 Que el mayor mal que hay aquí
es que sólo sé que peno;
y pues se tiene por bueno,
bien puedo decir así:

Tiempo bienaventurado,
90 en tiempo no conoscido,
antes de tiempo perdido,
y en todo tiempo llorado:
yo navegaba por ti
con viento manso y sereno;
95 *tiempo bueno, tiempo bueno,*
¿quién te me apartó de mí?

DESHECHA [2]

Si no remedia la muerte
los trabajos de mi vida,
va perdida.
100 Quedé con esta dolencia
del bien que de mí se fue;
que va cresciendo la fee
y menguando la paciencia.
Y así, maldigo mi suerte,
105 viéndola que va perdida
con la vida.

[GUAYACO, SI TÚ ME SANAS]

Composición en coplas mixtas, con versos quebrados. Castillejo se dirige, desenfadadamente, a un árbol, el guayaco o palo santo (el popular «caqui» actual), cuya resina se utilizaba para provocar sudores que curaban la sífilis. El remedio, como otros muchos, venía de América (lo dicen las coplas) y estaba empezando a popularizarse. Este tipo de «loor» o alabanza se empleaba para destacar hechos heroicos o militares, por lo que en ésta, dedicada a un remedio de botica, se observa una cierta irreverencia del poeta. A su vez, esto justifica todas las explicaciones iniciales de por qué emplea la lengua castellana y no alguna de las clásicas. La coplas deben ser leídas desde esa perspectiva.

LOOR DEL PALO DE LAS INDIAS
ESTANDO EN LA CURA DE ÉL

Guayaco, si tú me sanas
y sacas destas pendencias,
contaré tus excelencias
y virtudes soberanas
5 dulcemente;

---

[2] *deshecha:* es la coda o final de una composición que, como aquí, puede variar ligeramente el metro.

no por estilo elocuente
ni en lengua griega o romana,
sino por la castellana,
qu'es bastante y suficiente;
10 que, caso que la latina
tenga más autoridad,
no hay aquí necesidad
de elocuencia peregrina;
y que la haya,
15 no es honra nuestra que caya[3]
tu loor en tanta mengua,
que le calle nuestra lengua,
y la ajena te la traya[4].

Si halló Marco Catón[5]
20 causa de alabar la berza,
mas la terné[6] yo por fueza,
de celebrar con razón
la virtud
de un árbol que da salud
25 do se tiene por perdida,
y a las veces vuelve en vida
al mal de la juventud.

Aunque no diera más parte
de gloria en nuestra nación
30 la conquista de Colón
que ser causa de hallarte,
es tamaña[7],
tan divina, tan estraña

---

[3] *caya:* caiga.
[4] *traya:* traiga.
[5] *Marco Catón:* citado un poco por remisión al mundo latino, como autoridad lejana.
[6] *terné:* tendré.
[7] *tamaña:* tan grande.

esta, que por ella sola
35 puede muy bien la Española [8]
competir con toda España.

Abajen los orientales
la presunción y la vela,
con sus clavos y canela [9],
40 y otros mil árboles tales
que hay entre ellos,
odoríferos y bellos,
en aquel vergel de Apolo;
que nuestro guayaco solo
45 vale más que todos ellos.

Todas las plantas preciosas
de saludables secretos
comunican sus efetos,
ayudadas de otras cosas;
50 de manera
que la que más más se esmera,
muy poquitas veces sana
la dolencia más liviana
si no le dan compañera [10].

55 Mas vos, guayaco gentil,
descubierto nuevamente
por bien común de la gente
y remedio de cien mil,
sin escudo

---

[8] *La Española:* nombre que Colón dio a Santo Domingo y a la ciudad que allí levantó.
[9] *clavos y canela:* dos de las más preciadas especias que se traían de Oriente.
[10] *compañera:* la farmacopea de la época mezclaba productos para producir remedios variados. El guayaco valdrá por él solo, como sustancia simple.

y a solas contra el más crudo
mal que en el mundo se halla,
do la medicina calla,
entráis en campo desnudo.

Tiene el cedro por su altura,
la palma por su grandeza,
el laurel por su nobleza
y el ciprés por su hermosura,
excelencia;
mas, llegada en competencia
la de todos con la tuya,
de tu virtud a la suya
hay muy grande diferencia.

No me burlo yo contigo,
como el otro del nogal,
pues t'espero liberal
en tan gran trance comigo;
porque alcanzas
tantas prendas y fianzas
por doquiera ya de amigos,
que tienes muchos testigos,
sin mí, de tus alabanzas.

En las cuales pongo aquí
un silencio por agora;
ten mi fe por fiadora
de lo que te prometí,
porque creo
dirán que te lisonjeo
por irme como me va;
hasta ver lo que será
no acabo, más sobreseo [11].

---

[11] *sobreseo:* interrumpo ocasionalmente. Es término jurídico.

>
> Pero ruégote y suplico
> que alargues en mí tu mano,
> porque pueda verme sano,
> pues no puedo verme rico.
> 95 ¡Oh guayaco!
> enemigo del dios Baco [12]
> y de Venus y Cupido,
> tu esperanza me ha traído
> a estar contento, de flaco [13].
>
> 100 Mira que estoy encerrado,
> en una estufa [14] metido,
> de amores arrepentido,
> de los tuyos confiado.
> Pan y pasas,
> 105 seis o siete onzas escasas
> es la tasa la más larga,
> agua caliente y amarga,
> y una cama en que nos asas.

---

[12] *Baco:* es enemigo del Dios Baco y de Venus y Cupido, porque quien está sufriendo la curación tiene prohibido beber y las relaciones amorosas.
[13] *flaco:* los procesos de curación, en «estufas» en las que se sudaba, dejaban al enfermo sano, pero enjuto y flaco.
[14] *estufa:* habitación pequeña y cerrada que se llenaba de vapor.

JUAN BOSCÁN
(Barcelona, 1487?- Perpiñán, 1592)

Fue ayo del gran duque de Alba; recibió formación humanística y viajó a Italia; formó parte de la expedición a Rodas. Amigo de Garcilaso de la Vega, a él se debe la difusión en España de los nuevos metros italianos y también la transmisión de la obra de Ausias March. Sus obras se publicaron, por primera vez, junto a las de su amigo Garcilaso (1546). Cultivó tanto los metros italianos como los castellanos, pero no alcanzó la bella fluidez y rotundidad de Garcilaso más que en contadas ocasiones.

[CARGADO VOY DE MÍ DOQUIER QUE ANDO]

Soneto elaborado con léxico y juegos conceptuales típicos de la poesía de cancionero. Predominan los endecasílabos sáficos, heroicos y melódicos (acentos iniciales en 4ª, 2ª y 3ª, respectivamente, además de otro en 6ª y del final en 10ª). Boscán poetiza —era el tema mayor de toda la poesía petrarquista— los efectos del amor pasado en su ánimo.

SONETO

Cargado voy de mí doquier que ando,
y cuerpo y alma, todo me es pesado;
sin causa vivo, pues que estó[1] apartado
de do el vivir su causa iba ganando.

5 Mi seso está sus obras desechando;
no me queda otra renta, ni otro estado,
sino pasar pensando en lo pasado,
y callo bien en lo que voy pensando.

---

[1] *estó*: estoy.

Tanto es el mal, que mi corazón siente
10 que sola la memoria de un momento
viene a ser para mí crudo accidente.

¿Cómo puede vivir mi pensamiento,
si el pasado placer y el mal presente
tienen siempre ocupado el sentimiento?

[GARCILASO, QUE AL BIEN SIEMPRE ASPIRASTE]

Boscán expresa su desazón por la muerte del amigo, ido «a lo alto» de la gloria y de la fama. Nótese la facilidad con que se consiguen las rimas del soneto, buscando que sean morfológicas.

Garcilaso, que al bien siempre aspiraste,
y siempre con tal fuerza le seguiste,
que a pocos pasos que tras él corriste,
en todo enteramente le alcanzaste;

5 dime: ¿por qué tras ti no me llevaste,
cuando desta mortal tierra partiste?
¿Por qué al subir a lo alto que subiste,
acá en esta bajeza me dejaste?

Bien pienso yo que si poder tuvieras
10 de mudar algo lo que está ordenado,
en tal caso de mí no te olvidaras.

Que, o quisieras honrarme con tu lado,
o, a lo menos, de mí te despidieras,
o si esto no, después por mí tornaras.

GARCILASO DE LA VEGA
(Toledo, h. 1501-Niza, 1533)

En 1520 ya era miembro de la Corte del futuro Carlos V; a su lado combatió durante la guerra de las Comunidades. Participó en la defensa de Rodas. Se casó con Elena de Zúñiga, pero su inspiración fue Isabel Freire. En 1529 acompañó a la Corte a Italia; pasó a Nápoles en 1532, al servicio del duque de Alba. Falleció tras haber sido herido gravemente durante la invasión francesa. Pronto fue considerado el mejor de los poetas petrarquistas españoles. Sus versos (sonetos, canciones, liras, epístolas en tercetos y en endecasílabos blancos, églogas) terminaron por fijar el canon de la poesía española clásica, y así se recuerdan todavía.

[CUANDO ME PARO A CONTEMPLAR MI ESTADO]

Soneto I, según la numeración clásica de su obra, que vamos a respetar en esta antología. El poema es un ejercicio de introspección por el que el poeta contempla su desolación amorosa («tanto mal»), que sin embargo acepta voluntariamente, pues lo que más teme es dejar de sentir esa pasión («ver acabar... mi cuidado»). Nótese que la amada está ausente del poema, incluso lo está el amor: realmente lo que se poetiza son los efectos del amor en el alma del poeta.

SONETO I

Cuando me paro a contemplar mi estado,
y a ver los pasos por do m'han traído,
hallo, según por do anduve perdido,
que a mayor mal pudiera haber llegado;

5   mas cuando del camino estó[1] olvidado,
    a tanto mal no sé por do he venido;
    sé que me acabo, y más he yo sentido
    ver acabar comigo mi cuidado

    Yo acabaré, que me entregué sin arte
10 a quien sabrá perderme y acabarme
    si quisiere, y aún sabrá querello,

    que pues mi voluntad puede matarme,
    la suya, que no es tanto de mi parte,
    pudiendo, ¿qué hará sino hacello?

[ESCRITO ESTÁ EN MI ALMA VUESTRO GESTO]

Expresa la absoluta interiorización de la pasión amorosa, ocupando todo. El rostro de la amada ha quedado permanentemente impreso en el «alma» (el interior) del poeta, que agota su existencia en su contemplación, por lo que el soneto termina en un clímax descendente que encarrila la lectura, llena de pausas, hacia la palabra «muerte».

SONETO V

Escrito está en mi alma vuestro gesto[2]
y cuanto yo escribir de vos deseo:
vos sola lo escribistes[3], yo lo leo,
tan solo, que aun de vos me guardo en esto.

5   En esto estoy y estaré siempre puesto,
    que aunque no cabe en mí cuanto en vos veo,
    de tanto bien lo que no entiendo creo,
    tomando ya la fe por presupuesto[4].

---

[1] *estó:* estoy.
[2] *gesto:* rostro.
[3] *escribistes:* escribisteis.
[4] *presupuesto:* lo creo por un acto de fe, pues no entiendo que tanto bien (el rostro de la amada) pueda encerrarse en su alma.

Yo no nascí sino para quereros;
10 mi alma os ha cortado a su medida;
por hábito del alma misma os quiero;

cuanto tengo confieso yo deberos;
por vos nací, por vos tengo la vida,
por vos he de morir y por vos muero.

[¡OH DULCES PRENDAS POR MI MAL HALLADAS]

La contemplación de objetos o lugares que recuerdan a la amada ausente o perdida constituye uno de los tópicos universales de la poesía amorosa, bellamente fijado por Garcilaso en este soneto, que se recordará siempre (lo hace, por ejemplo, don Quijote, cuando unas tinajas le traen el recuerdo de Dulcinea).

SONETO X

¡Oh dulces prendas por mi mal halladas,
dulces y alegres cuando Dios quería,
juntas estáis en la memoria mía
y con ella en mi muerte conjuradas!

5 ¿Quién me dijera, cuando las pasadas
horas [5] que'n tanto bien por vos me vía [6],
que me habiades [7] de ser en algún día
con tan grave dolor representadas [8]?

---

[5] *pasadas horas:* nótese el encabalgamiento, separando por la pausa versal las dos palabras, de modo que se subraye el tiempo transcurrido.
[6] *vía:* veía.
[7] *habiades:* su pronunciación es precisamente ésa, /habiádes/, como en otros muchos casos en los que se impone el ritmo sobre el acento de palabra. Actual 'habíais'.
[8] *representadas:* traídas al presente, aparecidas, recobradas.

Pues en una hora junto me llevastes [9]
10 todo el bien que por términos me distes,
lleváme junto el mal que me dejastes;

si no, sospecharé que me pusistes
en tantos bienes porque deseastes
verme morir entre memorias [10] tristes.

[A DAFNE YA LOS BRAZOS LE CRECÍAN]

El tema de este soneto es mitológico. Dafne, para escapar de Apolo, se convirtió en laurel; regado por las lágrimas de su perseguidor, cuanto más lloraba éste, más crecía el laurel. Garcilaso describe plásticamente el proceso de transformación de Dafne. Los poetas renacentistas buscaron expresar sus propios sentimientos a través de esta mitología clásica: en este caso, el recuerdo del amor perdido acrecienta el dolor del amante.

SONETO XIII

A Dafne ya los brazos le crecían
y en luengos [11] ramos vueltos se mostraban;
en verdes hojas vi que se tornaban
los cabellos qu'el oro escurecían:

5 de áspera corteza se cubrían
los tiernos miembros que aun bullendo estaban;
los blancos pies en tierra se hincaban
y en torcidas raíces se volvían.

---

[9] *llevastes:* llevasteis. Enseguida todo el resto de la serie en rima de estas formas etimológicas vigentes hasta entrado el siglo XVII: *distes* (disteis), *dejastes* (dejasteis), *pusistes* (pusisteis), *deseastes* (deseasteis).

[10] *memorias:* el verso final se construye sobre una aliteración de /m/ *(verme mo..me..mo..)* que sugieren el llanto y la desolación del poeta.

[11] *luengos:* largos.

Aquel que fue la causa de tal daño,
10 a fuerza de llorar, crecer hacía
este árbol, que con lágrimas regaba.

¡Oh miserable estado, oh mal tamaño [12],
que con llorarla crezca cada día
la causa y la razón por que lloraba!

[EN TANTO QUE DE ROSA Y D'AZUCENA]

Este soneto poetiza dos tópicos clásicos, que se suelen enunciar con los sintagmas latinos *collige, virgo, rosas* y *carpe diem;* es decir: «coged, doncellitas, las flores» y «disfrutad ahora»; así se invita a los jóvenes a gozar de la vida antes de que el tiempo acabe con todo. Este tipo de composiciones recibieron el favor de los poetas en una época en que se tomó conciencia de la belleza de la existencia, a pesar de sus pesadumbres y de las advertencias sobre su caducidad que se predicaban desde la esfera religiosa. Nótese como la amada aparece sugerida de modo impresionista, a través de unos rasgos siempre embellecedores, que remiten al ideal de belleza femenina del Renacimiento: la tez sonrosada, la mirada brillante, el cabello rubio, largo y suelto, la esbeltez del cuello... El cabello suelto —todavía lo conserva el modismo «soltarse el pelo»— era un signo erótico. En fin, la belleza de la dama, o de alguno de sus rasgos, puede transformar lo que le rodea, por ejemplo, serenar la tempestad con la claridad de la mirada. Estas exageraciones de la expresión amorosa se realizan mediante la «hipérbole», figura retórica muy abundante en la poesía petrarquista.

SONETO XXIII

En tanto que de rosa y d'azucena
se muestra la color en vuestro gesto [13],
y que vuestro mirar ardiente, honesto,
con clara luz la tempestad serena;

---

[12] *tamaño:* tan grande.
[13] *gesto:* rostro.

5 y en tanto que'l cabello, que'n la vena
   del oro s'escogió, con vuelo presto
   por el hermoso cuello blanco, enhiesto,
   el viento mueve, esparce y desordena:

   coged de vuestra alegre primavera
10 el dulce fruto, antes que'l tiempo airado
   cubra de nieve [14] la hermosa cumbre.

   Marchitará la rosa el viento helado,
   todo lo mudará la edad ligera
   por no hacer mudanza en su costumbre.

[SI DE MI BAJA LIRA]

El poeta juega con el nombre del barrio napolitano donde vivía la dama a la que va dedicado el poema, Nido; y con el de la ciudad de Gnidus, en donde Venus, la diosa del amor, tenía un templo. Es una composición en liras, estrofa extremadamente artificiosa que Garcilaso imitó de la poesía italiana: la emplearán pronto fray Luis de León y san Juan de la Cruz para sus mejores poemas, y quedará como molde adecuado para un tipo de expresión poética elaborada, que juega a combinar la brevedad de los heptasílabos con la extensión —no llevan pausa versal— de los endecasílabos, aprovechando que los primeros acentúan siempre en sexta sílaba, que es un tipo de acento casi constante en el endecasílabo.

CANCIÓN V
ODE AD FOREM GNIDI

Si de mi baja lira [15]
tanto pudiese el son, que en un momento
aplacase la ira

---

[14] *nieve:* el cabello encanecido por el paso del tiempo, pues la «hermosa cumbre» es, naturalmente, la cabeza.
[15] *baja lira:* mi humilde cantar, modo habitual de comenzar un poema con pretensiones.

del animoso viento [16]
5 y la furia del mar y el movimiento,

y en ásperas montañas
con el süave canto enterneciese
las fieras alimañas,
los árboles moviese
10 y al son confusamente los trujiese [17],

no pienses que cantado
seria de mí, hermosa flor de Gnido,
el fiero Marte [18] airado,
a muerte convertido [19],
15 de polvo y sangre y de sudor teñido,

ni aquellos capitanes
en las sublimes ruedas colocados,
por quien los alemanes,
el fiero cuello atados,
20 y los franceses van domesticados;

mas solamente aquella
fuerza de tu beldad seriá [20] cantada,
y alguna vez con ella
también seriá notada
25 el aspereza de que estás armada,

---

[16] *animoso viento:* «animoso» es un cultismo semántico, es decir, se está empleando con el significado que *animosus* tenía en latín (en este caso tempestuoso). Era un procedimiento que se empleaba para conseguir que la lengua castellana ampliara sus posibilidades expresivas, ennobleciéndola además con el recuerdo clásico. Enseguida va a hacer lo mismo con un desplazamiento hiperbático: «y la furia y el movimiento del mar», es decir, en el plano sintáctico.

[17] *trujiese:* trajese.

[18] *Marte:* como Dios de la guerra. No cantaría hazañas de guerra.

[19] *convertido:* nuevo cultismo semántico (latín, *cumvenire*), que significa 'llevado, conducido'.

[20] *seriá:* estos desplazamientos rítmicos son normales en la poesía de la época y aun hoy, en poesía cantada. Se impone el ritmo del verso sobre la pronunciación de la palabra. Se repetirá enseguida, dos versos más abajo.

y cómo por ti sola
y por tu gran valor y hermosura,
convertido en vïola [21]
llora su desventura
30 el miserable amante en tu figura.

Hablo d'aquel cativo,
de quien tener se debe más cuidado,
que está muriendo vivo,
al remo condenado,
35 en la concha de Venus [22] amarrado.

Por ti, como solía,
del áspero caballo no corrige
la furia y gallardía,
ni con freno la rige,
40 ni con vivas espuelas ya l'aflige [23].

Por ti con diestra mano
no revuelve la espada presurosa,
y en el dudoso llano
huye la polvorosa
45 palestra [24] como sierpe ponzoñosa.

Por ti su blanda musa,
en lugar de la cíthera sonante [25],
tristes querellas usa,
que con llanto abundante
50 hacen bañar el rostro del amante.

---

[21] *convertido en vïola:* probablemente, pálido por la desazón amorosa.
[22] *concha de Venus:* ésa es la representación usual de la diosa del amor, Venus, naciendo de una concha. El amante está condenado —como los condenados de la época— a remar, sin poder huir del amor.
[23] *aflige:* reduce.
[24] *palestra:* lucha.
[25] *cíthera sonante:* lira o cítara musical.

Por ti el mayor amigo
l'es importuno, grave y enojoso:
 yo puedo ser testigo,
 que ya [26] del peligroso
55 naufragio fui su puerto y su reposo;

y agora en tal manera
vence el dolor a la razón perdida,
 que ponzoñosa fiera
 nunca fue aborrecida
60 tanto como yo dél, ni tan temida.

No fuiste tú engendrada
ni producida de la dura tierra;
 no debe ser notada [27]
 —que ingratamente yerra—
65 quien todo el otro error de sí destierra.

Hágate temerosa
el caso de Anajárete [28], y cobarde,
 que de ser desdeñosa
 se arrepintió muy tarde,
70 y así su alma con su mármol arde.

Estábase alegrando
del mal ajeno el pecho empedernido,
 cuando, abajo mirando,
 el cuerpo muerto vido [29]
75 del miserable amante allí tendido;

---

[26] *ya:* antes.
[27] *notada:* motejada, denigrada, señalada. Y luego ha de entenderse: ya que no tienes ningún defecto, no te permitas el de la ingratitud.
[28] *Anajárete:* convertida en piedra, como castigo a su dureza, pasó a ser un tópico antifeminista.
[29] *vido:* vio.

y al cuello el lazo atado
con que desenlazó de la cadena
el corazón cuitado,
y con su breve pena
80   compró la eterna punición[30] ajena.

Sentió allí convertirse
en piedad amorosa el aspereza.
¡Oh tarde arrepentirse!
¡Oh última terneza!
85   ¿Cómo te sucedió mayor dureza?

Los ojos s'enclavaron
en el tendido cuerpo que allí vieron;
los huesos se tornaron
más duros y crecieron,
90   y en sí toda la carne convertieron;

las entrañas heladas
tornaron poco a poco en piedra dura;
por las venas cuitadas
la sangre su figura
95   iba desconociendo y su natura[31],

hasta que, finalmente,
en duro mármol vuelta y transformada,
hizo de sí la gente
no tan maravillada,
100 cuanto de aquella ingratitud vengada.

No quieras tú, señora,
de Némesis[32] airada las saetas
probar, por Dios, agora;

---

[30] *punición:* castigo.
[31] *natura:* naturaleza.
[32] *Némesis:* en la mitología clásica, la venganza de los dioses.

       baste que tus perfetas
105 obras y hermosura a los poetas

       den inmortal materia,
     sin que también en verso lamentable
       celebren la miseria
       d'algún caso notable
110 que por ti pase, triste, miserable.

DIEGO HURTADO DE MENDOZA
(Granada 1503-Madrid?, 1575)

Bisnieto del marqués de Santillana; vivió en Italia y hacia 1532 entró al servicio del emperador, a quien llegó a representar en Trento. Desempeñó importantes labores diplomáticas en Inglaterra, Venecia e Italia. Expedientado por su mala gestión administrativa, fue desterrado de la Corte; el expediente se cerró cuando sus herederos regalaron su fantástica biblioteca a Felipe II. Como poeta longevo, pudo recurrir a inspiraciones diversas y cambiar o enriquecer su estilo, de modo que su corpus poético es variado.

[A MARFIRA DAMÓN SALUD ENVÍA]

La epístola poética es uno de los géneros dignificados por el Renacimiento. Como en este caso, suele adoptar la forma de tercetos encadenados, lo que permite alargarla o acortarla según las circunstancias. Ha de cerrarse, siempre, con un cuarteto que recoja las dos últimas rimas. El tema de la epístola no siempre es amoroso, pero cuando lo es, permite al enamorado explayar todos sus deseos y temores ante la amada, de manera que este subgénero poético —como el de las églogas y las canciones— da pie a análisis más prolijos y extensos que en los sonetos, los madrigales, etc. Nótese, en consecuencia, cómo se desmenuzan los sentimientos y se analizan una y otra vez los efectos de la pasión amorosa. La amada, como casi siempre en el petrarquismo, está lejana y desdeñosa.

EPÍSTOLA

A Marfira Damón salud envía,
si la puede enviar quien no la tiene,
ni la espera tener por otra vía.

El tiempo es corto, la ocasión no viene,
5 la esperanza es dudosa y esperar
en mal desesperado no conviene.

Amor manda escribir y no hablar;
al mal agudo el remedio presto,
si ciega a la razón el desear.

10 Yo quisiera dejar de hacer esto,
mas despreciar a Amor es peligroso,
que reina en mis entrañas y en tu gesto.

Tú contenta, Marfira, yo quejoso,
o me mata[1] o acaba de valerme[2],
15 que en la muerte o la vida está el reposo.

En ningún medio puedo sostenerme,
estando los extremos tan llegados[3]
que me hayas de valer o aborrecerme.

Si quisiese contarte mis cuidados
20 no sé si mi paciencia bastaría,
que aun para dichos son desesperados.

La tuya sé que no lo sufriría,
pues no podrás mudar tu condición
que es enojarte cualquier cosa mía.

25 En otro tiempo valiérame razón,
pudiérame quejar y ser oído,
aunque nunca me vino la ocasión.

---

[1] *o me mata:* o mátame.
[2] *valerme:* ayudarme, corresponderme. Lo reitera unos versos más abajo.
[3] *tan llegados:* tan cerca.

Ni vino, ni la espero, ni la pido;
antes la dejaría si viniese,
30 por no perderme en ella de atrevido.

Mas ¿qué perdería yo aunque me perdiese.
que no ganase más en la experiencia,
si tu merced, señora, lo entendiese?

Amor, amor, esfuerzos son de ausencia
35 que finjo yo entre mí[4] solo conmigo
y todos me fallecen en presencia.

Tú serás, aunque parte, buen testigo
cuántas veces me vi determinado,
señora, de decirte lo que digo.

40 Allí muriera yo desesperado
cuando vi que pudieras entender
lo que yo no te dije de turbado.

Desde aquel punto comenzó a caer
del todo mi esperanza y tu memoria;
45 ni yo supe hablar, ni tú creer.

Bien sabes que es soberbia más que gloria
perseguir al que sigue la Fortuna,
y, vencer al vencido no es victoria.

La sentencia me dieron en la cuna
50 que fuese en tu escoger mi vida o muerte
y yo que no escogiese otra ninguna.

Marfira, si trocásemos la suerte
y fuese yo contento y tú quejosa,
tú a seguirme, yo siempre a aborrecerte,

---

[4] *entre mí:* para mí.

55 siendo como tú eres tan hermosa,
    tan lejos estarías de olvidada
    cuanto lo estás agora de piadosa.

    ¿Cómo puedes salir aderezada[5]?
    ¿Cómo coger en oro tus cabellos?
60 ¿Cómo mirar a alguno o ser mirada?

    Si miras a los hombres por vencellos
    y olvidallos después que están vencidos,
    lo que ha sido de mí podrá ser de ellos.

    Mas ¡ay de mí! que no va en los vestidos
65 sino en ser tan cruel tu voluntad
    y tener tan cerrados los oídos.

    ¿Para qué te demando yo piedad,
    que no valgo la pena del desvío,
    ni merezco temer tu crueldad?

70 Mas, ¿qué haré?, que place al señor mío,
    por quien mi corazón es gobernado,
    que viva en opinión[6] y desvarío.

    Fortuna, que me puso en tal estado,
    quizá se mudará, pues es mudable,
75 que yo nunca saldré de este cuidado.

    Cuando mal hace amor es razonable,
    si el remedio va fuera de esperanza
    y no se puede haber sin que se hable.

    No sé por qué deseo esta mudanza,
80 que siempre lo que espero es lo peor;
    ¡ved cuán lejos estoy de confianza!

---

[5] *aderezada:* arreglada.
[6] *en opinión:* murmurado, considerado de loco.

Contrastan en mi pecho odio y amor,
son el uno y el otro de tu parte
y entrambos contra mí por mi dolor.

85 Ya yo sería contento de mirarte
si no perdiese el seso y la paciencia
con el miedo que tengo de enojarte.

Mas es de tal manera mi dolencia,
que con cualquier remedio crece el daño
90 y con medio ninguno tu clemencia.

Andando entre sospecha y desengaño
me ciego y desvarío en la certeza
y, en lo que mejor veo, más me engaño.

Múdese Amor que yo terné[7] firmeza;
95 aguce y emponzoñe bien sus flechas[8]
en aborrecimiento y ligereza;

al corazón me vengan bien derechas,
pesadas porque hieran al caer
con importunidades y sospechas;

100 y tú, señora, muestra todo tu poder
en perseguir del todo un mísero hombre
que no tiene ya cosa que perder.

No ganarás en ello gran renombre,
que del cuitado cuerpo y sus porfías
105 no me ha quedado más que sombra y nombre.

---

[7] *terné:* tendré.
[8] *flechas:* las que utilizaba Cupido para asaetear a sus víctimas y rendirlas al amor (de oro) o al odio (de plomo).

Tú vives y yo doy fin a mis días,
tú vences, mas no huelgas con mi muerte,
porque hago en morir lo que querrías,
[y yo temo enojarte aun de esta suerte.]

[AHORA EN LA DULCE CIENCIA EMBEBECIDO]

Este soneto quiere mostrar, mediante el uso continuado de las anáforas («ahora..., ahora...») cómo, sean cuales sean sus circunstancias, el amante contemplará o evocará la imagen de la amada. Cumple el poema, pues, con lo que sabemos de los primeros poetas petrarquistas: que la pasión amorosa ocupaba todo su ser, o que a ella se supeditaba todo: el conocimiento (v. 1), la guerra (v. 2), el ocio (la caza, en vv. 3 y 4), mientras duerme (v. 5), en vigilia (v. 6). Incluso en lugares remotos (vv. 9 y 10); incluso mucho más allá de la vida terrenal (v. 12). Ese último verso, precisamente, preludia un motivo de mucho éxito en la poesía del Barroco: la permanencia de la pasión amorosa más allá de la muerte («serán ceniza mas tendrán sentido / polvo serán, mas polvo enamorado»). Hurtado lo expresa, ahora, de manera menos precisa, más acumuladora que sintetizadora. Como ya hemos visto en otros casos, la imagen de la amada quedó esculpida en el «corazón» del poeta, quedó interiorizada.

SONETO

Ahora en la dulce ciencia embebecido,
ahora en el uso de la ardiente espada,
agora con la mano y el sentido
puesto en seguir la caza levantada,

5 ahora el pesado cuerpo esté dormido,
ahora el alma atenta y desvelada,
siempre en el corazón terné [9] esculpido
tu ser y hermosura entretallada [10].

---

[9] *terné:* tendré.
[10] *entretallada:* esculpida interiormente.

Entre gentes extrañas [11] do se encierra
10 el sol fuera del mundo y se desvía,
durará y permaneceré de esta arte [12].

En el mar, en el cielo, so [13] la tierra,
contemplaré la gloria de aquel día,
que tu vista figura en toda parte.

---

[11] *extrañas:* extranjeras.
[12] *de esta arte:* de esta manera.
[13] *so:* bajo.

GUTIERRE DE CETINA
(Sevilla, h. 1514 o 1517-México, 1557)

De familia burguesa, parece que recibió formación humanística en algún colegio sevillano y que se relacionó con el ambiente poético de su ciudad. De Sevilla pasó a Valladolid y de allí a Italia, como muchos de nuestros artistas del Renacimiento, en donde permaneció diez años. Ejemplo del poeta-soldado, combatió en la guerra contra Francia. En busca de mejor fortuna, se trasladó a México, donde fue malherido en 1554. Cultivó tanto los metros italianos como los castellanos, siempre con un especial vigor y apasionamiento.

[OJOS CLAROS, SERENOS]

Uno de los más bellos madrigales de nuestra historia literaria. El madrigal es una breve composición (no más de veinte versos) de tema amoroso, con disposición aleatoria de heptasílabos y endecasílabos. En este caso, el poeta versifica un instante de su historia amorosa: el de la mirada a la mujer amada. Los restantes rasgos son los típicos de la poesía petrarquista: presencia lejana y desdeñosa de la amada, que aparece en el poema a través de pocas pinceladas (los ojos, el desdén); la sumisión del poeta a esa humillación amorosa, etc. Obsérvese que se trata de una imprecación directa del enamorado a una parte de su amada, los ojos, mediante una especie de prosopopeya (otorgar atributos humanos o personales a cosas que no los tienen: los ojos no pueden «oír» lo que se les dice).

MADRIGAL

Ojos claros, serenos,
si de un dulce mirar sois alabados,
¿por qué, si me miráis, miráis airados?
Si cuanto más piadosos

5   más bellos parecéis a aquél que os mira,
    no me miréis con ira
    porque no parezcáis menos hermosos.
    ¡Ay, tormentos rabiosos!
    Ojos claros, serenos,
10 ya que así me miráis, miradme al menos.

[DEL DULCE FUEGO QUE EN EL PECHO ME ARDE]

Soneto que arranca desde un oxímoron (la unión en una única expresión de dos términos contrarios o que son realmente incompatibles), para calificar al «fuego» como «dulce». «Fuego» y toda su constelación léxica (arder, quemar, calor...) sirvieron y sirven para expresar metafóricamente la pasión amorosa, que se contrapone a otra familia léxica, la del «frío» (hielo, agua, etc.) para el desdén. Esa pasión interior está enloqueciendo al poeta, que ni siquiera se atreve a pedir un descanso para quejarse (vv. 6-8). Si eso ocurriera (vv. 9-11), sus lamentaciones (v. 13) podrían conmover a la amada, que se apiadaría de él (v. 14). Cetina se expresa con cierta tortuosidad, la misma que él dice estar padeciendo.

SONETO

    Del dulce fuego que en el pecho me arde
    no sé cómo decir que estoy quejoso,
    ni en medio del ardor fiero, rabioso,
    sé de quién fíe, ni de quién me guarde.
5   Contra la ley de Amor soy tan cobarde
    que aun al mismo dolor pedir no oso
    tanto tiempo de venia y de reposo
    que me pueda quejar, aunque es ya tarde.
    Pero si a dicha alcanzo tanta suerte
10 que la turbación pierda del sentido,
    y al corazón torna el valor usado,
    aún espero, señora, que el sonido
    del triste lamentar podrá moverte
    a piedad de haberme maltratado.

HERNANDO DE ACUÑA
(Valladolid, 1518-Granada, 1580)

Viajó a Italia y luchó a las órdenes del gobernador de Milán, a quien acompañó en diversas empresas italianas. Combatió con Carlos V en la campaña alemana que finalizó con la victoria en Mülhberg. Desempeñó diversas misiones diplomáticas y militares en Italia y Flandes, y participó en la batalla de San Quintín. Al final de su vida, se trasladó a Granada. Aunque nos ha dejado un copioso cancionero petrarquista, se le suele recordar sobre todo por el soneto de nuestra antología, a veces interpretado en fecha equivocada.

[YA SE ACERCA, SEÑOR, O YA ES LLEGADA]

Escrito sin duda hacia 1571, poco después de la batalla de Lepanto. Tan deslumbrante soneto se interpreta como la versión poética del ideario político de la Monarquía hispana: el orbe acabaría por ser regido por un solo monarca —naturalmente, Felipe II—, que impondría con su espada la unidad de una sola religión, la católica. Este ideario impulsó muchas de las empresas político-militares de la época. Claro que también alienta en estos versos el belicismo y la intransigencia de la época: la espada —la fuerza— impondría la fe, incluso en lugares remotos, a gentes extrañas. La «proeza» está poetizada como jornada heroica de un monarca y de su reinado, favorecido por la protección divina. El empapamiento religioso de todo tipo de actividades, sobre todo las políticas, justificaba («justa guerra») cualquier acción. Al margen o al lado de su contenido, el soneto logra una bella factura, con ese doble encabalgamiento expresivo entre los versos 1-2 («llegada... la edad») y 2-3 («promete el cielo... una grey...»). Y la trimembración del verso central, el 8º, que dota al soneto de cierta majestuosidad. Las admoniciones con ese «ya», que comienza las tres primeras estrofas, suenan como aldabonazos que anuncian la eminencia de la victoria total.

AL REY NUESTRO SEÑOR, SONETO

Ya se acerca, señor, o ya es llegada
la edad gloriosa en que promete el cielo
un grey[1] y un pastor solo en el suelo;
por suerte a vuestros tiempos reservada;

5 ya tan alto principio, en tal jornada,
os muestra el fin de vuestro santo celo
y anuncia al mundo, para más consuelo,
un Monarca, un Imperio y una Espada;

ya el orbe de la tierra siente en parte
10 y espera en todo vuestra monarquía,
conquistada por vos en justa guerra,

que, a quien ha dado Cristo su estandarte,
dará el segundo más dichoso día
en que, vencido el mar[2], venza la tierra.

---

[1] *grey:* una sola congregación de fieles y un único («solo») pastor en la tierra («suelo»).
[2] *vencido el mar:* vencidos los turcos en el mar de Lepanto.

GREGORIO SILVESTRE
(Lisboa 1520-Granada, 1569)

Sus verdaderos apellidos eran Rodríguez de Mesa. Era hijo del médico del rey de Portugal y famoso organista de la catedral de Granada, plaza que ostentó hasta el final de sus días, y a la que aludirá el poema de Barahona de Soto (págs. 172 y 173, en esta antología). Parece que fue un experto jugador de ajedrez y de escritura cifrada. Nos ha dejado también un regular conjunto de versos; los mejores, de carácter petrarquista.

[¡AY MUERTE DURA!, ¡AY DURA Y CRUDA MUERTE]

El subgénero de la elegía, por imitación de los poetas grecolatinos, sirvió tanto para la poesía amorosa como para la que poetizaba lamentaciones, en general, que es el valor que luego ha permanecido y el que le otorga Silvestre en este poema. Normalmente se escribía en tercetos encadenados —como la epístola— o en estancias, que son composiciones ordenadas en un número abierto de estrofas, siempre con la misma estructura, compuestas de endecasílabos y heptasílabos. En este caso la elegía adopta la forma de «canción» o sucesión de estancias (las seis primeras), que rematan con una más breve (la séptima), que «envía» la canción («Triste canción...», v. 67). El tono lamentoso abre ya la canción desde los primeros versos: se grita porque la muerte se ha llevado a doña María —una mujer noble de la época—; a esto sigue la descripción del desconsuelo por la ausencia del fallecido. Poco después (vv. 23-33) se evocará la glorificación de la muerta. La estrofa siguiente (vv. 34-44) extiende el dolor al mundo que rodea al poeta, porque hasta las criaturas padecen la ausencia del «ser» que les daba la razón de su existencia. En la estancia siguiente se exagera la enajenación del poeta a causa de su dolor, hasta el punto de creer que él es el que ha muerto; para pasar a confesar (v. 56) que su pasión será eterna («inextinguible») y ocupa toda su vida. Lo que es la canción termina con esos dos versos lapidarios que resumen: «No me quedó en la tierra otro consuelo / sino que he de subir a verla al cielo». La estrofa que resta (desde el v. 67) es el envío de la canción, destinada a mostrar su inmenso dolor. La elegía es abundante en adjetivación platónica (aquella que explicita en el adjetivo un rasgo esencial, ideal, del sustantivo: la «muerte» siempre será «dura» y «cruda», por ejemplo; «el dulce amor»; «dolor cruel»; etc.). La amada se asocia a las imágenes de la luz, la claridad, la serenidad, por lo que su ausencia provocará los efectos contrarios: oscuridad, tristeza, etc.

ELEGÍA A LA MUERTE DE DOÑA MARÍA

¡Ay muerte dura!, ¡ay dura y cruda muerte!,
¡ay muerte!, ¡y cuál me tienes
de haber sido tan presta y presurosa!
Para mi mal, ¡qué cierta, fiera y fuerte,
5   y qué ligera vienes!,
y para el bien, ¡qué torpe y espaciosa!
Llevaste a la preciosa
y alegre y clara luz del alma mía:
murió doña María;
10 y ahora, por doblarme la querella,
quieres que viva yo, muriendo ella.

Dejaste, ¡oh cruel muerte!, enriquecido
con este fiero asalto
el cielo y todo el mundo arruïnado;
15 y sin ventura a mí, triste, perdido,
y miserable falto,
y de todos los bienes despojado;
y al suelo desdichado
sin bien, sin luz, sin gloria y ornamento,
20 sin paz y sin contento,
privado el dulce amor de su tesoro;
y a todo el mundo en lamentable lloro.

Aquella dulce prenda tan preciosa,
de quien aun ser el suelo
25 pisado de sus pies no merecía,

           que hizo la edad nuestra venturosa,
           ahora pisa el cielo
           adonde su virtud resplandecía,
           y la serena mía,
30   con alta voz sonora y dulce canto,
           al muchas veces santo [1],
           alaba eternamente, demandando
           la paz [2] de quien por ella está llorando.

           En todo lo que miro me parece
35   que muestra y representa
           la funesta ocasión de mis dolores;
           el sol se eclipsa y no me resplandece,
           ni el fuego me calienta,
           y las plantas me niegan sus olores,
40   los frutos sus sabores,
           y todo bien, su gozo y alegría,
           y la desdicha mía,
           la fuente me secó donde manaba
           el ser que a cualquier cosa se le daba.

45   Mas tanto mi dolor cruel, esquivo
           crece, vive y revive,
           cuanto más lejos de mi bien me veo;
           mi clara luz es muerta y yo soy vivo;
           yo muero y ella vive,
50   y della vive en mí solo el deseo;
           que es muerta, no lo creo,
           y voy por los lugares do la vía [3];
           y con esta alegría
           encuentro a quien me puede decir della...
55   ¡Y no me atrevo a preguntar por ella!

---

[1] *al muchas veces santo:* a Dios.
[2] *la paz:* la muerte.
[3] *vía:* veía.

Por ella en vivo fuego inextinguible
holgaba que estuviera
mi alma consumida y abrasada;
en todo lo demás era imposible
60 que cosa me atrajera
si en esta piedra imán no era tocada,
y como enderezada
y el aguja llevase siempre al norte [4]
del celestial consorte,
65 no me quedó en la tierra otro consuelo,
sino que he de subir a verla al cielo.

Triste canción, en lágrimas bañada,
toda deshecha en llanto,
la causa mostrarás del dolor tanto,
70 y sin ser preguntada
dirás cómo padecen siempre mengua
el corazón y el alma por la lengua.

---

[4] *norte:* por «piedra imán» se está refiriendo a la brújula, que apuntaba siempre al Norte, claro.

FRANCISCO DE TERRAZAS
(1525?-1600?)

Primer poeta nacido en México, era hijo del conquistador del mismo nombre. Muy popular en su tiempo, fue alabado por Cervantes. El petrarquismo llegó, en efecto, al Nuevo Mundo: fue en realidad la primera corriente poética que se sobrepuso a las culturas indígenas.

[DEJAD LAS HEBRAS DE ORO ENSORTIJADO]

Este soneto, muy famoso, parece una riquísima joya en la que se han engastado todos los hallazgos de la poesía petrarquista, de manera que se pueden ir resolviendo sus metáforas en términos coloquiales, como vamos a hacer en la anotación. La amada se contempla como un compendio de exquisiteces, en un pedestal, deificada: ella es la que presta su color a la nieve y las rosas, la que ilumina el firmamento con su sol, etcétera. En el momento de mayor tensión de la poesía petrarquista, en poemas como éste, la amada no sólo es el centro del universo, sino que ella lo crea e ilumina a su imagen y semejanza. Sin embargo, al final del soneto, después de haber devuelto a las criaturas todos sus dones, reaparece la amada tal y como es para el amante despechado. El contraste abismal entre belleza y dolor es la idea que queda cuando se termina de leer el poema.

SONETO

Dejad las hebras de oro ensortijado [1]
que el ánima me tienen enlazada
y volved a la nieve no pisada
lo blanco de esas rosas matizado [2].

---

[1] *hebras de oro ensortijado:* el cabello rubio.
[2] *lo blanco de esas rosas matizado:* el color de la tez, de la piel.

5 Dejad las perlas y el coral[3] preciado
de que esa boca está tan adornada;
y al cielo, de quien sois tan envidiada,
volved los soles[4] que le habéis robado.

La gracia y discreción que muestra ha sido
10 del gran saber del celestial maestro[5],
volvédselo a la angélica natura[6];

y todo aquesto así restituido,
veréis que lo que os queda es propio vuestro:
ser áspera, cruel, ingrata y dura.

---

[3] *perlas... coral...:* dientes y labios.
[4] *soles:* ojos.
[5] *maestro:* el creador mostró su sabiduría al dotarle de gracia y discreción.
[6] *angélica natura:* es decir, es propio de la naturaleza angélica.

FRANCISCO DE FIGUEROA
(Alcalá de Henares, Madrid, h. 1530-Madrid, h. 1589)

Probable alumno de Ambrosio de Morales, viajó a Italia, donde entró en contacto con los poetas italianos. Volvió a España y se trasladó después a los Países Bajos, Francia y Alemania. Fue contino *del rey; antes de morir ordenó que se quemasen todos sus papeles; Tribaldos de Toledo, en 1626, pudo encontrar algunas de sus obras y las publicó. Se trata, por tanto, de un poeta petrarquista de segunda generación, aunque en el conjunto de su obra —muy influenciada por la poesía italiana— todavía no se adivinen los nuevos rumbos poéticos.*

[PARTIENDO DE LA LUZ DONDE SOLÍA]

Una vez más nos encontramos con la expresión de un poeta «iluminado» por los ojos de la amada, que le dan su sustento y, cuando se esfuman, le sumen en las tinieblas y le dejan sin alimento. El significado de tan hermoso soneto está acentuado por unos cuantos procedimientos retóricos, fundamentalmente por los sugestivos encabalgamientos, entre los que destacan los de los vv. 4-5, que sugieren la ruptura de la «compañía» por esa pausa versal que rompe la secuencia sintáctica; y el de los vv. 7-8, que deja a «ciego» después de otra pausa versal. No son los únicos, como se observará. Nótese ya el valor de «alma», en el último verso, para denominar a lo más íntimo y personal del sujeto, del poeta, sin connotaciones religiosas. Desde el punto de vista rítmico, la frecuencia de los acentos sobre palabra aguda produce una sonoridad añadida, que se recoge de modo peculiar en el último verso (acentos esenciales en sexta y séptima sílabas, lo que es muy raro).

SONETO V

Partiendo[1] de la luz donde solía
venir su luz, mis ojos han cegado.
Perdió también el corazón cuitado
el precioso manjar de que vivía.

5 El alma[2] deshechó la compañía
del cuerpo y fuese tras el rostro amado;
así en mi triste ausencia he siempre estado
ciego, y con hambre, y sin el alma mía.

Agora que al lugar que el pensamiento
10 nunca dejó, mis pasos presurosos
después de mil trabajos[3] me han traído,

cobraron luz mis ojos tenebrosos,
y su pastura el corazón hambriento.
Pero no tornará el alma a su nido.

[OCIO MANSO DEL ALMA, SOSEGADO]

El poeta se dirige al sueño, para perdonarle las ocasiones en las que le hizo sufrir, porque en esta última el sueño ha sido «venturoso», ha calmado su tristeza de amor. Sólo en el sueño y en la muerte los melancólicos poetas renacentistas pudieron con su dolor; por eso en la estrofa final se recrea con la «dulzura», jugando una y otra vez con la palabra. Nótese, sin embargo, cómo en la expresión de la poesía amorosa

---

[1] *partiendo:* aunque el verbo tiene significación ambigua ('procediendo' y 'alejándose'), parece que indica aquí el alejamiento del poeta de la vista (la «luz») de la amada, de su presencia.

[2] *alma:* estas poetizaciones que expresan la separación de cuerpo y alma, como resultado de la concepción platónica de la muerte, sirven para significar el anhelo del enamorado, que huye de sus circunstancias.

[3] *trabajos:* como siempre en la época clásica, con el matiz de 'sufrimientos'.

de los petrarquistas siempre late una paradoja o una contradicción (amargura/dulzura, por ejemplo, como en una balanza, comenzando y terminando el último verso). Otros modos léxicos y metafóricos remiten al estilo de la época: el alma como centro de toda la pasión; los efectos del amor atormentándole; la amada ausente del poema; etc.

SONETO XI

Ocio manso del alma, sosegado
sueño, fin del pensar triste enojoso,
liberal de esperanzas, poderoso
de limpiar la amargura del cuidado:

5 si alguna vez a mi dolor has dado
nueva ocasión, turbando mi reposo
con visión falsa, en este venturoso
punto [4] de cualquier mal quedo pagado.

Sueño dulce y sabroso que has rompido
10 la dureza que amor y mi fe pura
nunca ablandó, ni mi dolor tan largo,

si me vienes a ver cual has venido,
de otro sueño tan dulce la dulzura
dulce hará cualquier pasado amargo.

[SALE LA AURORA, Y DE SU FÉRTIL MANTO]

Una canción es una sucesión de estancias iguales que rematan con un envío de una estancia menor. Figueroa se expresa poéticamente a través de dos juegos metafóricos cercanos: el de la naturaleza y el del mundo idílico de la vida pastoril, ambos muy de moda en la expresión artística del siglo XVI, por razones ideológicas. La naturaleza de la poesía renancentista quedará impregnada de los sentimientos del poeta, que puede expresarse, de este modo, a través de múltiples prosopopeyas

---

[4] *punto:* momento.

(la tristeza de los árboles, el llanto de las fuentes, los gemidos del viento...). Se trata casi siempre de una naturaleza —y de un paisaje— idealizados, vistos a través de la «idea» que tenemos de un paisaje hermoso. Ése es el lugar adecuado para situar a la amada o para desarrollar una escena amorosa. En este caso es el paso de la amada el que va trasformando el paisaje todo. Cuando se detiene (vv. 16-17) el poeta la describe de modo encendido: el pelo suelto en el cuello blanquísimo. Nótese la inmediata trasposición de sus sentimientos al paisaje: «Arde de amor la tierra, el río, el cielo», y la explosión del amor inundando todo. La canción presenta como novedad, frente a la abrumadora poetización de tristezas, ausencias y desdenes, el logro del amor; incluso se atreve el poeta a expresar en versos los momentos iniciales del «gozo» con que se entregan. Ahora comprendemos la belleza del paisaje precedente.

CANCIÓN IV

Sale la aurora, y de su fértil manto
rosas suaves esparciendo y flores,
pintando el cielo va de mil colores
y la tierra otro tanto,
5   cuando la tierna pastorcica mía,
lumbre y gloria del día,
no sin astucia y arte,
de su dichoso albergue alegre parte.

Pisada del gentil blanco pie, crece
10   la hierba y nace en monte, en valle o llano.
Cualquier planta que toca con la mano,
cualquier árbol florece.
Los vientos, si soberbios van soplando,
con su vista amansando,
15   en la fresca ribera
del río Tibre[5] siéntase y me espera.

Deja por la garganta cristalina
suelto el oro que encoge el sutil velo.
Arde de amor la tierra, el río, el cielo

---

[5] *Tibre:* río romano, en donde pudo trascurrir o imaginarse la escena.

20 y a sus ojos se inclina.
   Ella de azules y purpureas[6] rosas
   coge las más hermosas
   y tendiendo su falda
   teje de ellas después bella guirnalda.

25 En esto ve que el sol, dando[7] al aurora
   licencia, muestra en la vecina cumbre
   del monte el rayo de su clara lumbre
   que el mundo orna y colora.
   Túrbase y una vez arde y se aíra,
30 otra teme y suspira
   por mi luenga[8] tardanza,
   y en medio del temor cobra esperanza.

   Yo, que estaba encubierto, los más raros
   milagros de natura[9] y de amor viendo,
35 y su amoroso corazón leyendo
   poco a poco en sus claros
   ojos, principio y fin de mi deseo,
   como turbar los veo
   y enojado conmigo
40 temblando ante ellos me presento y digo:

   Rayos[10], oro, marfil, sol, lazos, vida
   de mi vida, y mi alma y de mis ojos.
   Pura frente que estás de mis despojos
   más preciosa ceñida.

---

[6] *purpureas:* léase como trisílabo, con acento en la segunda /u/.
[7] *dando... licencia:* permitiendo.
[8] *luenga:* larga.
[9] *natura:* naturaleza.
[10] *rayos...:* en la enumeración que sigue se nombran los atributos de la amada, a través de toda la imaginería poética del Renacimiento. Las correspondencias son relativamente fáciles: «Rayos» ('ojos enojados'), «oro» ('cabello rubio'), «marfil» ('blancura de la piel'), «lazos» (probablemente el cabello trenzado o ensortijado), etc.

⁴⁵ Ébano, nieve, púrpura, jazmines,
ámbar, perlas, rubines [11]:
tanto vivo y respiro
cuanto sin miedo y sobresalto os miro.

Alza los ojos a mi voz turbada,
⁵⁰ y mirando los míos segura y leda [12]
sin moverlos a mí se arroja, y queda
de mi cuello colgada;
así está un poco embebecida [13] y luego
con amoroso fuego
⁵⁵ blandamente me toca
y bebe las palabras de mi boca.

Después comienza en son dulce y sabroso
y a su voz cesa el viento y para el río:
«Dulce esperanza mía, dulce bien mío,
⁶⁰ fuente, sombra, reposo
de mi sedienta, ardiente y cansada alma,
vista serena y calma,
muera aquí si más cara [14]
no me eres que los ojos de la cara».

⁶⁵ Así dice ella y nunca en tantos nudos
fue de hiedra o de vid olmo [15] enlazado
con cuantos en sus brazos apretado
hasta el codo desnudos
la aprieto y vengo a la amorosa lucha.
⁷⁰ No se siente ni escucha
otro sonido entero
sino «¡ay Fili!, ¡ay Tirsi!, ¡ay ardo y muero!».

---

[11] *rubines:* rubís o rubíes.
[12] *leda:* contenta.
[13] *embebecida:* absorta.
[14] *cara:* el primero en rima significa 'querida', desde luego.
[15] *olmo:* la canción está plagada de imágenes clásicas (la guirnalda de amor, la lucha de amor, el gemido del viento, etc.) la del olmo y la vid, entrelazados, como los amantes, es una de ellas.

Canción, si alguno de saber procura
lo que después pasamos,
75 si envidioso no es, di que gozamos[16]
cuanto puede amor dar gloria y dulzura.

---

[16] *gozamos:* era el término usual para expresar la feliz unión de los amantes.

FRANCISCO DE LA TORRE
(muerto hacia 1570)

Su obra fue editada por Francisco de Quevedo en 1631. El misterio rodea su existencia, pues no se conocen más datos de su vida sino que fue bachiller. Pero leyendo su poesía captamos que fue un delicado poeta petrarquista, que cantó a la noche, a la amada, a la naturaleza.

[SIGO, SILENCIO, TU ESTRELLADO MANTO]

Los dos sonetos que incluimos de Francisco de la Torre añaden al tema amoroso el de la noche. En este primero se trata de la contemplación del cielo estrellado (vv. 1-2), como compañero del silencio del poeta, que ha sufrido un desengaño amoroso (vv. 5-8) y, naturalmente, está deshecho en llanto (v. 8). Enseguida invoca directamente a la noche: la apelación a las criaturas es una escena típica del poeta renacentista, que en su soledad no tiene otra opción. Nótese, una vez más, la absoluta lejanía de la amada, que se supone tan sólo por la desolación del poeta. La conjunción de nocturnidad y pensamiento amoroso no es muy frecuente en la poesía de la época.

SONETO V

Sigo, Silencio, tu estrellado manto
de transparentes lumbres guarnecido [1]
enemigo del Sol esclarecido,
ave noturna de agorero canto.

---

[1] *guarnecido:* adornado.

El falso mago Amor, con el encanto
de palabras quebradas por olvido,
convirtió mi razón y mi sentido,
mi cuerpo no, por deshacelle en llanto.

Tú que sabes mi mal y tú que fuiste
la ocasión principal de mi tormento,
por quien fui venturoso y desdichado,

oye tú sólo mi dolor; que al triste
a quien persigue cielo violento,
no le está bien que sepa su cuidado.

[NOCHE, QUE EN TU AMOROSO Y DULCE OLVIDO]

El soneto, como tantos otros de la época (variaciones sobre poemas italianos de la tradición inmediata), es una confidencia a la noche, que aparece personificada, como un amigo que acoge al poeta, porque le permite descansar de los «trabajos» ('sufrimientos') del día. El poeta aparece entre versos como perseguido y sufriente. En todos estos diálogos con paisajes y criaturas de la naturaleza se pone en evidencia la inmensa soledad del poeta, abandonado a sus penas. Además, no quiere que la luz cambie la escena, en tanto él siga lastimado; y termina, incluso, excluyendo a todos de su confidencia, excepto a la noche, con ese quiebro lleno de silencios: «Bien sabes tú mi vida». De manera que a lo largo del soneto no se nos ha expresado más que alguno de los efectos que está sufriendo, porque está alejado («ausente») de lo que le produce «pasión»: sólo la noche sabe por qué.

SONETO XV

Noche, que en tu amoroso y dulce olvido
escondes y entretienes los cuidados
del enemigo día, y los pasados
trabajos recompensas al sentido;

5 tú, que de mi dolor me has conducido
a contemplarte, y contemplar mis hados,
enemigos agora conjurados
contra un hombre del cielo perseguido:

así las claras lámparas [2] del cielo
10 siempre te alumbren, y tu amiga frente
de beleño y ciprés [3] tengas ceñida,

que no vierta su luz en este suelo
el claro Sol mientras me quejo, ausente,
de mi pasión. Bien sabes tú mi vida.

---

[2] *claras lámparas:* las luces nocturnas, astros y estrellas.
[3] *beleño y ciprés:* la asociación de ambos términos sirve para expresar la «eternidad (ciprés) de un sueño (beleño)».

MANIERISMO Y FIN DE SIGLO

SEBASTIÁN DE HOROZCO
(Toledo, 1510?-1578?)

Estudió leyes y cánones en Salamanca, y ejerció como jurista en Toledo. Cronista toledano, fue además el padre de Sebastián de Covarrubias, autor del Tesoro de la lengua castellana.

[DE OVIDIO SOIS MUY SECAZ]

Composición en coplas reales (5 + 5), que muestra cómo los tonos burlescos y estivos preferían todavía modos de versificación antiguos. La burla de los narigudos con Ovidio «Nasón» es muy frecuente, y nos la volveremos a encontrar en un famoso soneto de Quevedo. Obsérvese que la burla se refiere a aspectos físicos, es decir, que no dependen de la voluntad de nadie.

EL AUCTOR MOTEJANDO A UNO DE NARIGUDO

De Ovidio sois muy secaz [1],
sólo os falta ser poeta
para estar con él en paz,
pues del nasón y antifaz
5   más tenéis que una galleta [2].
De un bien estaréis cumplido,
aunque no es muy necesario:
que el frío no habrá salido
cuando allí lo habréis sentido
10   como sol [3] en campanario.

---

[1] *secaz:* secuaz, partidario.
[2] *galleta:* vasija de cobre con un caño torcido para vaciar su contenido; a la prominencia de ese caño o pitorro se alude.
[3] *sol:* a donde primero llega el sol cuando sale es al campanario, por estar en lo más alto; el frío del catarro, a aquellas narices, por ser las más grandes.

>   Hacérseos han con el frío
>   las ventanas dos canales,
>   donde no falten, yo fío,
>   aunque de sucio natío[4],
> 15 muchas ciruelas mocales.
>   Pero si queréis hacer
>   que no manen almodrote[5],
>   si tomáis mi parecer,
>   debéisles mandar hacer
> 20 un muy gentil capirote.

---

[4] *natío:* nacimiento.
[5] *almodrote:* una salsa de la época.

FRAY LUIS DE LEÓN
(Belmonte, 1527-Salamanca, 1591)

En 1542 ya era estudiante en la Universidad de Salamanca; ingresó en la orden de los agustinos y fue profesor de Sagrada Escritura. Procesado por la Inquisición en 1572, permaneció cinco año encarcelado en Valladolid. Tras ser declarado inocente volvió a Salamanca, donde continuó su magisterio hasta que murió. Su obra es muy extensa, sobre todo la latina. En castellano escribió tratados de paráfrasis bíblica (De los nombres de Cristo) y unas pocas «obrecillas» en verso, que no se publicaron hasta 1631, y que constituyen una de las cimas de nuestra historia poética.

[QUÉ DESCANSADA VIDA]

Fray Luis recrea en su primera oda uno de los tópicos de la poesía de todos los tiempos, el *beatus ille* (según el arranque de una oda de Horacio), es decir, el canto a la vida retirada, lejos del mundanal ruido. La mayoría de las odas de fray Luis se escriben en liras, composiciones de breves estancias formadas por versos de siete y once sílabas, con rimas consonantes y marcado sentido artístico. Fray Luis elabora sus odas con una gran libertad sintáctica y léxica, de modo que no es difícil encontrar complejos hipérbatos, atrevidos encabalgamientos, cultismos de todo tipo, etc. Esos recursos son casi siempre expresivos, es decir, subrayan el contenido de los versos, como en el encabalgamiento de los vv. 3-4, en donde «escondida» se coloca antes de una pausa que «esconde» momentáneamente con su silencio la secuencia normal del sintagma: «senda». En general, el deseo de retirarse a un lugar escondido y placentero, procede del rechazo de los falsos valores: la soberbia, la ambición, el engaño..., y el reconocimiento de los auténticos: la sabiduría, la paz, la contemplación de la belleza en sus formas más naturales, etc. Por lo general, las odas de fray Luis expresan una agitación, el tormentoso suceder de su existencia, que termina consiguiendo la serenidad de la contemplación —como en ésta— o elevarse a las alturas de las esferas celestes, lejos del desasosiego mundano. Estilísticamente muestran el mismo proceso: suma agitación, coronada por exaltación o paz en las estrofas finales.

ODA I
CANCIÓN DE LA VIDA SOLITARIA

¡Qué descansada vida
la del que huye el mundanal ruido
y sigue la escondida
senda, por donde han ido
5 los pocos sabios que en el mundo han sido;

que no le enturbia el pecho
de los soberbios grandes el estado,
ni del dorado techo
se admira, fabricado
10 del sabio Moro, en jaspes sustentado!

No cura[1] si la fama
canta con voz su nombre pregonera[2],
ni cura ni encarama
la lengua lisonjera
15 lo que condena la verdad sincera.

¿Qué presta[3] a mi contento,
si soy del vano dedo señalado;
si, en busca deste viento[4],
ando desalentado,
20 con ansias vivas, con mortal cuidado?

---

[1] *cura:* preocupa.
[2] *pregonera:* es hipérbato, para llevar la palabra a rima: «la fama pregonera».
[3] *presta:* ayuda, añade.
[4] *viento:* presunción, halago.

¡Oh monte, oh fuente, oh río!
¡Oh secreto [5] seguro, deleitoso!,
roto casi el navío [6],
a vuestro almo [7] reposo
25 huyo de aqueste mar tempestuoso.

Un no rompido sueño,
un día puro, alegre, libre quiero;
no quiero ver el ceño
vanamente severo
30 de a quien la sangre ensalza, o el dinero.

Despiértenme las aves
con su cantar sabroso no aprendido;
no los cuidados graves,
de que es siempre seguido
35 el que al ajeno arbitrio está atenido [8].

Vivir quiero conmigo;
gozar quiero del bien que debo al cielo,
a solas, sin testigo,
libre de amor, de celo,
40 de odio, de esperanzas, de recelo.

Del monte en la ladera,
por mi mano plantado, tengo un huerto,
que con la primavera,
de bella flor cubierto,
45 ya muestra en esperanza el fruto cierto;

---

[5] *secreto:* uno de los muchos cultismos semánticos de fray Luis, es decir, utilización del término con su significado latino («secretum») de 'lugar escondido'.

[6] *navío:* en las odas de fray Luis son constantes las figuraciones con viajes marítimos (el itinerario lleno de riesgos), naufragios (peligros) y tormentas (desastres). En ese sentido, «navío» es la propia vida.

[7] *almo:* cultismo, 'blanco'.

[8] *atenido:* el verso significa, pues, 'el que depende de las opiniones de los otros'.

y, como codiciosa
por ver y acrecentar su hermosura,
desde la cumbre airosa
una fontana[9] pura
50 hasta llegar corriendo se apresura;

y, luego sosegada,
el paso entre los árboles torciendo,
el suelo, de pasada,
de verdura[10] vistiendo
55 y con diversas flores va esparciendo.

El aire el huerto orea[11]
y ofrece mil olores al sentido;
los árboles menea
con un manso ruido,
60 que del oro y del cetro[12] pone olvido.

Ténganse[13] su tesoro
los que de un falso leño[14] se confían;
no es mío ver el lloro
de los que desconfían,
65 cuando el cierzo y el ábrego[15] porfían.

La combatida antena
cruje, y en ciega noche el claro día

---

[9] *fontana:* fuente. El término era, también en la época, muy literario.
[10] *verdura:* verdor.
[11] *orea:* nótese la aliteración vocálica, que intenta producir la sensación del aire.
[12] *del oro y del cetro:* como sinécdoques (la parte por el todo) de riquezas y poder.
[13] *ténganse:* allá se lo hayan, que se queden.
[14] *falso leño:* el barco, hecho de madera («leño»).
[15] *cierzo* y *ábrego:* vientos, el del «cierzo» es el frío viento del Norte, y el ábrego, el del Sur.

se torna; al cielo suena
confusa vocería[16],
70 y la mar enriquecen a porfía.

A mí una pobrecilla
mesa, de amable paz bien abastada[17],
me baste; y la vajilla,
de fino oro labrada,
75 sea de quien la mar no tiene airada.

Y mientras miserable-
mente[18] se están los otros abrasando
con sed insaciable
del peligroso mando,
80 tendido yo a la sombra esté cantando;

a la sombra tendido,
de hiedra y lauro[19] eterno coronado,
puesto el atento oído
al son dulce, acordado,
85 del plectro[20] sabiamente meneado.

---

[16] *vocería:* vocerío. Toda esta estrofa describe la tormenta sobre el roto navío.
[17] *abastada:* abastecida.
[18] *miserablemente:* este tipo de encabalgamiento que afecta a una palabra, imitación directa de los clásicos grecolatinos, se llama *tmesis*.
[19] *hiedra y lauro:* yedra y laurel, como símbolos de la paz y la tranquilidad.
[20] *plectro:* el universo, regido por la sabiduría divina, se rige por una consonancia de todos sus elementos, que siguen las pautas que señala su creador, los sones que les marca, como músico que entona el «plectro» (instrumento musical) y que produce la armonía de todas las esferas celestes. El poeta, «tendido a la sombra», escucha el sonido armonioso del universo. Veremos en la Oda III, la siguiente de nuestra antología, cómo «el gran Maestro», aplicado a esa cítara, «produce el son sagrado».

[EL AIRE SE SERENA]

La Oda III de fray Luis *comienza* con una bellísima lira que intenta producir en nosotros un efecto similar al de la música de Salinas, a quien se dedica; por ello el poeta acude a toda una serie de recursos retóricos, entre los cuales el más efectivo es la aliteración, sobre todo de sonidos sibilantes (s), en diálogo con una exquisita sinfonía vocálica (de /e/ en el primer verso; de /i/, /u/ en los acentos rítmicos de los versos 2-4; de /a/ en el endecasílabo sáfico del verso quinto). El aliento platónico de la oda sirve para expresar cómo la sensación física de la belleza —la armonía musical— permite al alma elevarse a la belleza o a la armonía ideal, trascender el mundo de apariencias. La topografía del universo, según la época, era la de ocho esferas sucesivas, tanto más altas cuanto más cerca del cielo y del creador. En su ascensión, el alma atraviesa todas esas esferas.

ODA III
A FRANCISCO DE SALINAS

El aire se serena
y viste de hermosura y luz no usada.
Salinas[21], cuando suena
la música estremada,
5   por vuestra sabia mano gobernada.

A cuyo son divino
el alma, que en olvido está sumida,
torna a cobrar el tino
y memoria perdida
10 de su origen[22] primera esclarecida.

Y, como se conoce[23],
en suerte y pensamiento se mejora;

---

[21] *Salinas:* era catedrático de música de la Universidad de Salamanca.
[22] *origen:* de género femenino en los clásicos, concuerda con su adjetivo «esclarecida».
[23] *se conoce:* toma conciencia de su naturaleza.

el oro[24] desconoce
que el vulgo vil adora,
15   la belleza caduca engañadora.

Traspasa el aire todo
hasta llegar a la más alta esfera
y oye allí otro modo
de no perecedera
20   música, que es la fuente y la primera,

Ve cómo el gran Maestro[25],
aquesta inmensa cítara aplicado,
con movimiento diestro
produce el son sagrado,
25   con que este eterno templo es sustentado.

Y, como está compuesta
de números concordes, luego[26] envía
consonante respuesta;
y entre ambos a porfía
30   se mezcla una dulcísima armonía.

Aquí[27] la alma navega
por un mar de dulzura y finalmente
en él ansí se anega,
que ningún accidente
35   estraño y peregrino oye y siente.

---

[24] *el oro:* una vez más, las riquezas del mundo, el dinero.
[25] *Maestro:* para esta imagen de la armonía del cosmos, concertado por la música de su creador, véase la nota final de la Oda I.
[26] *luego:* enseguida.
[27] *aquí:* fray Luis emplea los deícticos (señaladores, como este «aquí»), frecuentemente al final de sus odas, para atraer a cercanía poética lo que él ha imaginado como más hermoso. En la estrofa que arranca con este acercamiento el poeta expresa la extremada sensación de belleza que le ha provocado la música de Salinas, y de qué modo le ha traspuesto y enajenado.

¡Oh desmayo [28] dichoso!
¡oh muerte que das vida! ¡Oh dulce olvido!
¡durase [29] en tu reposo
sin ser restituido
40 jamás aqueste bajo y vil sentido!

A este bien os llamo,
gloria del apolíneo sacro coro [30],
amigos (a quien [31] amo
sobre todo tesoro),
45 que todo lo visible es triste lloro.

¡Oh, suene de continuo,
Salinas, vuestro son en mis oídos,
por quien [32] al bien divino
despiertan los sentidos,
50 quedando a lo demás adormecidos!

[CUANDO CONTEMPLO EL CIELO]

Nuevamente se poetiza el deseo de huir de las miserias de la vida terrena y del mundo para elevarse a contemplar la belleza del universo. La oda arranca de modo muy sosegado, evocando la belleza de las esferas desde la tierra. Luego pasa a expresar un proceso de duda, evocación y ascensión, y termina creando una sensación etérea y luminosa, con el alma en las alturas, momento de felicidad suprema en el que fray Luis cierra la oda, que queda, con el epifonema final, suspendida en su momento de mayor exaltación.

---

[28] *desmayo:* en esta estrofa —que falta en algunas fuentes— fray Luis culmina la expresión de su deleite musical con la acumulación de oxímorones (conjunción de términos contrapuestos en un solo sintagma) para expresar, como hacían los místicos, una sensación imposible de definir.
[29] *durase:* latinismo sintáctico. 'Ojalá durase'.
[30] *apolíneo sacro coro:* invocación a las Musas, que forman el coro de Apolo; y enseguida a los amigos. Es decir: solicita de sus amigos, los que cultivan cualquiera de las Musas, que se dediquen a expresar todo esto.
[31] *quien:* quienes. No tomó plural hasta bien entrado el siglo XVII.
[32] *por quien:* se refiere a «vuestro son».

ODA VIII
NOCHE SERENA

Cuando contemplo el cielo,
de innumerables luces adornado,
y miro hacia [33] el suelo
de noche rodeado,
5 en sueño y en olvido sepultado,

el amor y la pena
despiertan en mi pecho un ansia ardiente;
despiden larga vena [34]
los ojos hechos fuente,
10 Loarte, y digo al fin con voz doliente:

«Morada de grandeza,
templo de claridad y hermosura,
el alma, que a tu alteza
nació, ¿qué desventura
15 la tiene en esta cárcel baja, escura?

¿Qué mortal desatino
de la verdad aleja así el sentido,
que, de tu bien divino
olvidado, perdido
20 sigue la vana sombra, el bien fingido?

El hombre está entregado
al sueño, de su suerte no cuidando,
y, con paso callado,
el cielo, vueltas [35] dando,
25 las horas del vivir le va hurtando.

---

[33] *hacia:* nótese la aspiración de la h-, como más adelante «hermosura» (v. 71) y otros casos de h- procedente de f- latina.
[34] *vena:* caudal. Los ojos lloran.
[35] *vueltas:* es la imagen del paso del tiempo, por el movimiento de los astros y el sucederse de los días.

¡Oh, despertad, mortales!
¡mirad con atención en vuestro daño!
las almas inmortales
hechas a bien tamaño[36],
30 ¿podrán vivir de sombras y de engaño?

¡Ay, levantad los ojos
aquesta[37] celestial eterna esfera!
burlaréis los antojos[38]
de aquesa lisonjera
35 vida, con cuanto teme y cuanto espera.

¿Es más que un breve punto
el bajo y torpe suelo, comparado
con ese gran trasunto,
do vive mejorado
40 lo que es, lo que será, lo que ha pasado?

Quien mira el gran concierto
de aquestos resplandores eternales,
su movimiento cierto,
sus pasos desiguales
45 y en proporción concorde[39] tan iguales;

la Luna cómo mueve
la plateada rueda, y va en pos della
la Luz[40] do el saber llueve,
y la graciosa Estrella
50 de amor[41] la sigue reluciente y bella;

---

[36] *tamaño:* tan grande.
[37] *aquesta:* a ésta.
[38] *burlaréis los antojos:* venceréis, engañaréis a los caprichos, a los falsos bienes.
[39] *concorde:* cfr. con las notas a las odas anteriores, pues se está aludiendo una vez más a la armonía del universo.
[40] *Luz:* Mercurio, dios de la sabiduría, que, como es lógico, «ilumina» todo. Va a seguir, inmediatamente, una evocación de los planetas, según su conocimiento mitológico.
[41] *Estrella de amor:* Venus.

y cómo otro camino
prosigue el sanguinoso[42] Marte airado,
y el Júpiter benino[43],
de bienes mil cercado,
55 serena el cielo con su rayo amado;

—rodéase en la cumbre
Saturno, padre de los siglos de oro;
tras él la muchedumbre
del reluciente coro
60 su luz va repartiendo y su tesoro—:

¿quién es el que esto mira
y precia la bajeza de la tierra,
y no gime y suspira,
y rompe lo que encierra
65 el alma y destos bienes la destierra?

Aquí[44] vive el contento,
aquí reina la paz; aquí, asentado
en rico y alto asiento,
está el Amor sagrado[45],
70 de glorias y deleites rodeado;

inmensa hermosura
aquí se muestra toda, y resplandece
clarísima luz pura,
que jamás anochece;
75 eterna primavera aquí florece.

---

[42] *sanguinoso:* sangriento, aplicado a Marte, como Dios de la guerra.
[43] *benino:* benigno.
[44] *aquí:* para las continuadas anáforas del deíctico «aquí», recuérdese lo que se dijo al final de las notas a la oda anterior: atraen la evocación a la cercanía.
[45] *amor sagrado:* según la interpretación de la época, el Espíritu Santo.

¡Oh campos verdaderos!
¡oh prados con verdad frescos y amenos!
¡riquísimos mineros!
¡oh deleitosos senos!
80 ¡repuestos[46] valles de mil bienes llenos!»

[AGORA CON LA AURORA SE LEVANTA]

Cinco sonetos escribió fray Luis, además de las odas y alguna otra composición. Los sonetos son de un acendrado petrarquismo, como éste, evocación exaltada de la amada, lejana y desdeñosa, a través de una figuración ideal (el cabello dorado, la hermosura de la tez, algún gesto...), que deja sumido al poeta en llanto.

AGORA CON LA AURORA

Agora[47] con la aurora se levanta
mi Luz[48]; agora coge en rico nudo
el hermoso cabello; agora el crudo[49]
pecho ciñe con oro, y la garganta;

5 agora vuelta al cielo, pura y santa,
las manos y ojos bellos alza, y pudo
dolerse agora de mi mal agudo;
agora incomparable tañe y canta.

Ansí digo y, del dulce error llevado,
10 presente ante mis ojos la imagino,
y lleno de humildad y amor la adoro;

mas luego vuelve en sí el engañado
ánimo y, conociendo el desatino,
la rienda suelta largamente al lloro.

---

[46] *repuestos:* con bienes que nunca se acaban.
[47] *agora:* ahora.
[48] *Luz:* como nombre de la amada.
[49] *crudo:* desnudo.

BALTASAR DEL ALCÁZAR
(Sevilla, 1530-1606)

Miembro de una familia de conversos ricos, probablemente estudió humanidades; sirvió durante más de veinte años al servicio de los duques de Alcalá. Se le reconoce una vena alegre y festiva.

[TRES COSAS ME TIENEN PRESO]

Se trata de la vieja forma de la canción trovadoresca: la copla inicial, cuyos dos versos finales provocan la vuelta de las coplas castellanas (4 + 4) que siguen. Obsérvese cómo se van recuperando modos de versificar que habían sido desbancados por los petrarquistas. En esa misma línea, el sentimiento amoroso —exquisitamente tratado por los garcilasistas— recibe un tratamiento voluntariamente chabacano, pues el «alma» de este vividor está dividida entre el jamón, las berenjenas y la amada.

> Tres cosas me tienen preso
> de amores el corazón:
> *la bella Inés, y jamón,*
> *y berenjenas con queso*[1].
>
> 5 Una Inés, amantes, es
> quien tuvo en mí tal poder,
> que me hizo aborrecer
> todo lo que no era Inés[2].

---

[1] *berenjenas con queso:* comida muy apreciada por moriscos y judíos. Por otro lado, el jamón, como carne de cerdo, repugnaba a los judíos.
[2] *no era Inés:* es posible que una lectura burlona pueda decir el calambur «no era y n' es».

trájome un año sin seso,
10 hasta que en una ocasión
me dió á merendar jamón
y berenjenas con queso.

Fue de Inés la primer palma [3];
pero ya juzgarse ha mal
15 entre todos ellos cuál
tiene más parte en mi alma.
en gusto, medida y peso
no les hallo distinción:
ya quiero Inés, ya jamón,
20 *ya berenjenas con queso.*

Alega Inés su beldad;
el jamón, que es de Aracena [4];
el queso y la berenjena,
su andaluz antigüedad.
25 Y está tan en fil el peso [5],
que juzgado sin pasión,
todo es uno: Inés, jamón
y berenjenas con queso.

Servirá este nuevo trato
30 destos mis nuevos amores
para que Inés sus favores
nos los venda más barato.
Pues tendrá por contrapeso
si no hiciere razón,
35 *una lonja de jamón*
y berenjenas con queso.

---

[3] *primer palma:* llevarse la palma es ganar el premio por ser el primero en algo.
[4] *Aracena:* la sierra de Aracena, en Extremadura, donde se cría excelente ganado porcino.
[5] *fil el peso:* están tan igualados, pesan igual.

FERNANDO DE HERRERA
(Sevilla, 1534-1597)

Recibió educación humanística, probablemente en Sevilla. Amigo de Juan de Mal Lara, se ordenó de menores y pudo, de ese modo, ser beneficiado de la iglesia de San Andrés. De carácter retraído, solitario y orgulloso, prefería dedicarse a la vida intelectual. Con sus amigos, intelectuales y artistas, se reunía en el palacio de los condes de Gelves; la condesa fue la inspiradora de sus versos. Fue uno de los poetas «divinos» de la época. A su extensa obra se refiere la culminación del petrarquismo antes de las derivaciones del Barroco. Algunas obras suyas aparecieron en 1580; se completaron años después de muerto (1620) con una colección que ha provocado el desacuerdo de la crítica sobre su autoría.

[YO VOY POR ESTA SOLITARIA TIERRA]

En los sonetos de Herrera se encuentran, aquilatados, todos los rasgos de la poesía petrarquista: la imagen esquiva de la amada —que Herrera suele llamar Luz, Sol, etc.— ha dejado al poeta sumido en la tristeza, deambulando sin esperanza por paisajes naturales, alimentando sin cesar con el dolor su pasión. Nótese cómo el poeta acentúa su soledad (v. 1) en la tierra; frente a la cada vez más lejana perfección de la amada (los «puros rayos» del v. 4). El único ejercicio al que se entregan, faltos de esperanza (v. 5), es al de la memoria (vv. 7-8), que es, paradójicamente, la que alimenta su dolor. El poema termina con la pura queja del «mísero rendido».

SONETO XII

Yo voy por esta solitaria tierra,
d'antiguos pensamientos molestado,
huyendo el resplandor del Sol dorado
que de sus puros rayos me destierra.

5   El paso a la esperanza se me cierra;
    d'un ardua cumbre a un cerro vo enriscado [1],
    con los ojos volviendo al apartado
    lugar, solo principio de mi guerra.

    Tanto bien representa la memoria,
10 y tanto mal encuentra la presencia,
    que me desmaya el corazón vencido.

    ¡Oh crueles despojos de mi gloria,
    desconfianza, olvido, celo, ausencia!:
    ¿por qué cansáis a un mísero rendido?

[ARDIENTES HEBRAS, DO S'ILUSTRA EL ORO]

Para cualquier poeta —y lector— del siglo XVI, «hebras» remitía directamente al cabello de la amada, que, naturalmente, las lucía «de oro» porque era rubia, como el canon de belleza renacentista había difundido. Sobre ese juego metafórico, se construye otro, aparentemente complejo, pero también muy socorrido: las hebras son «ardientes» porque a ellas se les aplica, por desplazamiento (hipálage), el adjetivo que conviene a quien sufre el «ardor de la pasión» de contemplarlas como parte de la belleza de la amada. Y todavía el juego se mantiene, esta vez mediante una hipérbole: el oro aprende en esas hebras su color, se alimenta de ellas, como alimento de los dioses (la «ambrosía»). Como se ve, todo exquisito y refinado, como quien está empleando un lenguaje amoroso que ya venía muy trabajado de las generaciones anteriores. Los juegos se continúan a lo largo de todo el soneto: enseguida llamará «luces» (v. 5) a los ojos de la amada y dirá de ellos que prestan su resplandor al cielo estrellado. El primer terceto elige términos muy prestigiosos en la época («purpureas», «perlas»), para designar —siempre metafóricamente— las mejillas rosadas y los dientes blanquísimos; enseguida otro término prestigioso, «marfil», para la blancura de la piel. A través de estos rasgos (cabello, ojos, mejillas, dientes, tez) recrea el poeta la imagen poética de la amada, que tiene, como bien se ve, mucho o todo de imagen ideal, casi de sublimación de los sentidos. El conjunto

---

[1] *vo enriscado:* voy por riscos.

de esos pocos rasgos produce la «angélica armonía» (v. 10), es decir, la sensación de que aquella belleza no es terrenal. Una vez deificada la imagen de la amada, normal es que convengamos con el poeta en su humillación casi religiosa (terceto final), que tanto ama como teme.

SONETO XXXIII

Ardientes hebras [2], do s'ilustra el oro
de celestial ambrosia [3] rociädo:
tanto mi gloria sois y mi cuidado,
cuanto sois del amor mayor tesoro,

5 Luces [4] qu'al estrellado y alto coro [5]
prestáis el bello resplandor sagrado:
cuanto es amor por vos más estimado,
tanto humilmente [6] os onro más y adoro.

Purpureas [7] rosas, perlas [8] d'Oriente,
10 marfil terso [9]; y angélica armonía:
cuanto os contemplo, tanto en vos m'inflamo;

y cuanta pena l'alma por vos siente,
tanto es mayor valor y gloria mía,
y tanto os temo, cuanto más os amo.

[CLARA, SÜAVE LUZ, ALEGRE Y BELLA]

En este soneto Herrera vuelve a expresar su pasión reelaborando el lenguaje poético de los petrarquistas. Las imágenes centrales son, en

---

[2] *hebras:* cabellos.
[3] *ambrosia:* es palabra llana; alimento de los dioses.
[4] *luces:* ojos.
[5] *alto coro:* el firmamento.
[6] *humilmente:* humildemente.
[7] *purpureas:* es trisílabo. Alude al color sonrosado de las mejillas.
[8] *perlas:* dientes.
[9] *marfil terso:* piel blanca y joven.

este caso, las de la luz, el calor y el frío, que se ofrecen en juegos y realizaciones léxicas diversas. La imagen de la amada como luz (luz, resplandor, centella...) se hiperboliza acudiendo, una vez más, a colores puros, a proyecciones y expansiones de esa luz hacia el universo que la rodea. El poeta inflamado por esa luz se eleva de pasión («en alto vuelo... huye del suelo»). El incendio que todo lo llena es el que se expresa en el primer terceto: es decir, el amor como fuerza cósmica que todo lo ocupa. Sin embargo, el último terceto enfrenta a ese ardiente vuelo el «frío» (v. 12) y el «ivierno» (v. 14), es decir, el desdén de la amada. Una vez más, por tanto, se ha poetizado la distancia infinita entre el amor ardiente que anida en el alma del poeta y la hermosa amada que ha rechazado su amor. La paradoja crea la tensión del soneto.

SONETO XLV

Clara, suäve luz, alegre y bella,
que los safiros y color del cielo
teñís de la esmeralda con el velo
que resplandece en una y otra estrella;

5   divino resplandor, pura centella,
por quien, libre mi alma, en alto vuelo
las alas rojas bate y huye el suelo,
ardiendo vuestro dulce fuego en ella:

Si yo, no sólo abraso el pecho mío,
10 mas la tierra y el cielo, y en mi llama
doy principio inmortal de fuego eterno,

¿por qu'el rigor de vuestro antiguo frío
no podré ya encender?; ¿por qué no inflama
mi estío[10] ardiente a vuestro helado ivierno?

---

[10] *estío:* verano.

[SUÄVE SUEÑO, TÚ, QU'EN TARDO VUELO]

Canción un poco irregular en cuanto a la métrica, compuesta de cuatro estancias, pero sin el envío final. El poeta invoca al sueño, claro está, para aliviar los sufrimientos de su existencia, el «furor de mi tormento» de un «mísero afligido». Las constantes invocaciones al sueño («ven, sienta, torna...») personifican al sueño, del que se adivina su imagen clásica —con alas— en enemistad con la luz y el sol. La paradoja típica de la poesía petrarquista se expresa, pues, a través de la contraposición entre las bondades del sueño y la insoportable estrechez de la vigilia.

CANCIÓN I

Suäve Sueño, tú, qu'en tardo vuelo
las alas perezosas blandamente
bates, d'adormideras [11] coronado,
por el puro, adormido y vago cielo:
5 Ven al última parte d'Ocidente,
y de licor sagrado
baña mis ojos tristes, que cansado
y rendido al furor de mi tormento,
no admito algún sosiego,
10 y el dolor desconorta [12] sufrimiento;
ven a mi humilde ruego,
ven a mi ruego humilde, ¡oh amor d'aquella,
que Juno [13] t'ofreció, tu ninfa bella!

Divino Sueño, gloria de mortales,
15 regalo dulce al mísero afligido,
sueño amoroso, ven a quien espera
cesar d'el ejercicio de sus males,
y al descanso volver todo el sentido.

---

[11] *adormideras:* es un tipo de planta.
[12] *desconorta:* aumenta.
[13] *Juno:* efectivamente, la diosa ofreció al Sueño a una de las Gracias, a Pasitea, cuyo nombre cerrará la canción.

¿Cómo sufres que muera,
20 lejos de tu poder, quien tuyo era?
¿No es dureza olvidar un solo pecho
en veladora pena [14],
que sin gozar d'el bien qu'al mundo has hecho,
de tu vigor s'ajena?
25 Ven, Sueño alegre; Sueño, ven, dichoso;
vuelve a mi alma ya, vuelve'l reposo.

Sienta yo en tal estrecho tu grandeza;
baja y esparce líquido el rocío;
huya l'alba qu'en torno resplandece;
30 mira mi ardiente llanto y mi tristeza
y cuánta fuerza tiene'l pesar mío,
y mi frente, humedece;
que ya de fuegos juntos el Sol crece;
torna, sabroso Sueño, y tus hermosas
35 alas suenen ahora,
y huya con sus alas presurosas
la desabrida Aurora,
y lo qu'en mí faltó la noche fría,
termine la cercana luz d'el día.

40 Una corona, ¡oh Sueño!, de tus flores
ofresco; tú produce'l blando efeto
en los desiertos cercos de mis ojos
qu'el aire entretejido con olores
halaga, y ledo [15] mueve'n dulce afeto [16];
45 y d'estos mis enojos
destierra, manso Sueño, los despojos.
Ven, pues, amado Sueño, ven liviano,
que d'el rico Oriënte

---

[14] *veladora pena:* la pena le mantiene despierto, en vela.
[15] *ledo:* alegre, contento.
[16] *afeto:* afecto.

despunta el tierno Febo [17] el rayo cano.
50 Ven ya, Sueño clemente,
y acabará el dolor. Así te vea
en brazos de tu cara Pasitea [18].

[ALMA BELLA, QU'EN ESTE OSCURO VELO]

Soneto de inspiración casi mística, en el que Herrera invoca al ser querido para que le lleve a la «eterna paz» de que goza. Nótese la construcción manierista, la distorsión y la lejanía extrema entre los mundos terrenales y espirituales, tierra y cielo, etc., que producen ese afán del poeta, ese deseo de huir, como «vapor terrestre»; y la angustia de sentirse oprimido («opreso») en la cárcel del cuerpo y de la tierra.

SONETO XXVI

Alma bella, qu'en este oscuro velo [19]
cubriste un tiempo tu vigor luciente,
y en hondo y ciego olvido, gravemente,
fuiste ascondida [20] sin alzar el vuelo:

5 Ya, despreciando este lugar, do el cielo
t'encerró y apuró con fuerza ardiente,
y roto el mortal nudo, vas presente
a eterna paz, dejando en guerra el suelo.

Vuelve tu luz a mí, y d'el centro tira
10 al ancho cerco d'inmortal belleza,
como vapor terrestre levantado,

este espíritu opreso, que suspira
en vano por huir d'esta estrecheza
qu'impide estar contigo descansado.

---

[17] *Febo:* nombre mitológico del sol.
[18] *Pasitea:* véase n. 13.
[19] *oscuro velo:* el cuerpo, con la apariencia o el velo físico.
[20] *ascondida:* escondida.

FRANCISCO DE ALDANA
(Nápoles, h. 1537-Alcazarquivir, 1578)

Representante, como otros poetas de su tiempo, del binomio armas/letras, ya era capitán con sólo 23 años. Pasó al servicio del duque de Alba en los Países Bajos y asistió a don Juan de Austria en la batalla contra los turcos de 1572. Con el rey de Portugal marchó a Marruecos, para convertir infieles con la espada, y ambos desaparecieron en la batalla de Alcazarquivir. En su abundante producción poética emplea metros y tonos de muchos estilos, pero se le lee y se le recuerda, sobre todo, por haber traído al petrarquismo versos que expresan angustia y pasión en tono muy moderno. Es muy bella su larga Carta para Arias Montano, sobre la contemplación de Dios y los requisitos della, *en tercetos encadenados.*

[¿CUÁL ES LA CAUSA, MI DAMÓN, QUE ESTANDO]

Este impresionante soneto no es sino un diálogo entre dos amantes, con los nombres poéticos que artificiosamente se utilizaban en la época. Dos amantes que se preguntan por su pasión y anhelo, insatisfechos, a pesar de haber unido sus cuerpos. La mujer pregunta por qué, aun en medio de la «lucha» de amor, lloran y suspiran. El amado, Damón, contesta que no es posible unir los cuerpos con la misma fuerza que lo han hecho las «almas», y que es el cuerpo el que llora por su triste condición física. El poema, además de expresar la angustia de los amantes, anuncia claramente el manierismo histórico, con esa disociación extrema entre elementos espirituales y formales.

> «¿Cuál es la causa, mi Damón, que estando
> en la lucha de amor[1] juntos, trabados,

---

[1] *lucha de amor*: término viejo para indicar la realización del acto amoroso.

con lenguas, brazos, pies y encadenados
cual vid que entre el jazmín se va enredando,

5 y que el vital aliento ambos tomando
en nuestros labios, de chupar cansados,
en medio a tanto bien somos forzados
llorar y sospirar de cuando en cuando?»

«Amor, mi Filis bella, que allá dentro
10 nuestras almas [2] juntó, quiere en su fragua
los cuerpos ajuntar [3] también, tan fuerte

que, no pudiendo, como esponja el agua,
pasar del alma al dulce amado centro,
llora el velo mortal su avara suerte.»

[MIL VECES CALLO QUE ROMPER DESEO]

El soneto de Aldana expresa una desolación tremenda, sin causa explícita. Nos hemos alejado, pues, de la poesía amorosa del Renacimiento. Los versos se encabalgan y retuercen hasta alcanzar la rotundidad amarga del último terceto, una cadencia llena de pausas. Nótese por ejemplo, el arranque del segundo cuarteto, con un verso enfático (acentos en primera y sexta, que realzan la rapidez del pensamiento). El léxico ha ido acumulando significados negativos: *mortal, dolor, lloroso, maldición, inconsolable*... Aquí ya no hay paradoja, contraposición, imagen de la belleza huida, etc.; sólo desolación, expresada contundentemmente, sin rastro de esperanza.

Mil veces callo que romper deseo
el cielo a gritos, y otras tantas tiento
dar a mi lengua voz y movimiento
que en silencio mortal yacer la veo.

---

[2] *almas:* nótese, una vez más, cómo la palabra expresaba lo más hermoso del sujeto, la intimidad que a él solo le pertenece.
[3] *ajuntar:* juntar.

5 Anda, cual velocísimo correo,
por dentro al alma [4] el suelto pensamiento,
con alto y de dolor lloroso acento,
casi en sombra de muerte un nuevo Orfeo [5].

No halla la memoria o la esperanza
10 rastro de imagen dulce y deleitable
con que la voluntad viva segura.

Cuanto en mí hallo es maldición que alcanza,
muerte que tarda, llanto inconsolable,
desdén del cielo, error de la ventura.

[EL ÍMPETU CRÜEL DE MI DESTINO]

Aldana expresa ahora su cansancio vital —éste es uno de los tonos «modernos» a los que nos referíamos—; anhela la muerte, pero la muerte liberadora que le devuelva la paz, que le permita realizar lo que expresa el último terceto: sentir y hablar con algún buen amigo «sin temer castigo / de fortuna, de amor, de tiempo y muerte». Queda al lector la posibilidad de sugerir significados más precisos, que, en realidad, el soneto no necesita, pues se trata de la expresión de un anhelo que no se puede realizar, es decir, de algo que fácilmente puede entenderse al margen de cuál sea su circunstancia. La imagen del «alma» que sale volando del cuerpo, en busca de su origen, para expresar poéticamente la muerte, era de abolengo platónico, fácilmente adaptada por los católicos. Nótese la presencia avasalladora de un mundo enemigo, que ya no es el de los primeros poetas renacentistas. El dolor y la angustia no proceden ahora de los efectos del amor: parecen tener raíces más complejas, una de ellas la falta de sosiego y de quietud. En cuanto al polo positivo, la presencia de un amigo, con el que hablar, puede apuntar al agobio ideológico del último tercio del siglo XVI. La enumeración del verso final parece un gesto radical de desgana.

---

[4] *dentro al alma:* dentro del alma, con distinto régimen preposicional.
[5] *Orfeo:* Orfeo bajó a los infiernos para buscar a su esposa.

El ímpetu crüel de mi destino,
¡cómo me arroja miserablemente
de tierra en tierra, de una en otra gente,
cerrando a mi quietud siempre el camino!

5 ¡Oh, si tras tanto mal, grave y contino [6],
roto su velo mísero y doliente,
el alma, con un vuelo diligente,
volviese a la región de donde vino!;

iríame por el cielo en compañía
10 del alma de algún caro y dulce amigo,
con quien hice común acá mi suerte;

¡oh qué montón de cosas le diría,
cuáles y cuántas, sin temer castigo
de fortuna, de amor, de tiempo y muerte!

[EN FIN, EN FIN, TRAS TANTO ANDAR MURIENDO]

El soneto expresa la desilusión del poeta tras afanes y trajines, que se enumeran mediante la anáfora de «tras tanto...», y termina aceptando que lo único valioso es encerrarse en uno mismo. Esta postura de abandono será típica de personas y gentes que sufrieron algún tipo de desengaño, y se acrecentará en etapas históricas en las que se cobra conciencia de no poder controlar los hechos externos, todo lo que no nos pertenece íntima y realmente. Acentuaron esta actitud las doctrinas neoestoicas, que se propagaron por todo el país desde el último tercio del siglo XVI, hasta convertirse en obsesivas al despuntar el nuevo siglo, como veremos, por ejemplo, en la poesía de Quevedo.

RECONOCIMIENTO DE LA VANIDAD DEL MUNDO

En fin, en fin, tras tanto andar muriendo,
tras tanto varïar vida y destino,

---

[6] *contino:* continuado.

tras tanto, de uno en otro desatino,
   pensar todo apretar, nada cogiendo,

5 tras tanto acá y allá yendo y viniendo,
   cual sin aliento inútil peregrino,
   ¡oh Dios!, tras tanto error del buen camino,
   yo mismo de mi mal ministro siendo,

   hallo en fin, que ser muerto en la memoria
10 del mundo es lo mejor que en él se asconde,
   pues es la paga dél muerte y olvido,

   y en un rincón vivir con la vitoria
   de sí, puesto el querer tan sólo adonde
   es premio el mismo Dios de lo servido.

SAN JUAN DE LA CRUZ
(Fontiveros, Ávila, 1542-Úbeda, Jaén, 1591)

Estudió Humanidades con los jesuitas de Medina del Campo. Entró en el noviciado de los carmelitas de aquella ciudad y en 1564 se trasladó a Salamanca, donde cursó estudios de filosofía y teología; fue ordenado sacerdote en 1567. Reformador con santa Teresa de la Orden del Carmelo, sufrió nueve meses de prisión conventual y desempeñó importantes cargos dentro de su orden. Media docena de poemas le han convertido en una cima de la poesía española de todos los tiempos. El resto de su obra está constituido por una veintena de romances contrahechos a lo divino y las explicaciones en prosa a sus poemas mayores.

[¿ADÓNDE TE ESCONDISTE?]

Lo más admirable de las composiciones de san Juan son estas liras que narran el encuentro amoroso entre la Amada y el Amado, después de una afanosa búsqueda de la Amada, en un escenario idílico, a modo de una égloga pastoril. San Juan explicó que se trataba de una alegoría que poetizaba la unión mística del alma con Dios; pero, más allá de su encendido sentido literal, las interpretaciones son muchas. El *cántico* se cantaba; las estrofas, de rima independiente, se debieron componer no de una sola tirada, sino en varios momentos distintos, y tuvieron un proceso de difusión semejante al de la lírica tradicional, a la que tanto deben. Un análisis formal del poema descubre, por debajo de su aparente sencillez, un trabajo artístico exquisito: predominio de endecasílabos heroicos, rimas morfológicas abundantes para que el verso fluya, ausencia inicial de adejtivación para que el cántico se apresure —verbos abundantes— hasta llegar a los remansos de las estrofas 14-15, en las que desaparecen los verbos y se acumulan los sintagmas con adjetivos; riqueza de lenguaje apelativo (imperativos, vocativos...); etc. Particularmente llamativa es la utilización abierta de todo tipo de tradiciones poéticas: una égloga pastoril; un diálogo; el lenguaje de la poesía petrarquista; los modos exlcamativos y las imágenes de las canciones tradicionales; recuerdos bíblicos y religiosos; etc.

CÁNTICO ESPIRITUAL

AMADA
¿Adónde te escondiste,
Amado, y me dejaste con gemido?
Como el ciervo[1] huiste,
habiéndome herido,
5   salí tras ti clamando, y eras ido.

Pastores, los que fuerdes[2]
allá por las majadas al otero,
si por ventura vierdes
aquel que yo más quiero,
10 decilde[3] que adolezco, peno y muero.

Buscando mis amores
iré por esos montes y riberas;
ni cogeré las flores,
ni temeré las fieras,
15 y pasaré los fuertes y fronteras.

PREGUNTA A LAS CRIATURAS
¡Oh bosques y espesuras,
plantadas por la mano del Amado!

---

[1] *ciervo:* todo el cántico se organiza engastando motivos de la tradición poética tradicional, bíblica, petrarquista y culta. Lo es el motivo de la invocación al Amado ausente con el que se abre el poema; lo es el tema —está en Virgilio, por ejemplo— del ciervo herido que acude a la fuente; lo será la invocación a las criaturas, etc. Imposible señalar todos esos motivos, pues apenas hay verso que no los recuerde.
[2] *fuerdes:* forma sincopada del antiguo «fuéredes», 'fuereis'. Nos van a surgir varias similares: «vierdes», 'viereis'; etc.
[3] *decilde:* decidle.

>   ¡Oh prado de verduras [4],
>   de flores esmaltado!
> 20 ¡Decid si por vosotros ha pasado!
>
>   RESPUESTA DE LAS CRIATURAS
>   Mil gracias derramando
>   pasó por estos sotos con presura [5],
>   yéndolos mirando,
>   con sola su figura [6]
> 25 vestidos los dejó de hermosura [7].
>
>   AMADA
>   ¡Ay!, ¿quién podrá sanarme?
>   Acaba de entregarte ya de vero [8].
>   No quieras enviarme
>   de hoy más [9] ya mensajero,
> 30 que no saben decirme lo que quiero.
>
>   Y todos cuantos vagan
>   de ti me van mil gracias refiriendo,
>   y todos más me llagan,
>   y déjame muriendo
> 35 un no sé qué que quedan balbuciendo.
>
>   Mas ¿cómo perseveras,
>   ¡oh vida!, no viviendo donde vives
>   y haciendo porque mueras
>   las flechas que recibes
> 40 de lo que del Amado en ti concibes?

---

[4] *verduras:* verdor.
[5] *presura:* rapidez.
[6] *sola su figura:* sólo su figura.
[7] *hermosura:* san Juan suele también, como aquí, aspirar la h- procedente de f-
[8] *de vero:* de verdad.
[9] *de hoy más:* a partir de ahora.

¿Por qué, pues has llagado
aqueste corazón, no le sanaste?
Y, pues me le has robado,
¿por qué así le dejaste
45 y no tomas el robo que robaste?

Apaga mis enojos,
pues que ninguno basta a deshacellos [10],
y véante mis ojos
pues eres lumbre dellos,
50 y sólo para ti quiero tenellos.

¡Oh cristalina fuente,
si en esos tus semblantes plateados [11]
formases de repente
los ojos deseados
55 que tengo en mis entrañas dibujados!

Apártalos, Amado
que voy de vuelo.

AMADO

Vuélvete, paloma [12],
que el ciervo vulnerado
por el otero asoma
60 al aire de tu vuelo, y fresco toma.

AMADA

Mi Amado, las montañas,
los valles solitarios nemorosos [13],

---

[10] *deshacellos:* como el «tenellos» con el que rima, por asimilación del pronombre: 'deshacerlos', 'tenerlos', etc.

[11] *semblantes plateados:* la superficie del agua, en la que mira como en un espejo.

[12] *paloma:* al lanzarse al «vuelo» la amada, el amado ha aparecido. En sus palabras retoma las expresiones que la amada venía utilizando.

[13] *nemorosos:* boscosos.

las ínsulas estrañas,
los ríos sonorosos,
65 el silbo de los aires amorosos,

la noche sosegada
en par de los levantes de la aurora [14],
la música callada,
la soledad sonora,
70 la cena que recrea y enamora.

Nuestro lecho florido,
de cuevas de leones enlazado,
en púrpura tendido,
de paz edificado,
75 de mil escudos de oro coronado.

A zaga de tu huella
las jóvenes discurren el camino
al toque de centella,
al adobado vino;
80 emisiones [15] de bálsamo divino.

En la interior bodega
de mi Amado bebí, y cuando salía
por toda aquesta vega
ya cosa no sabía;
85 y el ganado perdí que antes seguía.

Allí me dio su pecho,
allí me enseñó sciencia muy sabrosa,
y yo le di de hecho

---

[14] *en par de los levantes de la aurora:* es una estrofa hecha a base de oximorones, la luz que procede de la aurora se opone a la noche sosegada del verso anterior, lo mismo que la música al silencio («música callada») o la soledad al bullicio («la soledad sonora»).

[15] *emisiones:* efluvios o aromas.

       a mí, sin dejar cosa;
90   allí le prometí de ser su esposa.

     Mi alma se ha empleado
     y todo mi caudal en su servicio.
     Ya no guardo ganado,
     ni ya tengo otro oficio,
95   que ya sólo en amar es mi ejercicio.

     Pues ya si en el ejido
     de hoy más no fuere vista ni hallada,
     diréis que me he perdido;
     que andando enamorada,
100 me hice perdidiza, y fui ganada.

     De flores y esmeraldas,
     en las frescas mañanas escogidas,
     haremos las guirnaldas,
     en tu amor florecidas
105 y en un cabello mío entretejidas.

     En solo aquel cabello
     que en mi cuello volar consideraste,
     mirástele en mi cuello,
     y en él preso quedaste,
110 y en uno de mis ojos te llagaste.

     Cuando tú me mirabas,
     tu gracia en mí tus ojos imprimían;
     por eso me adamabas [16],
     y en eso merecían
115 los míos adorar lo que en ti vían [17].

---

[16] *adamabas:* amabas con intensidad.
[17] *vían:* veían.

No quieras despreciarme,
que, si color moreno en mí hallaste,
ya bien puedes mirarme
después que me miraste,
120 que gracia y hermosura en mí dejaste.

Cogednos las raposas,
que está ya florecida nuestra viña,
en tanto que de rosas
hacemos una piña,
125 y no paresca [18] nadie en la montiña [19].

Detente, cierzo muerto.
Ven, austro [20] que recuerdas los amores,
aspira por mi huerto
y corran sus olores,
130 y pacerá el Amado entre las flores.

AMADO
Entrado se ha la esposa
en el ameno huerto deseado,
y a su sabor reposa
el cuello reclinado
135 sobre los dulces brazos del Amado.

Debajo del manzano
allí conmigo fuiste desposada;
allí te di la mano
y fuiste reparada,
140 donde tu madre [21] fuera violada.

---

[18] *paresca:* aparezca.
[19] *montiña:* montaña.
[20] *austro:* el viento cálido, opuesto al «cierzo» o viento frío del Norte, 'despierta' («recuerda») los amores.
[21] *madre:* se suele interpretar que se alude a la madre naturaleza, violada por Adán y Eva.

A las aves ligeras,
leones, ciervos, gamos saltadores,
montes, valles, riberas,
aguas, aires, ardores,
145 y miedo de las noches veladores [22];

por las amenas liras
y canto de serenas [23], os conjuro
que cesen vuestras iras
y no toquéis al muro,
150 porque la esposa duerma más seguro.

AMADA
¡Oh ninfas de Judea! [24]
en tanto que en las flores y rosales
el ámbar perfumea
morá [25] en los arrabales
155 y no queráis tocar nuestro umbrales.

Escóndete, carillo,
y mira con tu haz [26] a las montañas,
y no quieras decillo;
mas mira las compañas [27]
160 de la que va por ínsulas estrañas.

AMADO
La blanca palomica
al arca con el ramo se ha tornado;
y ya la tortolica

---

[22] *miedos... veladores:* miedo que mantiene en vela o despiertos.
[23] *serenas:* sirenas.
[24] *ninfas de Judea:* es un recuerdo bíblico directo, del *Cantar de los Cantares* (III, 5).
[25] *morá:* antiguo imperativo, «morad».
[26] *haz:* faz, rostro.
[27] *compañas:* compañías.

>   al socio [28] deseado
> 165   en las riberas verdes ha hallado.
>
>   En soledad vivía
>   y en soledad ha puesto ya su nido,
>   y en soledad la guía
>   a solas su querido,
> 170   también en soledad de amor herido.
>
>   AMADA
>   Gocémonos, Amado,
>   y vámonos a ver en tu hermosura
>   al monte u al collado,
>   do mana el agua pura;
> 175   entremos más adentro en la espesura.
>
>   Y luego a las subidas
>   cavernas de la piedra nos iremos,
>   que están bien escondidas;
>   y allí nos entraremos
> 180   y el mosto de granadas gustaremos.
>
>   Allí me mostrarías
>   aquello que mi alma pretendía;
>   y luego me darías
>   allí, tú vida mía,
> 185   aquello que me diste el otro día.
>
>   El aspirar del aire,
>   el canto de la dulce Filomena [29],
>   el soto y su donaire
>   en la noche serena,
> 190   con llama que consume y no da pena.

---

[28] *socio:* amigo.
[29] *Filomena:* denominación mitológica del ruiseñor.

Que nadie lo miraba,
Aminadab[30] tampoco parecía;
y el cerco sosegaba,
y la caballería
195 a vista de las aguas descendía.

[EN UNA NOCHE ESCURA]

En algunos manuscritos se denominan «canciones del alma». En general los grandes poemas de san Juan se trasmitieron con títulos muy variados. Las ocho liras de *La noche oscura* recrean, a través de la expresión directa, un estado sublime de pasión, la hondura del sentimiento en una atmósfera muy especial, la que se recrea mediante el símbolo continuado de la noche. Se describe, de este modo, un proceso que culmina en la dejación feliz y absoluta, expresada en el verso final.

LA NOCHE OSCURA

En una noche escura,
con ansias, en amores inflamada,
¡oh dichosa ventura!,
salí sin ser notada,
5 estando ya mi casa sosegada.

A escuras y segura
por la secreta escala, disfrazada,
¡oh dichosa ventura!,
a escuras y encelada[31],
10 estando ya mi casa sosegada.

En la noche dichosa,
en secreto, que nadie me veía
ni yo miraba cosa,
sin otra luz y guía
15 sino la que en el corazón ardía.

---

[30] *Aminadab:* uno de los nombres bíblicos del mal, del diablo.
[31] *encelada:* escondida.

Aquésta[32] me guiaba
más cierto que la luz del mediodía
adonde me esperaba
quien yo bien me sabía,
20   en parte donde nadie parecía[33].

¡Oh noche que guiaste!,
¡oh noche, amable más que el alborada!,
¡oh noche que juntaste
Amado con amada,
25   amada en el Amado transformada!

En mi pecho florido,
que entero para él solo se guardaba,
allí quedó dormido,
y yo le regalaba,
30   y el ventalle[34] de cedros aire daba.

El aire de la almena,
cuando yo sus cabellos esparcía,
con su mano serena
en mi cuello hería,
35   y todos mis sentidos suspendía.

Quedéme y olvidéme,
el rostro recliné sobre el Amado;
cesó todo y déjeme,
dejando mi cuidado
40   entre las azucenas olvidado.

---

[32] *aquésta:* ésta.
[33] *parecía:* aparecía, había.
[34] *ventalle:* abanico.

[¡OH LLAMA DE AMOR VIVA]

En este caso san Juan acude a la imagen del fuego y de la llama para expresar la fuerza de su pasión. El poema se construye por la sucesión de oximorones (unión de términos opuestos) en una catarata de exclamaciones e invocaciones, que traducen el momento de mayor exaltación.

LLAMA DE AMOR VIVA

¡Oh llama de amor viva,
que tiernamente hieres
de mi alma en el más profundo centro!;
pues ya no eres esquiva,
5 acaba ya, si quieres,
rompe la tela deste dulce encuentro.

¡Oh cauterio [35] suave!,
¡oh regalada llaga!,
¡oh mano blanda!, ¡oh toque delicado!,
10 que a vida eterna sabe
y toda deuda paga;
matando, muerte en vida la has trocado.

¡Oh lámparas de fuego,
en cuyos resplandores
15 las profundas cavernas del sentido,
que estaba oscuro y ciego,
con estraños primores
calor y luz dan junto [36] a su querido!

¡Cuán manso y amoroso
20 recuerdas [37] en mi seno,

---

[35] *cauterio:* instrumento de hierro candente, usado por los cirujanos antiguamente, para abrir llagas y curar —cauterizar— las heridas.
[36] *junto:* a la vez.
[37] *recuerdas:* despiertas.

donde secretamente solo moras!;
y en tu aspirar sabroso
de bien y gloria lleno,
¡cuán delicadamente me enamoras!

[TRAS DE UN AMOROSO LANCE]

Glosa a una copla inicial en tres coplas castellanas. La imagen de la caza se venía utilizando para la expresión amorosa. La copla inicial era muy popular; lo que san Juan hace con ella es glosarla «a lo divino», con lo que todo el poema cobra nuevos significados, que se consiguen al mismo tiempo por la expresión de una paradoja (subí/bajé).

Tras de un amoroso lance,
y no de esperanza falto,
volé tan alto, tan alto,
que le di a la caza alcance.

5 Para que yo alcance diese
   a aqueste lance divino,
   tanto volar me convino,
   que de vista me perdiese;
   y con todo, en este trance,
10 en el vuelo quedé falto;
   mas el amor fue tan alto,
   que le di a la caza alcance.

   Cuando más alto subía
   deslumbróseme la vista,
15 y la más fuerte conquista
   en escuro [38] se hacía;
   mas, por ser de amor el lance,
   di un ciego y oscuro salto,
   y fui tan alto, tan alto,
20 *que le di a la caza alcance.*

---

[38] *escuro:* oscuro.

Cuanto más alto llegaba,
de este lance tan subido,
tanto más bajo y rendido
y abatido me hallaba;
25 dije: No habrá quien alcance;
y abatíme tanto, tanto,
que fui tan alto, tan alto,
que le di a la caza alcance.

Por una estraña manera
30 mil vuelos pasé de un vuelo,
porque esperanza de cielo
tanto alcanza cuanto espera;
esperé solo este lance
y en esperar no fui falto,
35 pues fui tan alto, tan alto,
que le di a la caza alcance.

[UN PASTORCICO SOLO ESTÁ PENADO]

Está compuesto en cuartetos de endecasílabos. Parece tratarse también de una reconversión a lo divino de un poema amoroso. La expresión y ambientación pastoril estuvo de moda a lo largo del siglo XVI: el cuarteto final, que concluye con el pastor crucificado —Cristo en la cruz—, trasforma su sentido mundano en bella figuración religiosa.

EL PASTORCICO

Un pastorcico solo está penado,
ajeno de placer y de contento,
y en su pastora puesto el pensamiento,
y el pecho del amor muy lastimado.

5 No llora por haberle amor llagado,
que no le pena verse así afligido,
aunque en el corazón está herido;
mas llora por pensar que está olvidado.

>   Que sólo de pensar que está olvidado
> 10   de su bella pastora, con gran pena,
>   se deja maltratar en tierra ajena,
>   el pecho de el amor muy lastimado.
>
>   Y dice el pastorcico: ¡Ay, desdichado
>   de aquel que de mi amor ha hecho ausencia
> 15   y no quiere gozar la mi presencia,
>   y el pecho por su amor muy lastimado!
>
>   Y a cabo de un gran rato se ha encumbrado
>   sobre un árbol, do abrió sus brazos bellos,
>   y muerto se ha quedado, asido dellos,
> 20   el pecho de el amor muy lastimado.

LÓPEZ MALDONADO

Apenas se conocen datos biográficos; nacido, probablemente, en Toledo, fue amigo de Lope y de Cervantes. Estuvo bajo las órdenes de don Juan de Austria y perteneció a la Academia de los Nocturnos de Valencia, donde ingresó con el nombre de Sincero.

[DEJA, QUE YA ES TIEMPO, EN SU SOSIEGO]

Uno de los soneto de clara factura petrarquista que escribió Maldonado en un bello cancionero que representa la culminación de esa trayectoria poética. En este primero es fácil observar el enquistamiento del léxico figurativo: arder, fuego, helado, engaño, etc.

> Deja, que ya es tiempo, en su sosiego
> al cuerpo hasta agora[1] fatigado,
> bástete amor lo que ha por ti pasado
> sin valerle jamás justicia o ruego.
>
> 5 ¿Para qué tratas tú de arderle en fuego
> cuando le ha el tiempo y la razón helado,
> y cuando tus engaños le han dejado
> sordo a tus voces y a tu lumbre ciego?
>
> En sus trabajos y miserias fuiste
> 10 rico de sus despojos y contento
> y yo también lo fui de tus engaños.

---

[1] *agora:* ahora.

Esos (por darte el alma) Amor me diste.
Allá te avén[2] con mis pasados daños,
que ansí lo haré yo con tu escarmiento.

[DESTA NUBE QUE HA TANTO YA QUE LLUEVE]

Soneto que se construye a partir de una sola imagen —el agua, la lluvia del llanto—, que se hiperboliza y desarrolla para producir todo el poema, a partir de nuevas figuraciones.

Desta nube que ha tanto ya que llueve
por mis cansados ojos agua tanta
desta que a cualquier sitio, a cualquier planta
en abundancia a humedecer se atreve,

5 desta que el corazón hace de nieve
y con ardiente rayo le quebranta
y con viento inclemente que la espanta
amargas olas en mi alma mueve,

¿cuando la lluvia larga e importuna,
10 el viento fiero, el fuego intolerable,
la helada nieve menguarán su fueza?

Fin pues suele tener cualquier fortuna;
no suele ser el mal siempre durable,
si no en mí, que hasta el bien me le refuerza.

[¿SERÁ VERDAD, PERMITIRÁLO EL CIELO]

La estructura del soneto es casi perfecta, con tres interrogaciones que ocupan las tres primeras estrofas y la contestación o resolución que termina el último terceto. A través de tres imágenes clásicas el poeta

---

[2] *avén:* imperativo del verbo «avenir», 'apáñate'.

expresa el temido fin del amor correspondido: los «serenos y hermosos ojos», el «fuego» y el «sol resplandeciente» van a convertirse en «desconsuelo», «yelo» y «tinieblas». El terceto final, sin embargo, reafirma el triunfo de la pasión, que continuará «eternamente».

¿Será verdad, permitirálo el cielo
que los serenos y hermosos ojos
que dieron dulce fin a mis enojos
den amargo principio al desconsuelo?

5 ¿Será verdad que irresoluble yelo
venga a entibiar del fuego los despojos
con que Amor desterró cuantos antojos
hicieron dura guerra a mi consuelo?

¿Será verdad que el sol resplandeciente
10 cuya luz alumbraba el al alma mía
en tinieblas la deje sepultada?

Verdad será, mas no que eternamente
por más que sea de vos menospreciada,
deje de ser mi fe cual ser solía.

MIGUEL DE CERVANTES
(Alcalá de Henares, 1547-Madrid, 1616)

En 1568 viajó a Italia, al servicio del cardenal Acquaviva. En 1571 combatió en la batalla de Lepanto. Cuatro años después fue apresado y llevado a Argel; allí permaneció otros cuatro años. Encarcelado dos veces más, en 1604 se trasladó a Valladolid con su mujer, hermanas, hija y sobrina. Al año siguiente publicó la primera parte de El Quijote, *a la que siguió casi toda su obra literaria. Sus poemas se hallan dispersos o entreverando sus restantes obras.*

[CUANDO PRECIOSA EL PANDERETE TOCA]

Soneto de *La Gitanilla,* una de las doce «novelas ejemplares».

SONETO I

Cuando Preciosa el panderete toca,
y hiere el dulce son los aires vanos,
perlas son que derrama con las manos;
flores son que despide de la boca.

5 Suspensa el alma, y la cordura loca,
queda a los dulces actos sobrehumanos,
que, de limpios, de honestos y de sanos,
su fama al cielo levantado toca.

Colgadas del menor de sus cabellos
10 mil almas lleva, y a sus plantas tiene
Amor rendidas una y otra flecha[1].

---

[1] *una y otra flecha:* amor engendraba amor u odio según hiriese con flecha de oro o de plomo respectivamente.

Ciega y alumbra con sus soles bellos,
su imperio Amor por ellos le mantiene,
y aún más grandezas de su ser sospecha.

[VOTO A DIOS QUE ME ESPANTA ESTA GRANDEZA]

Soneto con estrambote (versos que se añaden al final, alargando su forma usual). Era costumbre levantar monumentos perecederos en lugares públicos —las iglesias lo eran— para conmemorar, festejar, etc. hechos importantes, como lo fue la muerte de Felipe II en 1598. Sobre aquellos monumentos se escribían epitafios, lemas, etc. Cervantes contribuyó a ello con este soneto, que le hizo famoso como poeta. Es muy típico del autor de *El Quijote* crear una escena, como ésta, cargada de ambigüedad, en la que un personaje juzga un hecho histórico, en tanto Cervantes oculta su propio juicio.

AL TÚMULO DEL REY FELIPE II EN SEVILLA

«Voto a Dios que me espanta esta grandeza
y que diera un doblón por describilla[2];
porque ¿a quién no suspende y maravilla
está máquina[3] insigne, esta riqueza?

5 Por Jesucristo vivo, cada pieza
vale más de un millón, y que es mancilla
que esto no dure[4] un siglo, ¡oh gran Sevilla!
Roma triunfante en ánimo y nobleza.

Apostaré que el ánima del muerto
10 por gozar este sitio hoy ha dejado
la gloria donde vive eternamente.»

---

[2] *describilla:* describirla.
[3] *máquina:* el monumento, como máquina o ingenio que se erige.
[4] *dure:* porque se trata de monumentos perecederos, que se quitaban pasada la celebración.

Esto oyó un valentón, y dijo: «Es cierto
cuanto dice voacé [5], señor soldado.
Y el que dijere lo contrario, miente».

15 Y luego, incontinente [6],
caló el chapeo [7], requirió la espada,
miró al soslayo, fuese, y no hubo nada.

---

[5] *voacé:* abreviatura achulapada de «vuestra merced», actual «usted».
[6] *incontinente:* al momento.
[7] *caló el chapeo:* se puso el sombrero.

POESÍA ERÓTICA

La difusión de la poesía obscena, erótica y escatológica fue grande desde la época de los cancioneros, alguno de los cuales —el Cancionero General*— llegó a crear un apartado especial para recoger este tipo de inspiración: el* Cancionero de obras de burlas provocantes a risa, *en donde se copian poemas como* La Carajicomedia, El pleito del manto, *etc. y otras delicias de la poesía festiva. Tal inspiración no desapareció más tarde, pero sí empezó a circular oralmente, por lo que se conserva en manuscritos preferentemente. Muchas veces se compone sobre motivos, géneros, estilos, etc. de la poesía seria y aun de la religiosa. Ofrecemos algunos ejemplos.*

[DECIDME, DAMA GRACIOSA]

Romance con estribillo.

> *Decidme, dama graciosa,*
> *qué es cosa y cosa.*
>
> *Decid qué es aquello tieso*
> *con dos limones al cabo,*
> 5 *barbado a guisa de nabo,*
> *blando y duro como güeso*[1],
> *de corajudo y travieso*
> *lloraba leche sabrosa:*
> *¿qué es cosa y cosa?*

---

[1] *güeso:* hueso.

10 ¿Qué es aquello que se lanza
por las riberas de Júcar?
Parece caña de azúcar,
aunque da botes de lanza;
hiere, sin tomar venganza
15 de la parte querellosa;
¿y qué es cosa y cosa?

Aquel ojal que está hecho
junto de Fuenterrabía,
digáisme, señora mía:
20 ¿cómo es ancho siendo estrecho?
Y ¿por qué, mirando al techo,
es su fruta más sabrosa?
¿y qué es cosa y cosa?

¿Por qué vuela pico a viento,
25 y sin comer hace papo[2]?
¿Por qué, cuanto más le atapo,
más se abre de contento?
Y, si es tintero de asiento,
¿cómo bulle y no reposa?
30 *¿y qué es cosa y cosa?*

[TRÉBOLE OLEDERO, AMIGO]

Villancico, con el estribillo inicial muy popular, retomado constantemente con sentido erótico.

Trébole oledero, amigo,
trébole oledero, Amor.

---

[2] *hace papo:* es decir, 'abulta', pues el papo es la parte del cuello que se abulta, donde algunas aves almacenan la comida.

Íbase la niña,
al salir del sol,
a coger el trébol
de su dulce amor,
trébol de tres hojas
que apunta la flor
....
... or que las dos.
Trébole oledero, amigo,
trébole oledero, Amor.

Estábase un cardo,
cardo corredor,
cubierto de trébol,
falso engañador;
al pasar la niña
sus dedos picó
y corrió la sangre,
¡ay, Dios, qué dolor!
Trébole oledero, amigo,
trébole oledero, Amor.

«¿Qué dirá mi madre,
que riñe por dos,
si me ve la sangre
en el camisón?
Cerraráme en casa
para hacer labor,
y hablaré por torno,
como en religión.»
Trébole oledero, amigo,
trébole oledero, Amor.

Rompiendo su toca,
sus dedos ató,
y al cardo le dice:
—«Maldígate Dios,

             que si yo te viera
             no llegaras, no,
             porque estas heridas
        40   incurables son».
             Trébole oledero, amigo,
             trébole oledero, Amor.

[—¿QUÉ ME QUIERE, SEÑOR? —NIÑA, HODERTE]

   —¿Qué me quiere, señor? —Niña, hoderte.
   —Dígalo más rodado. —Cabalgarte.
   —Dígalo a lo cortés. —Quiero gozarte.
   —Dígamelo a lo bobo. —Merecerte.

5 —¡Mal haya quien lo pide de esa suerte,
   y tú hayas bien, que sabes declararte!
   Y luego ¿qué harás? —Arremangarte,
   y con la pija arrecha acometerte.

   —Tú sí que gozarás mi paraíso.
10 —¿Qué paraíso? Yo tu coño quiero,
   para meterle dentro mi carajo.

   —¡Qué rodado lo dices y qué liso!
   —Calla, mi vida, calla, que me muero
   por culear tiniéndote debajo.

LUIS BARAHONA DE SOTO
(Lucena, Córdoba, 1547/48, Antequera, Málaga, 1595)

Descendiente de hidalgos empobrecidos, estudió medicina en Granada y en Osuna. Se trasladó a Sevilla, más tarde a Granada y finalmente fue corregidor en Archidona. Es autor, entre otras composiciones, de un hermoso poema lírico novelesco, La hermosura de Angélica.

[SI LA HARPA, SI EL ÓRGANO SABROSO]

Soneto dedicado a su amigo el poeta Gregorio Silvestre, también excelente músico, para que le alivie sus males de amor con la música y los versos.

A GREGORIO SILVESTRE

Si la harpa, si el órgano sabroso,
si el monacordio [1], si la dulce lira
que en vuestras manos, gran Silvestre, admira
y suspende el ingenio más furioso,

5 si el dulce verso fácil y gracioso
con que a los vientos refrenáis la ira
algún consuelo, aunque liviano, inspira
a un seso apasionado y amoroso,

¡aquí, señor, que me ha rompido el pecho
10 con punta de oro [2] de acerado dardo
la mano más gentil que el cielo ha hecho!,

---

[1] *monacordio:* monocordio, instrumento musical antiguo.
[2] *punta de oro:* le han herido con saeta de amor.

¡aquí, que huyo el bien y el mal aguardo,
espero el daño y temo mi provecho,
he frío en brasas y entre yelos ardo!

POESÍA ANÓNIMA

[NO ME MUEVE MI DIOS, PARA QUERERTE]

Como anónimo o atribuido a algún personaje religioso (por ejemplo, los jesuitas intentaron que se atribuyera a san Ignacio de Loyola), este hermoso soneto circuló abundantemente en la época postridentina. Es signo poético de un tiempo de ferviente exaltación religiosa.

A CRISTO CRUCIFICADO

No me mueve, mi Dios, para quererte
el cielo que me tienes prometido,
ni me mueve el infierno tan temido
para dejar por eso de ofenderte.

5 Tú me mueves, Señor; muéveme el verte
clavado en la cruz y escarnecido,
muéveme ver tu cuerpo tan herido,
muévenme tus afrentas y tu muerte.

Muéveme, en fin, tu amor, y en tal manera,
10 que aunque no hubiera cielo, yo te amara,
y aunque no hubiera infierno, te temiera.

No tienes que me dar porque te quiera,
pues aunque cuanto espero no esperara,
lo mismo que te quiero te quisiera.

VICENTE ESPINEL
(Ronda, Málaga, 1550-Madrid, 1624)

Músico y escritor, estudió en Salamanca y fue capellán en Ronda. Viajó a Milán; se ordenó sacerdote y fue beneficiado en Ronda, pero por sus continuos escándalos hubo de marcharse a Madrid, donde ejerció como maestro en la Capilla del obispo de Plasencia. Es autor, entre otras obras, de una novela picaresca tardía, la Vida del escudero Marcos de Obregón.

[EL BERMELLÓN A MANCHAS SE MOSTRABA]

Soneto. Se apreciará el juego colorista del poeta, como preludio a la exposición de su estado de ánimo. Cuando anochece, la visión de la amada llena de luz la noche.

> El bermellón a manchas se mostraba
> en el pardo y azul, con vario adorno
> del blanco y jalde, realzado en torno
> sobre Titán[1], que ya su ardor negaba.
>
> 5 La negra noche a más andar se entraba
> del claro día escuro desadorno,
> cuando los ojos a una parte torno
> de un alto bien dudoso que esperaba.
>
> ¡Gloria del mundo! digo, y luego veo
> 10 de gloria el suelo, calle y mi alma llenas
> de una luz que salió, que a Febo[2] alcanza.

---

[1] *Titán:* los titanes se rebelaron contra Júpiter, que los castigó metamorfoseándolos; metafóricamente significa, aquí, el sol, la luz.
[2] *Febo:* el sol, la luz.

Alégrate de hoy más, dijo, Liseo,
que quien también amó sufriendo penas,
sabrá estimar el bien de la esperanza.

FRANCISCO DE MEDRANO
(Sevilla, 1569/70-1606/07)

Estudió en el colegio de la Compañía en Sevilla; de allí pasó a Córdoba y Salamanca. Recibió las órdenes entre 1592 y 1594; estuvo en colegios jesuitas de Valladolid, Galicia y, de nuevo, Salamanca. Abandonó la Compañía en 1602 y regresó a Sevilla; allí se relacionó con la intelectualidad literaria de la época: Juan de Arguijo, Francisco de Rioja, etc. Es quizá el poeta más representativo de la corriente neoestoica.

[EN EL SECRETO DE LA NOCHE SUELO]

Poema dedicado *A Fernando de Soria Galvarro*, a quien en el verso segundo se llama *Sorino*.

SONETO XII
A FERNANDO DE SORIA GALVARRO

En el secreto de la noche suelo,
Sorino, contemplar las luces bellas
y, mudo, platicar así con ellas,
porque, invidioso, no me estorbe el suelo.

5 Ya, ya, soberbios astros: vuestro cielo
Flora pisa inmortal con firmes huellas;
ya eternamente hermosa pisa estrellas
(¿y cuál sin ella yo?) Mas cese el duelo.

>   Tu fuiste, Flora, y vos, que la robastes[1]
>   10   divinas luces, para mí inhumanas,
>   pues solo y vida y seso[2] me dejastes.
>
>   Mas porque tú no toda mueras, Flora,
>   ni en las miserias vivas toda humanas
>   viva yo y pene, y tú, los cielos mora.

[ESTOS DE PAN LLEVAR CAMPOS AHORA]

Los temas de las ruinas, edificios o jardines abandonados, restos de grandeza pasada, etc., fueron motivo de meditación poética en la poesía neoestoica, que señalaba así los destrozos del tiempo y la inutilidad de oponerse al único destino seguro: el de la muerte.

SONETO XXVI
A LAS RUINAS DE ITÁLICA, QUE AHORA LLAMAN SEVILLA LA VIEJA, JUNTO DE LAS CUALES ESTÁ SU HEREDAMIENTO MIRARBUENO

>   Estos de pan[3] llevar campos ahora
>   fueron un tiempo Itálica; este llano
>   fue templo; aquí a Teodosio, allí a Trajano[4]
>   puso estatuas su patria vencedora.
>
>   5   En este cerco fueron Lamia y Flora
>   llama y admiración del vulgo vano;
>   en este cerco el luchador profano
>   del aplauso esperó la voz sonora.

---

[1] *robastes:* como enseguida «dejastes» son formas etimológicas del actual «robasteis».
[2] *seso:* sentido.
[3] *pan:* trigo.
[4] *Trajano...Teodosio:* se traen a colación nombres de personajes romanos nacidos en Itálica.

¡Cómo feneció todo! ¡Ay! Mas erguidas,
10 a pesar de fortuna y tiempo, vemos
estas y aquellas piedras combatidas;

mas si vencen la edad y los estremos
del mal piedras calladas y sufridas,
suframos, Amarilis, y callemos.

[NO SÉ CÓMO, NI CUÁNDO, NI QUÉ COSA]

Nótese, una vez más la separación radical entre el mundo físico y el anímico, lo que se expresa resueltamente en el terceto final.

SONETO XXIX

No sé cómo, ni cuándo, ni qué cosa
sentí, que me llenaba de dulzura;
sé que llegó a mis brazos la hermosura
de gozarse comigo cudiciosa.

5 Sé que llegó; si bien con temerosa
vista resistí apena su figura,
luego[5] pasmé[6], como el que en noche oscura
perdido el tino, el pie mover no osa.

Siguió un gran gozo a aqueste pasmo o sueño,
10 —no sé cuándo, ni cómo, ni qué ha sido—
que lo sensible todo puso en calma.

Inorarlo es saber que es bien pequeño
el que puede abarcar sólo el sentido,
y éste pudo caber en sola la alma.

---

[5] *luego:* al instante.
[6] *pasmé:* perdí el sentido.

RODRIGO CARO
(Utrera, Sevilla, 1573-Sevilla, 1647)

Estudió en Osuna la carrera de Leyes y ejerció en Utrera. Aficionado a la arqueología, mantuvo correspondencia con los artistas e intelectuales de su tiempo. Se ordenó sacerdote y llegó a ser consultor del Santo Oficio. Muchos de sus poemas dejan ver esa afición histórica.

[ESTOS, FABIO, ¡AY DOLOR! QUE VES AHORA]

Tiene la forma métrica de siete estancias, sin el envío final de la canción métrica. El poeta reúne en esta canción la meditación arqueológica con la moral estoica, que no ve en lo que le rodea más que signos, criaturas abocadas a la ruina del tiempo y a la muerte. Itálica, la opulenta ciudad romana, cerca de la actual Sevilla, era un claro ejemplo histórico para este tipo de reflexiones. El poeta escoge una forma métrica relativamente abierta, que le permita el poema largo, la digresión, el ir de un tema a otro sin ceñirse a unos pocos versos.

CANCIÓN A LAS RUINAS DE ITÁLICA

    Estos, Fabio, ¡ay dolor! que ves ahora
campos de soledad, mustio collado
fueron un tiempo Itálica famosa.
Aquí de Cipión la vencedora
5 colonia fue: por tierra derribado
yace el temido honor de la espantosa
muralla, y lastimosa
reliquia es solamente.
De su invencible gente
10 sólo quedan memorias funerales,
donde erraron ya sombras de alto ejemplo.

Este llano fue plaza, allí fue templo:
de todo apenas quedan las señales.
Del gimnasio y las termas regaladas
leves vuelan cenizas desdichadas.
Las torres que desprecio al aire fueron
a su gran pesadumbre [1] se rindieron.

Este despedazado anfiteatro,
impío honor de los dioses, cuya afrenta
publica el amarillo jaramago [2],
ya reducido a trágico teatro,
¡oh fábula del tiempo! representa
cuánta fue su grandeza, y es su estrago.
¿Cómo en el cerco vago
de su desierta arena
el gran pueblo no suena?
¿Dónde, pues fieras hay, está el desnudo
luchador, dónde está el atleta fuerte?
Todo dispareció: cambió la suerte
voces alegres en silencio mudo:
mas aun el tiempo da en estos despojos
espectáculos fieros a los ojos:
y miran tan confusos lo presente,
que voces de dolor el alma siente.

Aquí nació aquel rayo de la guerra,
gran padre de la patria, honor de España,
pío, felice, triunfador Trajano,
ante quien muda se prostró la tierra
que ve del sol la cuna, y la que baña
el mar también vencido gaditano.
Aquí de Elio Adriano [3],

---

[1] *pesadumbre:* peso
[2] *jaramago:* planta silvestre.
[3] *Elio Adriano:* padre del emperador del mismo nombre. También se cree que Teodosio pudo nacer en Itálica, como el poeta Silio.

       de Teodosio divino,
       de Silio peregrino,
       rodaron de marfil y oro las cunas.
45   Aquí ya de laurel, ya de jazmines
       coronados los vieron los jardines
       que ahora son zarzales y lagunas.
       La casa para el César fabricada
       ¡ay! yace de lagartos vil morada.
50   Casas, jardines, césares murieron,
       y aun en las piedras que de ellos se escribieron.

       Fabio, si tú no lloras, pon atenta
       la vista en luengas[4] calles destruidas,
       mira mármoles y arcos destrozados,
55   mira estatuas soberbias, que violenta
       Némesis[5] derribó, yacer tendidas;
       y ya en alto silencio sepultados
       sus dueños celebrados.
       Así a Troya figuro[6],
60   así a su antiguo muro.
       Y a ti, Roma, a quien queda el nombre apenas,
       oh patria de los dioses y los reyes:
       y a ti, a quien no valieron justas leyes,
       fábrica de Minerva, sabia Atenas.
65   Emulación ayer de las edades,
       hoy cenizas, hoy vastas soledades;
       que no os respetó el hado, no la muerte
       ¡ay! ni por sabia a ti, ni a ti por fuerte.

       Mas ¿para qué la mente se derrama
70   en buscar al dolor nuevo argumento?
       Basta ejemplo menor, basta el presente.

---

[4] *luengas:* largas.
[5] *Némesis:* la diosa de la venganza.
[6] *Así a Troya figuro:* del mismo modo me imagino que fue en Troya, ejemplo de ciudad destruida por el tiempo y la historia.

Que aún se ve el humo aquí, aún se ve la llama,
aún se oyen llantos hoy, hoy ronco acento,
tal genio, o religión fuerza la mente
75 de la vecina gente
que refiere admirada
que en la noche callada
una voz triste se oye que llorando
«Cayó Itálica» dice: y lastimosa
80 Eco reclama «Itálica» en la hojosa
selva, que se le opone resonando
«Itálica»: y el caro nombre oído
de «Itálica» renuevan el gemido
mil sombras nobles en su gran ruïna.
85 ¡Tanto, aun la plebe a sentimiento inclina!

Esta corta piedad, que agradecido
huésped a tus sagrados manes debo,
les dó[7] y consagro, Itálica famosa.
Tú, (si lloroso don han admitido
90 las ingratas cenizas de que llevo
dulce noticia asaz si lastimosa)
permíteme piadosa
usura a tierno llanto
que vea el cuerpo santo
95 de Geroncio[8], tu mártir y prelado.
Muestra de su sepulcro algunas señas,
y cavaré con lágrimas las peñas
que ocultan su sarcófago sagrado.
Pero mal pido el único consuelo
100 de todo el bien que airado quitó el cielo.
Goza en las tuyas sus reliquias bellas,
para invidia del mundo y las estrellas.

---

[7] *dó:* doy
[8] *Geroncio:* prelado de Itálica, que murió mártir.

ANDRÉS FERNÁNDEZ DE ANDRADA
(h. 1575-1648)

Sevillano, llegó a ser capitán y luchó en la defensa de Cádiz contra los ingleses en 1596. Perteneció al círculo literario de Francisco de Rioja. Se trasladó a México, como contador de bienes de difuntos; fue alcalde mayor de San Luis de Potosí y allí falleció.

[FABIO, LAS ESPERANZAS CORTESANAS]

«Epístola» era un subgénero poético, normalmente en tercetos encadenados, como es el caso; «moral» es un adjetivo de amplísimo uso, que desbordaba su sentido actual (pues también acogía, por ejemplo, la acepción «político», «social», etc.). En todo caso, poema digresivo en el que se medita sobre las condiciones de la vida y del mundo, en este caso para predicar el refugio neoestoico, la retirada a uno mismo. Como ya señala el primer verso, se huye del triunfo social, que en la época era sinónimo de «esperanzas cortesanas», pues, históricamente estamos entrando de lleno en la sociedad cortesana, regulada por la vida de la corte, en torno al monarca. Las ideas que se expresan poéticamente proceden de las corrientes neoestoicas de la época.

EPÍSTOLA MORAL A FABIO

Fabio, las esperanzas cortesanas
prisiones son do el ambicioso muere,
y donde al más activo nacen canas.

El que no las limare o las rompiere,
5 ni el nombre de varón ha merecido,
ni subir al honor que pretendiere.

El ánimo plebeyo y abatido
elija, en sus intentos temeroso,
primero estar suspenso que caído;

10 que el corazón entero y generoso,
al caso adverso inclinará la frente,
antes que la rodilla al poderoso.

Más triunfos, más coronas dio al prudente
que supo retirarse, la Fortuna,
15 que al que esperó obstinada y locamente.

Esta invasión terrible e importuna
de contrarios sucesos nos espera
desde el primer sollozo de la cuna.

Dejémosla pasar como a la fiera.
20 corriente del gran Betis[1], cuando airado
dilata hasta los montes la ribera.

Aquel entre los héroes es contado
que el premio mereció, no quien le alcanza
por vanas consecuencias del estado.

25 Peculio proprio[2] es ya de la privanza
cuanto de Astrea[3] fue, cuanto regía
con su temida espada y su balanza.

El oro, la maldad, la tiranía
del inicuo precede, y pasa al bueno:
30 ¿qué espera la virtud o qué confía?

---

[1] *Betis:* el Guadalquivir.
[2] *proprio:* propio.
[3] *Astrea:* personificación de la justicia.

Vente, y reposa en el materno seno
de la antigua Romulea[4], cuyo clima
te será más humano y más sereno;

adonde, por lo menos, cuando oprima
35 nuestro cuerpo la tierra, dirá alguno:
«¡Blanda le sea!», al derramarla encima;

donde no dejarás la mesa ayuno
cuando en ella te falte el pece raro
o cuando su pavón nos niegue Juno[5].

40 Busca, pues, el sosiego dulce y caro,
como, en la oscura noche del Egeo[6]
busca el piloto el eminente[7] faro;

que si acortas y ciñes tu deseo,
dirás: «Lo que desprecio he conseguido,
45 que la opinión vulgar es devaneo».

Más quiere el ruiseñor su pobre nido
de pluma y leves pajas, más sus quejas,
en el monte repuesto[8] y escondido,

que agradar lisonjero las orejas
50 de algún príncipe insigne, aprisionado
en el metal de las doradas rejas.

¡Triste de aquel que vive destinado
a esa antigua colonia de los vicios,
augur de los semblantes del privado!

---

[4] *Romulea:* Sevilla. Es trisílabo.
[5] *pavón... Juno:* el pavo real era el ave de Juno. El poema descansa, de vez en cuando, en breves y sencillos recuerdos clásicos que ennoblecen su tono.
[6] *Egeo:* el mar Egeo.
[7] *eminente:* con su sentido físico, colocado en la altura.
[8] *repuesto:* lleno de bienes naturales.

55 Cese el ansia y la sed de los oficios,
que acepta el don, y burla del intento,
el ídolo, a quien haces sacrificios.

Iguala con la vida el pensamiento,
y no le pasarás de hoy a mañana,
60 ni aun quizá de un momento a otro momento.

Casi no tienes ni una sombra vana
de nuestra antigua Itálica [9], y ¿esperas?
¡Oh error perpetuo de la vida humana!

Las enseñas grecianas [10], las banderas
65 del senado y romana monarquía
murieron, y pasaron sus carreras.

¿Qué es nuestra vida más que un breve día,
do apenas sale el sol, cuando se pierde
en las tinieblas de la noche fría?

70 ¿Qué más que el heno, a la mañana verde,
seco a la tarde? ¡Oh ciego desvarío!
¿Será que de este sueño se recuerde [11]?

¿Será que pueda ser que me desvío
de la vida viviendo, y que esté unida
75 la cauta muerte al simple vivir mío?

Como los ríos, que en veloz corrida
se llevan a la mar, tal soy llevado
al último suspiro de mi vida.

---

[9] *Itálica:* ciudad romana, próxima a la actual Sevilla.
[10] *enseñas grecianas:* insignias griegas.
[11] *se recuerde:* se despierte.

De la pasada edad ¿qué me ha quedado?
80 O ¿qué tengo yo, a dicha, en la que espero,
sino alguna noticia de mi hado?

¡Oh si acabase, viendo cómo muero,
de aprender a morir, antes que llegue
aquel forzoso término postrero;

85 antes que aquesta mies inútil siegue
de la severa muerte dura mano,
y a la común materia se la entregue!

Pasáronse las flores del verano,
el otoño pasó con sus racimos,
90 pasó el invierno con sus nieves cano;

las hojas que en las altas selvas vimos
cayeron, ¡y nosotros a porfía
en nuestro engaño inmóviles vivimos!

Temamos al Señor, que nos envía
95 las espigas del año y la hartura,
y la temprana pluvia[12] y la tardía.

No imitemos la tierra siempre dura
a las aguas del cielo y al arado,
ni la vid cuyo fruto no madura.

100 ¿Piensas acaso tú que fue criado
el varón para el rayo de la guerra,
para sulcar el piélago salado[13],

para medir el orbe de la tierra
o el cerco por do el sol siempre camina?
105 ¡Oh, quien así lo piensa, cuánto yerra!

---

[12] *pluvia:* lluvia.
[13] *sulcar el piélago salado:* surcar el mar.

Esta nuestra porción alta y divina
a mayores acciones es llamada
y en más nobles objetos se termina.

Así aquella que al hombre sólo es dada,
110 sacra razón y pura, me despierta,
de esplendor y de rayos coronada,

y en la fría región, dura y desierta,
de aqueste pecho enciende nueva llama,
y la luz vuelve a arder que estaba muerta.

115 Quiero, Fabio, seguir a quien me llama,
y callado pasar entre la gente,
que no afecto [14] los nombres ni la fama.

El soberbio tirano del Oriente,
que maciza [15] las torres de cien codos
120 de cándido metal puro y luciente,

apenas puede ya comprar los modos
del pecar. La virtud es más barata:
ella consigo misma ruega a todos.

¡Mísero aquel que corre y se dilata
125 por cuantos son los climas y los mares,
perseguidor del oro y de la plata!

Un ángulo [16] me basta entre mis lares [17],
un libro y un amigo, un sueño breve,
que no perturben deudas ni pesares.

---

[14] *no afecto:* no me afecta.
[15] *maciza:* como verbo, «hace macizas...».
[16] *ángulo:* rincón.
[17] *lares:* pertenencias.

130 Esto tan solamente es cuanto debe
naturaleza al parco y al discreto,
y algún manjar común, honesto y leve.

No, porque así te escribo, hagas conceto [18]
que pongo la virtud en ejercicio:
135 que aun esto fue difícil a Epicteto [19].

Basta, al que empieza, aborrecer el vicio,
y el ánimo enseñar a ser modesto;
después le será el cielo más propicio.

Despreciar el deleite no es supuesto
140 de sólida virtud; que aun el vicioso
en sí propio le nota de molesto.

Mas no podrás negarme cuán forzoso
este camino sea al alto asiento,
morada de la paz y del reposo.

145 No sazona la fruta en un momento
aquella inteligencia que mensura
la duración de todo a su talento:

flor la vimos ayer hermosa y pura,
luego materia acerba y desabrida,
150 y sabrosa después, dulce y madura.

Tal la humana prudencia es bien que mida
y compase y dispense las acciones
que han de ser compañeras de la vida.

No quiera Dios que siga los varones
155 que moran nuestras plazas, macilentos,
de la virtud infames histriones;

---

[18] *conceto:* concepto
[19] *Epicteto:* filósofo estoico griego.

estos inmundos trágicos y atentos
al aplauso común, cuyas entrañas
son oscuros e infaustos monumentos.

160 ¡Cuán callada que pasa las montañas
el aura, respirando mansamente!
¡Qué gárrula y sonora por las cañas!

¡Qué muda la virtud por el prudente!
¡Qué redundante y llena de ruïdo
165 por el vano, ambicioso y aparente!

Quiero imitar al pueblo en el vestido,
en las costumbres sólo a los mejores,
sin presumir de roto y mal ceñido.

No resplandezca el oro y las colores
170 en nuestro traje, ni tampoco sea
igual al de los dóricos cantores [20].

Una mediana vida yo posea,
un estilo común y moderado,
que no le note nadie que le vea.

175 En el plebeyo barro [21] mal tostado
hubo ya quien bebió tan ambicioso
como en el vaso múrrino [22] preciado;

y alguno tan ilustre y generoso
que usó, como si fuera vil gaveta [23],
180 del cristal transparente y luminoso.

---

[20] *dóricos cantores:* con túnicas blancas y sencillas, casi transparentes.
[21] *plebeyo barro:* cerámica sencilla de barro.
[22] *vaso múrrino:* vaso de mirra, es decir, muy lujoso.
[23] *gaveta:* cajoncillo en los escritorios, para tener a mano lo más necesario.

Sin la templanza ¿viste tú perfeta
alguna cosa? ¡Oh muerte!, ven callada
como sueles venir en la saeta;

no en la tonante[24] máquina preñada
de fuego y de rumor[25]; que no es mi puerta
de doblados metales fabricada.

Así, Fabio, me enseña descubierta
su esencia la verdad, y mi albedrío
con ella se compone y se concierta.

No te burles de ver cuánto confío,
ni al arte de decir, vana y pomposa,
el ardor atribuyas de este brío.

¿Es por ventura menos poderoso
que el vicio la virtud, o menos fuerte?
No la arguyas de flaca y temerosa.

La codicia en las manos de la suerte
se arroja al mar, la ira a las espadas,
y la ambición se ríe de la muerte.

¿Y no serán siquiera tan osadas
las opuestas acciones, si las miro
de más nobles objetos ayudadas?

Ya, dulce amigo, huyo y me retiro
de cuanto simple amé; rompí los lazos.
Ven y verás al grande fin que aspiro,
antes que el tiempo muera en nuestros brazos.

---

[24] *tonante:* atronadora.
[25] *rumor:* ruido.

EL BARROCO

LUIS CARRILLO Y SOTOMAYOR
(Baena, Córdoba, 1582/86-Puerto de Santa María, Cádiz, 1610)

Estudió en Salamanca; era hijo del presidente del Consejo de Hacienda. Llegó a ser comendador de la orden de Santiago. Fue nombrado cuatralbo de las galeras de España. Lloraron su muerte, muy joven, todos los poetas. Se suele señalar que su Libro de la erudición poética anuncia el culteranismo, y que en muchos de sus poemas se adivina la poesía más original de Góngora. Anteponemos sus poemas a los de otros poetas mayores, para abrir este período.

[CAMINO DE LA MUERTE, EN HORA BREVE]

El Barroco jugará con estas paradojas tremendistas («acordarse de la muerte») y exagerará la mayoría de los motivos heredados de la poesía anterior. En este soneto, por ejemplo, el verso tres significa 'mis ojos lloran abundantemente'. El tema de la muerte, por lo demás, ya no aparecerá asociado al dolor del amante, sino que se hace más radical y complejo.

A LA MEMORIA DE LA MUERTE

> Camino de la muerte, en hora breve,
> apresura la edad los gustos míos,
> y mis llorosas luces en dos ríos
> lloran cuán tardos sus momentos mueve.
>
> 5 A tal exceso mi dolor se atreve,
> rendido él mismo de sus mismos bríos.

¡Ay, venga el tiempo que en sus hombros fríos
la común madre[1] mis despojos lleve!

Crece a medida de la edad la pena,
10 con ella el gusto del funesto empleo
que mi grave dolor, ¡oh suerte!, ordena;

y tan ceñido al alma le poseo,
que, mientras más la vida le enajena,
siento crecer más fuerza a tal deseo.

---

[1] *la común madre:* la tierra.

LUPERCIO LEONARDO DE ARGENSOLA
(Barbastro, Huesca, 1559-Nápoles, Italia, 1613)

Estudió en Zaragoza; desempeñó el cargo de secretario del duque de Villahermosa y en Madrid asistió a las academias literarias del momento; también fue secretario de la emperatriz María. Admirador de Justo Lipsio, fue cronista de Aragón, y como secretario del conde de Lemos viajó a Nápoles, donde tomó parte en la Academia de los Ociosos. Su poesía recoge toda la herencia de las últimas corrientes del siglo XVI, particularmente la veta moral y neoestoica.

[LLEVÓ TRAS SÍ LOS PÁMPANOS OTUBRE]

Aunque algunas veces se ha dudado de su autoría —corrió manuscrito desde finales del siglo XVI—, hoy se tiene por de Leonardo. Las imágenes de las fuerzas de la naturaleza, sobre todo por la llegada de las lluvias y el invierno, se aplican inexorablemente al paso del tiempo, que todo lo destruye, en el último terceto. Nótese el tono sombrío del soneto; su arranque muy sonoro (todos los acentos rítmicos internos sobre aguda o esdrújula), los dos encabalgamientos expresivos de los versos 5-6 y 7-8... Todo confluye, aunque no haya relación sintáctica ni expresada directamente, en esa situación de tristeza y arrepentimiento del terceto final.

> Llevó tras sí los pámpanos otubre,
> y con las grandes lluvias, insolente,
> no sufre Ibero[1] márgenes ni puente,
> mas antes los vecinos campos cubre.

---

[1] *Ibero:* el Ebro.

5 Moncayo[2], como suele, ya descubre
coronada de nieve la alta frente,
y el sol apenas vemos en Oriente
cuando la opaca tierra nos lo encubre.

Sienten el mar y selvas ya la saña
10 del aquilón[3], y encierra su bramido
gente en el puerto y gente en la cabaña[4].

Y Fabio, en el umbral de Tais[5] tendido,
con vergonzosas lágrimas lo baña,
debiéndolas al tiempo que ha perdido.

[HAY UN LUGAR EN LA MITAD DE ESPAÑA]

Tercetos encadenados para un tipo de poesía descriptiva y meditativa que, pocos años después, iba a preferir el molde menos rígido de la silva: probablemente también sea un poema de finales del siglo XVI. La extensión del poema permite, en efecto, desarrollar muchos motivos: es un panegírico del libro, de los monarcas, del palacio de Aranjuez... Trata sobre la situación política y militar, sobre las cualidades de la vida en aquel vergel, etc. En resumidas cuentas, Argensola medita poéticamente sobre motivos relacionados con el Palacio Real de Aranjuez.

---

[2] *Moncayo:* la mole del Moncayo, alta y rosa, en el cielo de Aragón, según Antonio Machado, que la admiraba desde Soria.
[3] *aquilón:* el frío viento invernal.
[4] *puerto... cabaña:* labradores (el «puerto» es probablemente el de la montaña) y ganaderos se recogen en sus lugares cuando arrecia el frío.
[5] *Fabio... Tais:* se cierra el soneto con una imagen clásica, pues al recuerdo de Fabio (nombre genérico) acude la imagen de Tais o Thais, la bailarina griega que sedujo a Alejandro Magno y llegó a casarse con Tolomeo, para terminar abandonada y miserable.

ESTOS TERCETOS, EN QUE SE DESCRIBE ARANJUEZ, SE ESCRIBIERON CON OCASIÓN DE UN LIBRO QUE IMPRIMIÓ EL MAESTRO FRAY JUAN TOLOSA, RELIGIOSO DE LA ORDEN DE SAN AGUSTÍN, AL CUAL PUSO POR TÍTULO *Aranjuez del Alma*

> Hay un lugar en la mitad de España,
> donde Tajo a Jarama[6] el nombre quita,
> y con sus ondas de cristal lo baña,
>
> que nunca en él la yerba vio marchita
> 5 el sol, por más que al etíope encienda,
> o con su ausencia hiele al duro scita[7],
>
> o que naturaleza condescienda,
> o que, vencida, deje obrar al arte,
> y serle en vano superior pretenda.
>
> 10 Al fin jamás se ha visto en esta parte
> objeto triste, ni desnudo el suelo,
> o cosa que de límite se aparte.
>
> Contrarias aves en conforme vuelo
> los aires cortan y en iguales puntas
> 15 las plantas suben alabando al cielo.
>
> Las fieras enemigas aquí juntas
> forman una república quïeta,
> mezclándose en sus pastos y en sus juntas,
>
> sin temer que el lebrel[8] las acometa,
> 20 o hiera el plomo con terrible estruendo,
> o con mortal silencio la saeta.

---

[6] *Jarama:* es decir, el río Jarama desemboca en el Tajo.
[7] *etíope... scita:* las alusiones cultas van a ser frecuentes, manejando conocimientos usuales en la época. Escitia es una región asiática.
[8] *lebrel:* perros de caza. Obsérvese el recargamiento artístico de la expresión, aquí como en otras partes, para señalar que no se cazaba, ni con escopetas ni con flechas ni con perros.

Las fuentes cristalinas, que subiendo
contra su curso y natural costumbre,
están los claros aires dividiendo,

25 rocían de los árboles la cumbre,
y bajan, a las nubes imitando,
forzadas de su misma pesadumbre[9],

sobre las bellas flores, que, adornando
el suelo como alfombras africanas,
30 las están con mil lazos esperando.

Las calles largas de álamos y llanas
envidia pueden dar a las ciudades
que están hoy de las suyas más ufanas.

Pues ¿quién podrá contar las amistades
35 con que las plantas fértiles se prestan
y templan sus contrarias calidades?

Y cómo no se impiden ni molestan
por ver su fruta en extranjeras hojas,
ni del agravio apelan y protestan,

40 como tú, frágil hombre, que te enojas
si al otro ves tener lo que no es tuyo,
y con rabia lo usurpas y despojas.

Comunica el gran Tajo el humor[10] suyo
a cualquier de los árboles do llega,
45 sin atender si es hijo proprio o cuyo[11].

---

[9] *pesadumbre:* peso, densidad de las nubes.
[10] *humor:* líquido.
[11] *cuyo:* o de quien, con elipsis; ajeno.

Al huésped no sus alimentos niega,
ni al natural desecha, y así hace
corona rica de su hermosa vega.

Si la región remota ve que aplace
50 alguna planta suya en ésta, luego [12]
la envía, y a su dueño satisface.

Y así la que se jacta de que al fuego
de los templos da olores no es más rica,
ni la fingió ningún latino o griego.

55 Cualquiera aquí su condición aplica,
aunque su origen traiga de otra parte,
do el sol menos o más se comunica.

Suple la falta de la tierra el arte,
y del calor con límite y del hielo
60 aquello que conviene les reparte.

Hay planta que miró en su patrio suelo
el sol, al mismo tiempo que la luna
en éste mira en la mitad del cielo;

y no por esto siente falta alguna
65 de la virtud que tuvo allá en su tierra,
como si aquélla y ésta fuesen una;

la cual en senos cóncavos encierra
las aguas usurpadas al gran río,
donde los peces viven sin ver guerra.

---

[12] *luego:* enseguida.

70 Pudiera en cada cual un gran navío,
de aquellos que a Neptuno[13] son más graves,
navegar sin temor de hallar bajío[14];

mas solamente aquí navegan aves
de aquellas que a la muerte se aperciben
75 con cantos apacibles y süaves.

Aquí redes y engaños se prohíben
y así discurren sin temor las fieras,
y a los hombres pacíficas reciben.

La hermosura y la paz destas riberas
80 las hace parecer a las que han sido
en ver pecar[15] al hombre las primeras.

Álzase al lado del jardín florido,
con cuatro hermosas frentes, una casa,
que nunca el sol, su semejante, ha herido.

85 Del alto capitel hasta la basa
ninguna imperfección hallarse puede,
si el gran Vitruvio[16] vuelve y la compasa.

Pues lo interior, que a lo exterior excede
en materia y en arte, qué tal sea,
90 con esto sólo declarado quede:

que nuestro gran Filipo dio la idea,
y en ella sus cuidados deposita
cuando su corte deja y se recrea;

---

[13] *Neptuno:* el mar.
[14] *bajío:* montículo o escollo bajo el agua, generalmente por acumulación de arena.
[15] *ver pecar:* alusión al paraíso terrenal.
[16] *Vitrubio:* el más famoso arquitecto romano, conocido también por el tratado *De arquitectura*.

que puesto [17] que los hombros jamás quita
95 del peso con que Atlante [18] desmayara,
con esto lo aligera y facilita.

Los árboles, las aves, la agua clara
en este verde sitio son testigos
de las heroicas obras que prepara;

100 del modo con que traza los castigos
a la cerviz que huyó del yugo santo [19],
y el premio regalado a los amigos.

Las aves mezclan su acordado canto
entre los dulces y ásperos decretos,
105 que han de poner después al mundo espanto.

Y aquellos profundísimos secretos,
que a los ausentes príncipes desvelan
y les tienen los ánimos inquietos,

aquí con los ministros se revelan,
110 y el templo del gran Jano [20] se abre o cierra,
los pueblos se castigan o consuelan.

Y la espantable y polvorosa guerra
aguarda que de aquí le den materia
para cubrir de sangre el mar y tierra;

---

[17] *que puesto:* aunque.
[18] *Atlante:* Atlas, uno de los titanes que se rebelaron contra Júpiter. Desde entonces está condenado a sostener el mundo sobre sus hombros. A finales del siglo XVI se comenzó a llamar así al repertorio de mapas o «atlas».
[19] *yugo santo:* alusión a las guerras de religión o contra infieles.
[20] *Jano:* dios de doble cara, que desde entonces sirve para nombrar a conceptos que se asocian a esa condición.

mas no dentro los límites de Iberia[21], {#115}
donde la paz y la justicia santa
previenen con cuidado a tal miseria.

Aquí se engendra el rayo, mas no espanta
sino al loco Nembrot, que contra el cielo
muros de barro frágiles levanta. {#120}

Filipo[22], tú también, que del abuelo
y padre emulación gloriosa al mundo
prometes, y en su pérdida consuelo,

mientras tu padre con saber profundo
y tu niñez te escusan del trabajo, {#125}
entre esas flores andas vagabundo.

Tiempo vendrá en que no te ofrezca Tajo
en su ribera conchas, mas caballos
de aquellos que lo beben más abajo;

y que tú y esos niños, tus vasallos, {#130}
armados, convirtáis en gruesas lanzas
las que agora jugáis de tiernos tallos.

Entonces cumplirás las esperanzas
que das de tu valor, dejando libres
a los que dan agora dél fianzas. {#135}

Ya, ya la Grecia[23] espera que la libres,
que abras el paso del sepulcro santo,
y que la espada en su defensa vibres.

---

[21] *Iberia:* España y, precisamente ahora, desde 1580, Iberia (Felipe II había anexionado Portugal a su corona).
[22] *Filipo:* ahora alude al príncipe Felipe, futuro Felipe III.
[23] *Grecia:* dos empresas religiosas: hacer retroceder a los turcos y liberar Jerusalén, que siempre estuvieron en el horizonte de los cristianos.

¡Oh temeraria lira!, ¿por qué tanto
140　el punto subes, que entre el son horrendo
de las trompetas suena ya mi canto?

Vuélveme a la ribera, donde viendo
estaba con el príncipe a su hermana,
rayos de luz y flechas despidiendo.

145　Tal en el monte Cintio [24] a su Dïana,
rodeada de vírgenes hermosas,
fingió la antigüedad en forma humana.

No huyen, no, las fieras temerosas,
mas antes, como víctimas sagradas,
150　se ofrecen a sus flechas poderosas.

Las flores, del divino pie pisadas,
ya miran con desprecio a las estrellas,
y son de las estrellas envidiadas;

y puesto que la esperan gozar ellas,
155　y saben que en el mundo su presencia
las hace con los hombres menos bellas,

la detienen acá con su influencia,
y posponen su daño y su deseo,
forzadas de la eterna Providencia.

160　Pero ¿qué mar inmenso es el que veo,
oh divina Isabel, de tus virtudes,
donde pierde las fuerzas Himeneo [25]?

---

[24] *Cintio:* monte en medio de la isla de Delos, en donde nación la Luna, Diana (que por eso también se llamó «Cintia»). En realidad el poeta está equiparando a los dos infantes con Apolo y Diana —que eran hermanos— jugando en la isla de Delos.
[25] *Himeneo:* mitológicamente sirve para denominar al matrimonio, como joven vestido de blanco y coronado de flores.

Que tanto a todos sobras, que sacudes
el yugo dulce y fuerte que procura
165 que a llevar con tu hermoso cuello ayudes;

y libre, como fénix, tu hermosura
al dichoso Aranjuez se comunica
entre sus claras aguas y verdura.

Pues, no sin ocasión, el nombre aplica
170 del apacible sitio el gran Tolosa [26]
al libro sin igual que te dedica;

porque si en este suelo alguna cosa
con las que trata semejanza tiene,
es sola su ribera deleitosa.

175 Así porque te alegra y entretiene
(que es lo que aquí del alma se pretende),
como por la hermosura que contiene,

las alas el ingenio humano tiende,
las nubes penetrando con su vuelo,
180 y en el divino amor de Dios se enciende;

y de las obras hechas en el suelo
(cedros del monte Líbano olorosos),
suben las puntas a tocar al cielo.

Aquí los animales más furiosos,
185 en humildes ovejas convertidos,
van juntos por los prados deleitosos;

y así suenan en vano los bramidos
del león, que anda en torno rodeando,
por cazar las potencias y sentidos;

---

[26] *Tolosa:* recuérdese que es el autor del libro que motiva el poema.

190 y las hermosas fuentes, derivando
mil surtidores de elocuencia pura,
están enriqueciendo y deleitando;

y con orden divino y compostura
forman largas virtudes calles largas,
195 por donde el alma puede andar segura;

y por aligerar las graves cargas,
se muestran, como en árboles, enjertas [27]
las cosas dulces dentro las amargas;

y cómo viene Dios por siete puertas,
200 que es Nilo sin principio [28], y así riega
las tierras más remotas y desiertas,

que la bastante gracia a nadie niega,
para que pueda el fruto dar divino,
que a la suprema mesa después llega.

205 No hay autor tan remoto o peregrino
que en el nuevo Aranjuez no tenga parte,
y en el proprio lugar que le convino;

porque acomoda de manera el arte
cada cosa en su punto, que parece
210 que ninguna se ha visto en otra parte.

También estanques mansos nos ofrece
de la perfecta vida, donde canta
el bueno, cuando el malo se entristece.

Pues de la casa inmensa, que levanta
215 sus cuatro hermosos ángulos al cielo,
¿quién podrá declarar la traza santa?

---

[27] *enjertas:* injertas.
[28] *Nilo sin principio:* alude a la dificultad de hallar las fuentes del Nilo.

Remata cada esquina en paralelo
con un evangelista y doctor santo,
que solos ellos dan tan alto vuelo.

220 Este lugar y casa quiere tanto
la hija de aquel rey tan poderoso,
que a la tierra y al cielo pone espanto,

que la llama la casa del reposo,
adonde con su padre se retira
225 hasta que venga el celestial esposo
a darle el premio eterno, al cual aspira.

LOPE DE VEGA
(Madrid, 1562-1635)

Estudió en Madrid, en el colegio de la Compañía. Hacia 1579 inició sus relaciones con Elena Osorio; fue desterrado de la Corte. En 1588 raptó a Isabel de Urbina, con quien se casó. Entró al servicio del duque de Alba y fue secretario del futuro conde de Lemos. En 1605 conoció al duque de Sessa. Se ordenó de menores en Madrid y de presbítero en Toledo en 1614; en 1616 conoció a Marta de Nevares, Amarilis. *Su fama fue enorme y su producción ingente, sobre todo como dramaturgo que llenaba los corrales de comedias con sus obras. Lope representa lo mejor de la poesía del siglo* XVII, *aunque sólo sea por la variedad de temas y formas que cultivó. Frente a sus contemporáneos más famosos, la inspiración de Lope es mucho más vitalista, mundana y, a veces, cortesana.*

[A MIS SOLEDADES VOY]

Romance en el que Lope hace un ejercicio de paciencia y buen vivir, al margen de veleidades públicas y ambiciones mal llevadas, predicando un estoicismo de andar por casa («me bastan mis pensamientos»), que conviene muy bien al recitado sencillo de un romance.

> A mis soledades voy,
> de mis soledades vengo,
> porque para andar conmigo
> me bastan mis pensamientos.
>
> 5 No sé qué tiene el aldea
> donde vivo, y donde muero,
> que con venir de mí mismo,
> no puedo venir más lejos.

Ni estoy bien ni mal conmigo;
10 mas dice mi entendimiento
que un hombre que todo es alma
está cautivo en su cuerpo.

Entiendo lo que me basta,
y solamente no entiendo
15 cómo se sufre a sí mismo
un ignorante soberbio.

De cuantas cosas me cansan,
fácilmente me defiendo;
pero no puedo guardarme
20 de los peligros de un necio.

Él dirá que yo lo soy,
pero con falso argumento;
que humildad y necedad
no caben en un sujeto.

25 La diferencia conozco,
porque en él y en mí contemplo
su locura en su arrogancia,
mi humildad en mi desprecio.

O sabe naturaleza
30 más que supo en este tiempo,
o tantos que nacen sabios
es porque lo dicen ellos.

«Sólo sé que no sé nada»,
dijo un filósofo, haciendo
35 la cuenta con su humildad,
adonde lo más es menos.

No me precio de entendido,
de desdichado me precio;

que los que no son dichosos,
40 ¿cómo pueden ser discretos?

No puede durar el mundo,
porque dicen, y lo creo,
que suena a vidro[1] quebrado
y que ha de romperse presto.

45 Señales son del jüicio
ver que todos le perdemos,
unos por carta de más,
otros por carta de menos.

Dijeron que antiguamente
50 se fue la verdad al cielo:
tal la pusieron los hombres,
que desde entonces no ha vuelto.

En dos edades vivimos
los propios y los ajenos:
55 la de plata los extraños,
y la de cobre los nuestros.

¿A quién no dará cuidado,
si es español verdadero,
ver los hombres a lo antiguo,
60 y el valor a lo moderno?

Todos andan bien vestidos,
y quéjanse de los precios,
de medio arriba romanos,
de medio abajo romeros.

---

[1] *vidro:* vidrio.

Dijo Dios que comería
su pan el hombre primero
en el sudor de su cara
por quebrar su mandamiento,

y algunos, inobedientes
a la vergüenza y al miedo,
con las prendas de su honor [2]
han trocado los efetos.

Virtud y filosofía
peregrinan como ciegos;
el uno se lleva al otro,
llorando van y pidiendo.

Dos polos tiene la tierra,
universal movimiento:
la mejor vida, el favor;
la mejor sangre, el dinero [3].

Oigo tañer las campanas,
y no me espanto, aunque puedo,
que en lugar de tantas cruces
haya tantos hombres muertos.

Mirando estoy los sepulcros,
cuyos mármoles eternos
están diciendo sin lengua
que no lo fueron sus dueños.

¡Oh! ¡Bien haya quien los hizo,
porque solamente en ellos
de los poderosos grandes
se vengaron los pequeños!

---

[2] *prendas de su honor:* comen vendiendo su honor, su mujer.
[3] *sangre... dinero:* se consigue «la mejor sangre», la mejor alcurnia, con dinero.

Fea pintan a la envidia;
yo confieso que la tengo
95 de unos hombres que no saben
quién vive pared en medio.

Sin libros y sin papeles,
sin tratos, cuentas ni cuentos,
cuando quieren escribir,
100 piden prestado el tintero.

Sin ser pobres ni ser ricos,
tienen chimenea y huerto;
no los despiertan cuidados,
ni pretensiones ni pleitos,

105 ni murmuraron del grande,
ni ofendieron al pequeño;
nunca, como yo, firmaron
parabién [4], ni Pascuas dieron.

Con esta envidia que digo,
110 y lo que paso en silencio,
a mis soledades voy,
de mis soledades vengo.

[NO SABE QUÉ ES AMOR QUIEN NO TE AMA]

La veta religiosa de Lope resulta tan apasionada como la amorosa o la mundana; nótese en este caso el bombardeo metafórico y embellecedor: hermosura, bello, oro, cogollo, palma, lirio... El primer terceto expresa su arrepentimiento por haberse afanado en los amores del mundo; en el último, su voluntad de amar a Dios tan intensamente que en una sola hora redima los años que perdió «fingiendo», lejos del amor verdadero.

---

[4] *parabién:* felicitación; es decir, no tienen ningún compromiso social.

No sabe qué es amor quien no te ama,
celestial hermosura, esposo bello;
tu cabeza es de oro, y tu cabello
como el cogollo que la palma enrama.

5 Tu boca como lirio que derrama
licor al alba; de marfil tu cuello;
tu mano el torno y en su palma el sello
que el alma por disfraz jacintos llama.

¡Ay Dios!, ¿en qué pensé cuando, dejando
10 tanta belleza y las mortales viendo,
perdí lo que pudiera estar gozando?

Mas si del tiempo que perdí me ofendo,
tal prisa me daré, que un hora amando
venza los años que pasé fingiendo.

[LIBROS, QUIEN OS CONOCE Y OS ENTIENDE]

«Se debe leer mucho, pero no muchas cosas», dice el lema de Plinio. Hermoso soneto sobre la sabiduría y el conocimento que procede de la lectura gozosa, lo que históricamente comienza a ser un verdadero hallazgo (la lectura «mental», en la intimidad, es un logro burgués, que avanza a lo largo del siglo XVI). Lope encuentra que con la lectura el alma extiende su libertad y el ingenio se acrecienta.

MULTUM LEGENDUM, SED NON MULTA

Libros, quien os conoce y os entiende,
¿cómo puede llamarse desdichado?
Si bien la protección que le ha faltado
el templo de la fama le defiende.

5 Aquí su libertad el alma extiende
y el ingenio se alienta dilatado,

que, del profano vulgo retirado,
en sólo amor de la virtud se enciende.

Ame, pretenda, viva el que prefiere
10 el gusto, el oro, el ocio al bien que sigo,
pues todo muere, si el sujeto muere.

¡Oh estudio liberal, discreto amigo,
que sólo hablas lo que un hombre quiere,
por ti he vivido, moriré contigo!

[A LA PRIMERA LUZ QUE AL VIENTO MUEVE]

Los sonetos funerales y, en general, circunstanciales ocuparon buena parte de la inspiración de los poetas barrocos. He aquí un ejemplo excelso. Lope ejemplifica la muerte del noble con la helada que marchita el temprano florecer de un almendro.

A LA MUERTE DEL MARQUÉS DEL VALLE. ESCRIBE DE VERAS

A la primera luz que al viento mueve,
trágico ruiseñor[5] en la ribera,
joven almendro erró la primavera,
y, anticipado, a florecer se atreve.

5 Pero trocando en átomos de nieve
el blando soplo al céfiro la fiera
mano del austro[6], en turbulenta esfera[7],
las flores desmayó fímera[8] breve.

---

[5] *ruiseñor:* interpreto de forma muy compleja: el viento de la ribera se mueve y suena como un «trágico ruiseñor», porque va a matar al almendro en flor.
[6] *céfiro... austro:* el viento cálido que se cambia por el viento tormentoso del Sur.
[7] *turbulenta esfera:* el tiempo aborrascado y frío.
[8] *fímera:* efímera.

Así mozo infeliz, cuando le advierte
10 el valle, el prado en flor anticipada,
desmaya ramas y pimpollos vierte.

Siendo de aquella fábrica dorada [9]
tan breve el fin, que aun ignoró la Muerte
si fue con la desdicha o con la espada.

[LAZOS DE PLATA, Y DE ESMERALDA RIZOS]

Soneto que constituye uno de los curiosos poemas metapoéticos de Lope, es decir, en los que habla de la propia inspiración al redactar el poema. Toda la belleza formal del arranque del soneto se quiebra con los dos versos finales. El juego profundo, enrevesado y sutil de las primeras metáforas, por tanto, no es sino el intento de escribir con pluma nueva, emborronando (los «borrajos» del título) un papel con manchas, tachones, etc., es decir, mezclando las sustancias de la tinta («hierba» y «agua»). Se puede interpretar como un gesto de desengaño y hastío hacia la belleza formal, otras muchas veces terminada y lograda. El primer verso, en concreto, ha buscado la sonoridad contrapuesta de un juego de aliteraciones («lazos... rizos»), subrayado por los tres acentos rítmicos (1ª, 4ª y 8ª) del endecasílabo sáfico sobre la /a/.

RASGOS Y BORRAJOS DE LA PLUMA

Lazos de plata, y de esmeralda rizos,
con la hierba y el agua forma un charco,
haciéndole moldura y verde marco
lirios morados, blancos y pajizos.

5 Donde también los ánades [10] castizos,
pardos y azules, con la pompa en arco,
y palas de los pies, parecen barco
en una selva, habitación de erizos.

---

[9] *fábrica dorada:* el cuerpo juvenil del marqués del Valle.
[10] *ánades:* las plumas lo eran de verdad, de ánade o pato. Al escribir, la pluma llena de tinta, parece «barco en una selva».

Hace en el agua el céfiro inquïeto
10 esponja de cristal la blanca espuma,
como que está diciendo algún secreto.

En esta selva, en este charco en suma...
Pero, por Dios, que se acabó el soneto.
Perdona, Fabio, que probé la pluma.

[¡CON QUÉ ARTIFICIO TAN DIVINO SALES]

La rosa a la que se dedica este soneto es símbolo de la belleza perecedera, lo que mueve a pensar en la brevedad de la vida (v. 11) y, de ahí, en la huida espiritual, más allá de la hermosura fugaz y terrena (terceto final). Nótese también la admiración de los poetas barrocos por el «artificio» (v. 1) de la naturaleza.

A UNA ROSA

¡Con qué artificio tan divino sales
de esa camisa de esmeralda fina [11],
oh rosa celestial alejandrina [12],
coronada de granos orientales!

5 Ya en rubíes te enciendes, ya en corales,
ya tu color a púrpura se inclina,
sentada en esa basa peregrina
que forman cinco puntas desiguales.

Bien haya tu divino autor, pues mueves
10 a su contemplación el pensamiento
y aun a pensar en nuestros años breves.

---

[11] *camisa de esmeralda fina:* el capullo.
[12] *rosa... alejandrina:* un tipo de rosa.

Así la verde edad se esparce al viento,
y así las esperanzas son aleves [13]
que tienen en la tierra el fundamento.

[PASTOR QUE CON TUS SILBOS AMOROSOS]

Soneto religioso de Lope, en el que alcanza un alto grado de exaltación al meditar sobre la pasión de Cristo. La figuración y denominación de Cristo como «Pastor» se inscribe en la más pura tradición cristiana; de ella deriva el juego, también tradicional, con «silbos», «cayado», etc.

Pastor que con tus silbos amorosos
me despertaste del profundo sueño,
Tú, que hiciste cayado de ese leño,
en que tiendes los brazos poderosos,

5 vuelve los ojos a mi fe piadosos,
pues te confieso por mi amor y dueño,
y la palabra de seguirte empeño
tus dulces silbos y tus pies hermosos.

Oye, pastor, pues por amores mueres,
10 no te espante el rigor [14] de mis pecados,
pues tan amigo de rendidos eres.

Espera, pues, y escucha mis cuidados;
¿pero cómo te digo que me esperes,
si estás para esperar los pies clavados?

---

[13] *aleves:* traidoras, eso son las esperanzas de esta vida, las que se basan «en la tierra».
[14] *rigor:* crueldad.

[¿QUÉ TENGO YO, QUE MI AMISTAD PROCURAS?]

Soneto religioso, esta vez sobre el tema del arrepentimiento. Nótese el ritmo de exclamaciones e interrogaciones que intentan traducir el ánimo exaltado del poeta, sumido en dudas y movimientos de conciencia.

¿Qué tengo yo, que mi amistad procuras?
¿Qué interés se te sigue, Jesús mío,
que a mi puerta cubierto de rocío
pasas las noches del invierno escuras?

5 ¡Oh cuánto fueron mis entrañas duras,
pues no te abrí! ¡Qué extraño desvarío,
si de mi ingratitud el hielo frío
secó las llagas de tus plantas puras!

¡Cuántas veces el Ángel me decía:
10 «Alma, asómate agora a la ventana,
verás con cuánto amor llamar porfía»!

¡Y cuántas, hermosura soberana,
«Mañana le abriremos», respondía,
para lo mismo responder mañana!

[YA NO QUIERO MÁS BIEN QUE SÓLO AMAROS]

Soneto en el que expresa su absoluta rendición al amor; por eso los versos son precisos y claros, casi lapidarios, sin ningún tipo de duda. Toda aquella pasión, hecha de lágrimas, versos y suspiros buscan la eternidad del cielo, contra los que nada puede el olvido y el tiempo. El aniquilamiento del amado por la amada está en la mejor tradición de toda la poesía amorosa, incluida la española (*Yo no nací sino para quereros...*, había escrito Garcilaso).

Ya no quiero más bien que sólo amaros,
ni más vida, Lucinda, que ofreceros
la que me dais, cuando merezco veros,
ni ver más luz que vuestros ojos claros.

Para vivir me basta desearos,
para ser venturoso, conoceros;
para admirar el mundo, engrandeceros,
y para ser Eróstrato [15], abrasaros.

La pluma y lengua, respondiendo a coros,
quieren al cielo espléndido subiros,
donde están los espíritus más puros;

que entre tales riquezas y tesoros,
mis lágrimas, mis versos, mis suspiros
de olvido y tiempo vivirán seguros.

[VERSOS DE AMOR, CONCEPTOS ESPARCIDOS]

Este soneto encabeza las *Rimas* (1602) de Lope. El poeta se referirá a sus poemas como a sus hijos *(concebidos),* de donde deriva todo el juego metafórico: engendrados, parto, etc.

Versos de amor, conceptos esparcidos,
engendrados del alma en mis cuidados;
partos de mis sentidos abrasados,
con más dolor que libertad nacidos;

expósitos al mundo, en que, perdidos,
tan rotos anduvistes [16] y trocados,
que sólo donde fuistes engendrados
fuérades [17] por la sangre conocidos;

---

[15] *Eróstrato:* megalómano que incendió el templo de Venus, en Efesia, para alcanzar la fama.
[16] *anduvistes:* anduvisteis, como enseguida «fuiste», 'fuisteis, son formas etimológicas, corrientes hasta bien entrado el siglo XVII.
[17] *fuérades:* fuerais.

pues que le hurtáis el laberinto a Creta,
10   a Dédalo [18] los altos pensamientos,
la furia al mar, las llamas al abismo,

si aquel áspid [19] hermoso no os aceta [20],
dejad la tierra, entretened los vientos [21]:
descansaréis en vuestro centro mismo.

[SUELTA MI MANSO, MAYORAL EXTRAÑO]

Con este soneto expresó Lope su desazón por el abandono de la amada, Elena Osorio, que le dejó por un partido más conveniente. De manera que ya sabe el lector cómo ir deshaciendo la alegoría: «manso» (Elena), «mayoral» (su rival), «esquila» (devuélvela a la vida sencilla), «collares de oro» (no le embauques con dinero); etc.

Suelta mi manso [22], mayoral extraño,
pues otro tienes de tu igual decoro;
deja la prenda que en el alma adoro,
perdida por tu bien y por mi daño.

5   Ponle su esquila de labrado estaño,
y no le engañen tus collares de oro;
toma en albricias [23] este blanco toro,
que a las primeras hierbas cumple un año.

---

[18] *Creta... Dédalo:* los sujetos que «hurtan» son los versos, artificiosos como el laberinto de Creta; profundos como la ascensión de Dédalo, que escapó a la prisión de Minos fabricando alas de cera; la creación apasionada y «furiosa»; etc.
[19] *áspid:* es la amada, como «serpiente», pero también hermosa la que puede rechazar sus versos.
[20] *aceta:* acepta.
[21] *vientos:* es decir, deshaceos con el viento, perded vuestra forma.
[22] *manso:* el animal que guía el rebaño.
[23] *albricias:* lo que se da como regalo o para festejar algo.

>   Si pides señas, tiene el vellocino[24]
> 10 pardo encrespado, y los ojuelos tiene
>   como durmiendo en regalado sueño.
>
>   Si piensas que no soy su dueño, Alcino[25],
>   suelta, y verásle si a mi choza viene:
>   que aun tienen sal[26] las manos de su dueño.

[ES LA MUJER DEL HOMBRE LO MÁS BUENO]

Soneto que define bien los azares de Lope ante el mundo femenino, que le dio felicidad y desdichas a partes iguales, y que provocó buena parte de su obra literaria. En todo caso, el escritor no carga las tintas en los rasgos negativos, como harían incansablemente sus atormentados contemporáneos.

>   Es la mujer del hombre lo más bueno,
>   y locura decir que lo más malo,
>   su vida suele ser y su regalo,
>   su muerte suele ser y su veneno.
>
> 5   Cielo a los ojos cándido y sereno,
>   que muchas veces al infierno igualo,
>   por raro al mundo su valor señalo,
>   por falso al hombre su rigor condeno.
>
>   Ella nos da su sangre, ella nos cría,
> 10 no ha hecho el cielo cosa más ingrata;
>   es un ángel, y a veces una arpía.

---

[24] *vellocino:* la piel del animal.
[25] *Alcino:* nombre pastoril, que conviene al tono de todo el soneto, claro.
[26] *sal:* dar «sal» a los animales, para que acudan al reclamo del pastor.

Quiere, aborrece, trata bien, maltrata,
y es la mujer, al fin, como sangría[27],
que a veces da salud y a veces mata.

[UN SONETO ME MANDA HACER VIOLANTE]

Lope era un extraordinario versificador, además de buen poeta, de modo que exhibía, a veces, sus facultades como tal; así sucede en este soneto, muy famoso. El ejercicio de la versificación y en general el artificio de la poesía se fomentaba en una sociedad muy ceremonial, como es la cortesana, que mantenía sus propios cenáculos (Academias, Justas, Torneos...) para este tipo de actividades.

Un soneto me manda hacer Violante
que en mi vida me he visto en tanto aprieto;
catorce versos dicen que es soneto;
burla burlando van los tres delante.

5 Yo pensé que no hallara consonante,
y estoy a la mitad de otro cuarteto;
mas si me veo en el primer terceto,
no hay cosa en los cuartetos que me espante.

Por el primer terceto voy entrando,
10 y parece que entré con pie derecho,
pues fin con este verso le voy dando.

Ya estoy en el segundo, y aun sospecho
que voy los trece versos acabando;
contad si son catorce, y está hecho.

---

[27] *sangría:* era uno de los modos más frecuentes de intentar la curación: sangrar al enfermo.

[HORTELANO ERA BELARDO]

El romance era la fórmula poética más adecuada para las confesiones autobiográficas desenfadadas, para la versión poética de hechos de la vida cotidiana, etc. Y así lo utiliza a veces Lope. Belardo es el nombre poético con el que le gusta asomar a sus versos y comedias, de manera que un lector de la época sabría interpretar el arranque: «Lope estaba en Valencia, la ciudad de las huertas, sin él quererlo... (estaba desterrado)», y así sucesivamente. Eso no quiere decir que todo lo que llega a los versos del romance sea cierto; el poeta bien puede jugar con su imaginación y sus deseos. La exhibición de plantas y sus usos, que luego sigue, no la podrá entender quien no frecuente algún medio rural, por más que se trata de plantas bien sencillas: trébol, albahaca, lirios, verbena, toronjil (que ve sustituido su bello nombre por el culto «melisa»), apio, cardos, ortigas, lechugas, mastuerzos (todavía se emplea en ensaladas), ajenjo...

Hortelano era Belardo
de las güertas[28] de Valencia,
que los trabajos obligan
a lo que el hombre no piensa.

5 Pasado el hebrero[29] loco,
flores para mayo siembra,
que quiere que su esperanza
dé fruto a la primavera,

El trébol para las niñas
10 pone a un lado de la huerta,
porque la fruta de amor
de las tres hojas aprenda.

Albahacas amarillas,
a partes verdes y secas,

---

[28] *güertas:* huertas.
[29] *hebrero:* febrero.

15 trasplanta para casadas
que pasan ya de los treinta,

y para las viudas pone
muchos lirios y verbena,
porque lo verde del alma
20 encubre la saya negra.

Toronjil para muchachas
de aquellas que ya comienzan
a deletrear mentiras,
que hay poca verdad en ellas.

25 El apio a las opiladas [30]
y a las preñadas almendras,
para melindrosas cardos
y ortigas para las viejas.

Lechugas para briosas
30 que cuando llueve se queman [31],
mastuerzo para las frías
y ajenjos para las feas.

De los vestidos que un tiempo
trujo en la Corte, de seda [32],
35 ha hecho para las aves
un espantajo de higuera.

---

[30] *opiladas:* literalmente, 'obturadas', es decir, doncellas a las que se les corta el flujo menstrual.
[31] *queman:* lo que se quema o se estropea con el agua son las hojas de las lechugas, no las viudas.
[32] *seda:* era una tela de lujo; se llegó a prohibir su uso indiscriminado, por suntuosa. Sin embargo, aquí Lope señala que era inservible e inútil en un medio rural.

Las lechuguillazas [33] grandes,
almidonadas y tiesas,
y el sombrero boleado [34]
40　que adorna cuello y cabeza,

y sobre un jubón [35] de raso
la más guarnecida cuera [36],
sin olvidarse las calzas [37]
españolas y tudescas.

45　Andando regando un día,
viole en medio de la higuera
y riéndose de velle [38]
le dice desta manera:

«¡Oh ricos despojos
50　de mi edad primera
y trofeos vivos
de esperanzas muertas!

»¡Qué bien parecéis
de dentro y de fuera,
55　sobre que habéis dado
fin a mi tragedia!

---

[33] *lechuguillazas:* tipo de cuello, bastante aparatoso, a modo de hojas de lechuga, que había que limpiar y almidonar con muchísimo trabajo (se terminó por sustituir hacia 1623 por la valona).

[34] *boleado:* como una bola por arriba.

[35] *jubón:* equivalente a la actual camiseta, era la prenda que se vestía directamente sobre el cuerpo.

[36] *cuera:* camisa de cuero que se ponía sobre el jubón; «guarnecida» es 'adornada'.

[37] *calzas:* a manera de medias, pero más largas y fuertes. Las «tudescas» eran las que vestían los alemanes.

[38] *velle:* verle. Lo que ve y a quien habla es al espantapájaros, que estaba confeccionado con sus ropas elegantes, de Corte.

»¡Galas y penachos
de mi soldadesca,
un tiempo colores [39]
60 y agora tristeza!

»Un día de Pascua
os llevé a mi aldea
por galas costosas,
invenciones nuevas.

65 »Desde su balcón
me vio una doncella
con el pecho blanco
y la ceja negra [40].

»Dejóse burlar [41],
70 caséme con ella,
que es bien que se paguen
tan honrosas deudas.

»Supo mi delito
aquella morena
75 que reinaba en Troya [42]
cuando fue mi reina.

»Hizo de mis cosas
una grande hoguera,
tomando venganzas
80 en plumas y letras.»

---

[39] *colores:* el modo de vestirse los soldados era lo menos parecido a un uniforme, pues se señalaban por la variedad de prendas y colores; como «papagallos», se decía en la época.
[40] *ceja negra:* alude a uno de sus amores, el de Isabel de Urbino.
[41] *dejóse burlar:* la engañé. Hice el amor con ella. Ésas son las «deudas» a las que va a aludir enseguida; «honrosas», porque así satisface la honra de la doncella burlada.
[42] *Troya:* está dándonos el nombre de su morena: Elena, ahora Osorio.

[IR Y QUEDARSE, Y CON QUEDAR PARTIRSE]

En este famoso soneto Lope describe la tortura del enamorado mediante unas cuantas pinceladas psicológicas, que nos aproximan a ese estado de confusión y de contradicción que él conocía muy bien.

> Ir y quedarse, y con quedar partirse,
> partir sin alma, y ir con alma ajena,
> oír la dulce voz de una sirena[43]
> y no poder del árbol desasirse;
>
> 5 arder como la vela y consumirse
> haciendo torres sobre tierna arena[44];
> caer de un cielo, y ser demonio en pena,
> y de serlo jamás arrepentirse;
>
> hablar entre las mudas soledades,
> 10 pedir prestada, sobre fe, paciencia,
> y lo que es temporal llamar eterno;
>
> creer sospechas y negar verdades,
> es lo que llaman en el mundo ausencia,
> fuego en el alma y en la vida infierno.

[EN LAS MAÑANICAS]

Se trata de una «maya» o canción de mayo, recreada por Lope, que era particularmente fecundo en este tipo de poesías populares y tradicionales. Aunque tiene la forma métrica del romancillo, son versos irregulares de arte menor, como corresponde a un tipo de composición popular. En su mayoría se cantaban, como expresión gozosa —en este caso— por la llegada de la primavera, es decir, del resurgimiento de la vida, manifiesto en la descripción de campos, flores, pájaros, etc.

---

[43] *sirena:* Ulises se ató a un palo de su nave para no entregarse al encanto de las sirenas.
[44] *haciendo torres sobre... arena:* fraguar ilusiones en falso, porque no se sostienen.

En las mañanicas
del mes de mayo
cantan los ruiseñores,
retumba el campo.
5   En las mañanicas,
como son frescas,
cubren ruiseñores
las alamedas.
Ríense las fuentes
10 tirando perlas
a las florecillas
que están más cerca.
Vístense las plantas
de varias sedas,
15 que sacar colores
poco les cuesta.
Los campos alegran
tapetes varios,
cantan los ruiseñores
20 retumba el campo.

[ÍBASE LA NIÑA]

Romancillo exasilábico con rima aguda (en á) en los versos pares. Narra de modo fragmentario y lírico una aventura de la «niña» que sale la noche más corta y hermosa del año, la noche de san Juan (24 de junio), como era costumbre, buscando alguna aventura amorosa. Las tiene. En alguna de ellas ha perdido los «zarcillos» o pendientes —el poema quiere sugerir que ha perdido algo más, con la joya—, y grita por encontrarlos. Le ofrecen dinero para que se consuele, ya que no se pueden recuperar los zarcillos... El lector puede imaginar mil historias sobre la niña y sus amores una noche de verano, junto al mar, pues Lope ha contado la historia con silencios, ambigüedades y sugerencias muy hermosas; además ha insertado en su romancillo versos muy conocidos de la tradición oral, como el estribillo «¡Dejadme llorar / orillas del mar!».

Íbase la niña,
noche de San Juan
a coger los aires
al fresco del mar.
5 Miraba los remos
que remando van
cubiertos de flores,
flores de azahar.
Salió un caballero
10 por el arenal,
dijérale amores
cortés y galán.
Respondióle esquiva,
quísola abrazar,
15 con temor que tiene
huyendo se va.
Salióle al camino
otro por burlar,
las hermosas manos
20 le quiere tomar.
Entre estos desvíos
perdido se han
sus ricos zarcillos[45]:
vanlos a buscar.
25 «¡Dejadme llorar
orillas del mar!»
«¡Por aquí, por allí los vi,
por aquí deben de estar!»
Lloraba la niña
30 no los puede hallar,
danse para ellos,
quiérenla engañar.
«¡Dejadme llorar
orillas del mar!»

---

[45] *zarcillos:* pendientes.

«¡Por aquí, por allí los vi,
por aquí deben de estar!»
«Tomad, niña, el oro
y no lloréis más,
que todas las niñas
nacen en tomar,
que las que no toman
después llorarán
el no haber tomado
en su verde edad.»

LUIS DE GÓNGORA
(Córdoba, 1561-1627)

En 1575 recibió órdenes menores para poder disfrutar de los beneficios eclesiásticos cedidos por su tío. Estudió en Salamanca y más tarde se ordenó de mayores. Por encargo del cabildo viajó a Madrid, Salamanca, Palencia, Cuenca y Valladolid. En 1617 se instaló en Madrid y fue nombrado capellán real, para lo cual hubo de ordenarse sacerdote. Enfermo y endeudado, volvió a Córdoba. Sus obras se publicaron póstumas, pero ningún otro poeta alcanzó su fama ni fue emulado tan temprano y de modo tan general (por los poetas «culteranos»). El culteranismo se difundió a partir de los dos grandes poemas gongorinos, Soledades *y el* Polifemo, *desde 1613; para entonces Góngora ya era considerado como uno de los mejores poetas, que había culminado el arte de los autores renacentistas y estaba renovando profundamente la poesía en metros castellanos (romances, letrillas, décimas...).*

[LA DULCE BOCA QUE A GUSTAR CONVIDA]

Temprano soneto de Góngora, en el que se aprecia ya su exquisita labor artística, al entrar en el tema del amor a través de la atracción sensual de un rasgo de la mujer hermosa (primer cuarteto); invoca enseguida al «amante» (v. 5) para que rechace esa atracción, porque es engañosa. Los tercetos juzgan que se trata de un tormento como el de Tántalo, condenado a no poder beber ni comer los alimentos y el agua que veía. Todo el soneto camina por un repertorio de tópicos de la poesía amorosa, como dicen nuestras notas, con un uso abundante de temas mitológicos sencillos, que todo el mundo entendía. Nótese, con todo, el cambio de actitud del poeta barroco ante el amor y la amada: el objeto del deseo es ahora tan bello cuanto engañoso; no existe la devota actitud de entrega total a la pasión.

La dulce boca que a gustar convida
un humor[1] entre perlas[2] distilado,
y a no invidiar aquel licor sagrado
que a Júpiter ministra[3] el garzón de Ida[4],

5 amantes, no toquéis, si queréis vida,
porque entre un labio y otro colorado
Amor está, de su veneno armado,
cual entre flor y flor sierpe[5] escondida.

No os engañen las rosas, que a la Aurora[6]
10 diréis que, aljofaradas[7] y olorosas,
se le cayeron del purpúreo[8] seno;

manzanas son de Tántalo, y no rosas,
que después huyen del que incitan ahora,
y sólo del Amor queda el veneno[9].

---

[1] *humor:* líquido.
[2] *perlas:* los dientes. Así pues se está advirtiendo sobre los peligros de besar la «dulce boca».
[3] *ministra:* sirve, escancia.
[4] *Ida:* el «garzón» o muchacho de Ida es Ganimedes, raptado por Zeus para que sirviera como copero o criado de los dioses, por su belleza.
[5] *sierpe:* serpiente. Era un motivo clásico que la serpiente se podía encontrar entre las flores; es decir, el daño y la maldad detrás de la hermosura.
[6] *Aurora:* está personificada. Las rosas que se le caen pueden ser tanto las que iluminan de color el día como las que llegan a vestir de colorado los labios de la mujer.
[7] *aljofaradas:* como perlas. Referirse con «aljófar» al rocío de la aurora fue una imagen común.
[8] *purpúreo:* aunque mantenemos la tilde, debe leerse como trisílabo, pur-pu-reo.
[9] *veneno:* también en la lectura del soneto queda resonando sólo la última palabra, el veneno.

[CON DIFERENCIA TAL, CON GRACIA TANTA]

En este soneto asoma un cierto gesto entre displicente y burlón del poeta, que habla de los que se quejan de amor, como Filomena (el ruiseñor), al fin y al cabo —dice— no tan desdichados, pues pueden quejarse y moverse. Sólo es digno de piedad (último terceto) aquel a quien el amor ha dejado como Medusa dejaba a los que le miraban: como una piedra, quieto y mudo. Nótese el tratamiento casi familiar de los recursos mitológicos.

Con diferencia[10] tal, con gracia tanta
aquel ruiseñor llora, que sospecho
que tiene otros cien mil dentro del pecho
que alternan su dolor por su garganta;

5 y aun creo que el espíritu levanta
—como en información de su derecho[11]—
a escribir del cuñado[12] el atroz hecho
en las hojas de aquella verde planta.

Ponga, pues, fin a las querellas que usa,
10 pues ni quejarse, ni mudar estanza[13]
por pico ni por pluma se le veda;

y llore sólo aquel que su Medusa[14]
en piedra convirtió, porque no pueda
ni publicar su mal, ni hacer mudanza[15].

---

[10] *diferencia:* aquí es un término musical, que significa las variaciones musicales.
[11] *derecho:* como el que está defendiendo sus derechos.
[12] *cuñado:* alusión familiar y muy rápida al mito de Filomena, convertida en ruiseñor tras ser violada por su cuñado.
[13] *estanza:* estado.
[14] *Medusa:* sus cabellos eran serpientes y petrificaba realmente a quien la miraba.
[15] *mudanza:* nuevamente juega con la doble acepción, la musical (mudanzas o cambios sobre un tono o tema dado) y la más general de cambio.

[DESCAMINADO, ENFERMO, PEREGRINO]

Góngora gusta de tomar temas y motivos de la poesía anterior para tratarlos desde ángulos insospechados, con tonos nuevos, fragmentariamente, saliendo de la gravedad trágica hacia el distanciamiento, pero entregándose pocas veces a la burla total o al lienzo grotesco, cosas que sí harán sus continudores. Este soneto es perfecto para apreciar esa actitud.

DE UN CAMINANTE ENFERMO, QUE SE ENAMORÓ DONDE FUE HOSPEDADO

Descaminado, enfermo, peregrino
en tenebrosa noche, con pie incierto
la confusión pisando del desierto,
voces en vano dio, pasos sin tino.

5 Repetido latir[16], si no vecino
distincto[17], oyó de can[18] siempre despierto,
y en pastoral albergue mal cubierto
piedad halló, si no halló camino.

Salió el sol, y entre armiños[19] escondida,
10 soñolienta beldad[20] con dulce saña
salteó al no bien sano pasajero.

Pagará el hospedaje con la vida;
más le valiera errar en la montaña,
que morir de la suerte que yo muero[21].

---

[16] *latir:* ladrar.
[17] *distincto:* claro.
[18] *can:* perro.
[19] *armiños:* es decir, entre ropa de color muy blanco.
[20] *soñolienta beldad:* es probable que haya una sinestesia, es el protagonista el que está somnoliento y el que sufre la presencia de la beldad.
[21] *muero:* todo el terceto retoma las hipérboles de la poesía petrarquista, pues va a morir de amor.

[SACROS, ALTOS, DORADOS CAPITELES]

Soneto a El Escorial, que había terminado de construirse hacía poco. Es, en parte, un poema circunstancial, si bien Góngora parece admirar realmente el nuevo palacio. Del asombro por su grandiosidad (primer cuarteto), pasa a describir su función (en honor de San Lorenzo, segundo cuarteto) y alude a su promotor (el rey Felipe II, primer terceto). Termina invocando —como siempre en la poesía barroca— la eternidad para aquella «octava maravilla».

DE SAN LORENZO EL REAL DEL ESCORIAL

Sacros, altos, dorados capiteles,
que a las nubes borráis sus arreboles,
Febo[22] os teme por más lucientes soles,
y el cielo por gigantes[23] más crüeles.

5   Depón tus rayos, Júpiter; no celes
los tuyos, Sol: de un templo son faroles,
que al mayor mártir[24] de los españoles
erigió el mayor rey[25] de los fieles;

religiosa grandeza del monarca
10   cuya diestra real al nuevo mundo
abrevia[26], y el Oriente[27] se le humilla.

---

[22] *Febo:* el Sol.
[23] *gigantes:* es una nueva alusión mitológica, algo vaga, recordando a los gigantes que se alzaron contra Júpiter, el dios del cielo.
[24] *mártir:* san Lorenzo.
[25] *rey:* Felipe II.
[26] *abrevia:* es decir, reúne, reduce la inmensidad desconocida del Nuevo Mundo, después del descubrimiento de América y de la continua exploración de sus fronteras.
[27] *Oriente:* vaga alusión a su triunfo contra los turcos en Lepanto, en general para completar el cuadro de un monarca de imperio universal.

Perdone el tiempo, lisonjee la Parca [28]
la beldad desta octava maravilla,
los años deste Salomón segundo.

[ÉSTA EN FORMA ELEGANTE, OH PEREGRINO]

Este nuevo soneto, también circunstancial, se aleja aún más de lo formulario, a pesar de arrancar con lo que era la fórmula de las inscripciones fúnebres («Ésta...»), pues Góngora debió gustar de la particular expresividad de las pinturas de El Greco. La hipérbole laudatoria imagina que, a su muerte, deja como herencia luces, colores y sombras a los dioses.

INSCRIPCIÓN PARA EL SEPULCRO DE DOMÍNICO GRECO

Ésta en forma elegante, oh peregrino,
de pórfido [29] luciente dura llave [30]
el pincel [31] niega al mundo más süave,
que dio espíritu a leño, vida a lino [32].

5   Su nombre, aun de mayor aliento dino [33]
que en los clarines de la Fama cabe,
el campo ilustra [34] de ese mármol grave.
Venéralo, y prosigue tu camino.

---

[28] *lisonjee la Parca:* que la muerte («Parca») trate con lisonjas al nuevo templo y los años —que le deje vivir mucho— de Felipe II, a quien se presenta como segundo Salomón, es decir, el rey sabio y prudente.
[29] *pórfido:* mármol.
[30] *dura llave:* metáfora para el sepulcro.
[31] *el pincel:* a él se refiere «suave», en hipérbato que busca la rima. Por otro lado, *pincel* es una metonimia por el pintor, desde luego.
[32] *leño... lino:* que dotó de vida a las esculturas y a los cuadros, por sinécdoque en ambos casos.
[33] *dino:* digno.
[34] *el campo ilustra:* su nombre se ve escrito (ilustra) en la superficie (campo) del mármol.

Yace el Griego: heredó Naturaleza
10 arte y el Arte [35] estudió, Iris [36] colores,
Febo [37] luces, si no sombras Morfeo [38].

Tanta urna, a pesar de su dureza,
lágrimas beba y cuantos suda olores
corteza funeral de árbol sabeo [39].

[LA MÁS BELLA NIÑA]

Es una letrilla. La fórmula usual de esta composición es un estribillo que se repite periódicamente a lo largo de una serie de versos de arte menor, que aquí son exasílabos. Se podría decir, por tanto, que es un «romancillo con estribillo». La fórmula de recoger un estribillo, a veces muy conocido, servía para prender fácilmente en el público, que cantaba estas composiciones. Góngora fue un maestro en la recreación de letrillas y romances, que alcanzaron gran popularidad, incluso el anonimato y la recreación por otros poetas. En este caso, la letrilla recrea las lamentaciones de la «bella niña» porque su enamorado se ha ido a la guerra, tema universal —el de la ausencia del enamorado—, desde luego, pero recobrado históricamente a lo largo de un siglo plagado de guerras y aventuras en tierras lejanas. Obsérvese, en fin, la sencillez del cantarcillo, que no necesita apenas de nuestras notas léxicas o sintácticas, porque se ha acomodado bastante bien a los modos típicos de la canción tradicional, que desechaba lo pedante, extraño y dificultoso.

---

[35] *Naturaleza* y *Arte:* eran los dos principios que debían conjugarse para el trabajo del artista, es decir, condiciones naturales y aprendizaje. Nótese que lo que se está diciendo es que a la muerte del pintor la Naturaleza heredó sus dotes, el arte su naturaleza, etc.
[36] *Iris:* las divinidades del arco iris heredaron los colores.
[37] *Febo:* el Sol heredó la luz.
[38] *Morfeo:* el dios del sueño, Morfeo, heredó las sombras, tan importantes en la pintura como complemento de colores y luces.
[39] *árbol sabeo:* el árbol del que se obtenía el incienso (de la isla de Saba).

La más bella niña
de nuestro lugar,
hoy viuda y sola,
ayer por casar,
5 viendo que sus ojos
a la guerra van,
a su madre dice,
que escucha su mal:
dejadme llorar
10 *orillas del mar.*

Pues me distes[40], madre,
en tan tierna edad
tan corto el placer,
tan largo el pesar,
15 y me cautivastes
de quien hoy se va
y lleva las llaves
de mi libertad:
dejadme llorar
20 *orillas del mar.*

En llorar conviertan
mis ojos, de hoy más,
el sabroso oficio
del dulce mirar,
25 pues que no se pueden
mejor ocupar,
yéndose a la guerra
quien era mi paz:
dejadme llorar
30 *orillas del mar.*

---

[40] *distes:* como todas las formas similares que se van a suceder («cautivastes»), son las segundas personas del indefinido, análogicas y hoy vulgares: «diste», «cautivaste», etc.

No me pongáis freno
ni queráis culpar;
que lo uno es justo,
lo otro por demás.
35 Si me queréis bien
no me hagáis mal;
harto peor fuera
morir y callar:
dejadme llorar
40 *orillas del mar.*

Dulce madre mía,
¿quién no llorará
aunque tenga el pecho
como un pedernal,
45 y no dará voces
viendo marchitar
los más verdes años
de mi mocedad?
Dejadme llorar
50 *orillas del mar.*

Váyanse las noches,
pues ido se han
los ojos que hacían
los míos velar:
55 váyanse y no vean
tanta soledad,
después que en mi lecho
sobra la mitad:
dejadme llorar
60 *orillas del mar.*

[HERMANA MARICA]

Nuevo romancillo exasilábico, muy famoso, en el que Góngora es capaz de expresar en voz ajena —la de unos niños— emoción y gracia, lejos de las lamentaciones amorosas de la poesía petrarquista. El yo que escribe ya no es el yo que vocea los versos, en donde aparecen, además, escenas de la vida cotidiana, léxico familiar, incluso elementos aparentemente antipoéticos. Góngora se recrea en nombrar detalles nimios de las ropas, los juegos, las ilusiones infantiles, etc. El romancillo canta y cuenta, sin terminar ninguna historia relevante, más bien intentando recrear una atmósfera de ilusiones infantiles.

> Hermana Marica,
> mañana, que es fiesta,
> no irás tú a la amiga[41]
> ni yo iré a la escuela.
> 5 Pondráste el corpiño[42]
> y la saya buena,
> cabezón labrado,
> toca y albanega
> y a mí me pondrán
> 10 mi camisa nueva,
> sayo de palmilla,
> media de estameña;
> y si hace bueno
> trairé la montera
> 15 que me dio la Pascua

---

[41] *amiga:* niños y niñas acudían a escuelas infantiles, aunque en realidad sólo lo eran las de los niños, pues a las chicas se les enseñaba labores familiares, rezos y otro tipo de tareas que se pensaba eran más acordes con la condición femenina. Allí se encontraban con las amigas, entre ellas, la maestra, encargada de todas ellas, y la que dio el nombre al lugar.

[42] *corpiño:* la prenda sin mangas, normalmente femenina, que se ciñe a la parte superior del cuerpo. Se van a suceder una serie de nombres de ropas, exactamente como si se tratara de una conversación de adolescentes que refieren sus «trapos»; s*aya* es la falda; *cabezón* es el cuello o prenda similar de la camisa, «labrado», es decir, con labores; *toca* es el pañuelo o prenda de tela con que se cubría la cabeza; *albanega* es la redecilla para recoger el pelo; *palmilla* es un tipo de paño, como la *estameña,* que es un paño más tosco, de lana; *montera* es un adorno o sombrerete, más rígido que la «toca»; *estadal* es una cinta bendita o con algún significado religioso, a modo de escapulario.

mi señora abuela,
y el estadal rojo
con lo que le cuelga,
que trajo el vecino
20 cuando fue a la feria.
Iremos a misa,
veremos la iglesia[43],
darános un cuarto[44]
mi tía la ollera[45].
25 Compraremos de él
(que nadie lo sepa)
chochos[46] y garbanzos
para la merienda;
y en la tardecica,
30 en nuestra plazuela,
jugaré yo al toro
y tú a las muñecas
con las dos hermanas
Juana y Madalena
35 y las dos primillas
Marica y la tuerta;
y si quiere madre
dar las castañetas[47]
podrás tanto de ello[48]
40 bailar en la puerta;

---

[43] *misa... iglesia:* el día de fiesta comenzaba con el precepto religioso, y la iglesia era en cierto modo un lugar público, donde la gente se encontraba y se veía —no lo olvidemos— vestida de fiesta; era uno de sus alicientes.

[44] *cuarto:* un cuarto de real, es decir, unas monedas.

[45] *ollera:* probablemente porque hacía o vendía «ollas» de barro.

[46] *chochos:* hasta hace poco todavía se tomaban los «chochos» o altramuces y los garbanzos reblandecidos y salados, como hoy se hace con otros frutos secos y semillas.

[47] *castañetas:* castañuelas.

[48] *tanto de ello:* todo lo que quieras, es decir, «tanto (como quieras) de lo de bailar con castañuelas».

y al son del adufe [49]
cantará Andrehuela [50]:
«no me aprovecharon,
madre, las hierbas»;
45 y yo de papel
haré una librea [51]
teñida con moras
por que bien parezca,
u una caperuza
50 con muchas almenas;
pondré por penacho
las dos plumas negras
del rabo del gallo
que acullá en la huerta
55 anaranjeamos
las Carnestolendas [52];
y en la caña larga
pondré una bandera
con dos borlas blancas
60 en sus tranzaderas [53]
y en mi caballito
pondré una cabeza
de guadamecí [54]
dos hilos por riendas,
65 y entraré en la calle
haciendo corvetas [55],

---

[49] *adufe:* panderos o panderetas.
[50] *Andrehuela:* diminutivo de Andrea.
[51] *librea:* eran los uniformes de la época.
[52] *Carnestolendas:* una de las fiestas populares señalada por la conjunción religiosa y el ritmo del tiempo, el carnaval. Una de las costumbres era pasear un gallo al que se bombardeaba con frutas («anaranjeamos»).
[53] *tranzadera:* trencilla.
[54] *guadamecí:* cuero adornado con pinturas o relieves.
[55] *corvetas:* el movimiento que hace el caballo al levantar exageradamente las dos patas delanteras.

yo, y otros del barrio,
que son más de treinta,
jugaremos cañas [56]
70 junto a la plazuela
por que Barbolilla [57]
salga acá y nos vea:
Bárbola, la hija
de la panadera,
75 la que suele darme
tortas con manteca,
porque algunas veces
hacemos yo y ella
las bellaquerías
80 detrás de la puerta.

[TRATEN OTROS DEL GOBIERNO]

Letrilla en sextinas octosilábicas que repiten el estribillo «Ándeme yo caliente / y ríase la gente». Las letrillas eran el modo más adecuado para la sátira popular, es decir, para la crítica de hábitos y costumbres con un tono festivo, que solía tener como centro un refrán, una sentencia, un cantarcillo, etc. Se trata, en este caso, de la versión popular de una postura estoica o cínica: sólo me importa lo mío, digan lo que digan. Nótese que para rechazar las cosas utiliza referencias mitológicas (Filomena, Leandro, Píramo y Tisbe), es decir, los paradigmas culturales que en aquellos momentos definían situaciones, personajes, conductas, etc.

Ándeme yo caliente
y ríase la gente.

---

[56] *jugaremos cañas:* jugar con cañas a combates, como si fueran lanzas, fue un espectáculo frecuente en la época, que imitarían los niños.
[57] *Barbolilla:* es el diminutivo de *Bárbola,* que, a su vez, es el hipocorístico o nombre familiar de Bárbara.

1

Traten otros del gobierno
del mundo y sus monarquías,
5   mientras gobiernan mis días
mantequillas y pan tierno,
y las mañanas de invierno
naranjada y agua ardiente,
    y ríase la gente.

2

10 Coma en dorada vajilla
el príncipe mil cuidados,
como píldoras dorados;
que yo en mi pobre mesilla
quiero más una morcilla
15 que en el asador reviente,
    y ríase la gente.

3

Cuando cubra las montañas
de blanca nieve el enero,
tenga yo lleno el brasero
20 de bellotas y castañas,
y quien las dulces patrañas
del Rey que rabió[58] me cuente,
    y ríase la gente.

4

Busque muy en hora buena
25 el mercader nuevos soles;

---

[58] *el Rey que rabió:* como ejemplo de un género, el de los cuentos o patrañas.

yo conchas y caracoles
   entre la menuda arena,
   escuchando a Filomena [59]
   sobre el chopo de la fuente,
30   *y ríase la gente.*

5

   Pase a media noche el mar
   y arda en amorosa llama
   Leandro [60] por ver su dama;
   que yo más quiero pasar
35 del golfo de mi lagar
   la blanca o roja [61] corriente,
       y ríase la gente.

6

   Pues Amor es tan crüel,
   que de Píramo y su amada
40 hace tálamo una espada
   do se junten ella y él,
   sea mi Tisbe [62] un pastel,
   y la espada sea mi diente,
       y ríase la gente.

---

[59] *Filomena:* personificación mitológica del ruiseñor.
[60] *Leandro:* cruzaba todas las noches a nado el mar para visitar a su amada.
[61] *roja:* mejor quiero beber de mi bodega («lagar») vino tinto o blanco.
[62] *Píramo y Tisbe:* otros dos amantes, de final trágico, pues Tisbe se suicidó porque antes lo había hecho Píramo, que a su vez había creído la muerte de Tisbe. Píramo se atrevesó con su espada, de donde el juego «hace tálamo una espada».

[MOZUELAS LAS DE MI BARRIO]

En esta nueva letrilla lo que se repite a modo de estribillo es una exclamación: *¡Que se nos va la Pascua, mozas, / que se nos va la Pascua!*, seguida de tiradas de ocho versos de romances. El estribillo dice lo mismo que el culto *carpe diem* y tópicos similares: gozad del tiempo antes de que nos destruya; pues Pascua está, como metonimia feliz, por el año, por el tiempo. Se trata de una variante funcional de las letrillas: la que aconseja modos de conducta, actitudes y comportamientos.

¡Que se nos va la Pascua, mozas,
que se nos va la Pascua!

    Mozuelas las de mi barrio,
    loquillas y confiadas,
5 mirad no os engañe el tiempo,
    la edad y la confianza.
    No os dejéis lisonjear
    de la juventud lozana,
    porque de caducas flores
10 teje el tiempo sus guirnaldas.

¡Que se nos va la Pascua, mozas,
que se nos va la Pascua!

    Vuelan los ligeros años,
    y con presurosas alas
15 nos roban, como harpías[63],
    nuestras sabrosas viandas.
    La flor de la maravilla[64]
    esta verdad nos declara,

---

[63] *harpías*: o «arpías»; de ser un ave de rapiña pasó a utilizarse, como insulto, para la mujer que roba y coge cuanto puede.
[64] *maravilla*: es realmente una flor, de vida tan breve como el día.

porque le hurta la tarde
20 lo que le dio la mañana.

¡Que se nos va la Pascua, mozas,
que se nos va la Pascua!

Mirad, que cuando pensáis
que hacen la señal del alba
25 las campanas de la vida,
es la queda[65], y os desarman
de vuestro color y lustre,
de vuestro donaire y gracia,
y quedáis todas perdidas
30 por mayores de la marca[66].

¡Que se nos va la Pascua, mozas,
que se nos va la Pascua!

Yo sé de una buena vieja
que fue un tiempo rubia y zarca[67],
35 y que al presente le cuesta
harto caro el ver su cara,
porque su bruñida frente
y sus mejillas se hallan
más que roquete[68] de obispo
40 encogidas y arrugadas.

¡Que se nos va la Pascua, mozas,
que se nos va la Pascua!

---

[65] *queda:* es el toque de queda, de silencio, de final.
[66] *mayores de la marca:* se dice cuando algo no sirve por ser mayor de lo necesario o marcado.
[67] *zarca:* de ojos azules claros.
[68] *roquete:* el sombrero que llevaban las dignidades eclesiásticas.

Y sé de otra buena vieja,
que un diente que le quedaba
45 se lo dejó este otro día
sepultado en unas natas,
y con lágrimas le dice:
«Diente mío de mi alma,
yo sé cuándo fuisteis perla[69],
50 aunque ahora no sois caña.»

*¡Que se nos va la Pascua, mozas,
que se nos va la Pascua!*

Por eso, mozuelas locas,
antes que la edad avara
55 el rubio cabello de oro
convierta en luciente plata[70],
quered cuando sois queridas,
amad cuando sois amadas,
mirad, bobas, que detrás
60 se pinta la ocasión calva[71].

*¡Que se nos va la Pascua, mozas,
que se nos va la Pascua!*

[AMARRADO AL DURO BANCO]

Romance con rima asonante en e-a. Góngora fue uno de los grandes renovadores del romancero, durante las últimas décadas del siglo XVI, en una modalidad que luego hemos llamado «romances nuevos o artísticos». Sobre formas y modos de este género venerable se recrearon

---

[69] *perla:* nótese cómo se está recogiendo la gastada tradición poética que embellecía la figura de la amada con todas estas imágenes: perlas, oro, etc.

[70] *luciente plata:* por el color blanco, las canas de la vejez.

[71] *calva:* la Ocasión, personificada, se pintaba o figuraba precisamente así, calva, con un solo mechón de pelo, al que había que agarrarse cuando se podía.

modos poéticos típicos de la nueva época, particularmente la visión dramatizada o irónica —en los romances festivos— del amor y de toda su constelación de efectos (ausencia, temor, pasión, tristeza...) A partir de ahí llegó a ser el subgénero poético preferido para las confidencias biográficas. Su popularidad, frente al empaque de las formas italianas, le predispuso para acoger con más naturalidad tonos desenfadados, ya que también se cantaron. En el caso que nos ocupa, se poetizan las lamentaciones de amor de un condenado a galeras, de un cautivo de los turcos, que conjuga desdichas y ausencia. El romance —como era normal en el género— recoge sólo un fragmento de todo aquello y termina sin terminar, sin suministrarnos el final de la aventura.

> Amarrado al duro banco [72]
> de una galera turquesa [73],
> ambas manos en el remo
> y ambos ojos en la tierra,
> 5   un forzado de Dragut
> en la playa de Marbella
> se quejaba al ronco son
> del remo y de la cadena:
> «¡Oh sagrado mar de España [74],
> 10 famosa playa serena,
> teatro donde se han hecho
> cien mil navales tragedias! [75],
> pues eres tú el mismo mar
> que con tus crecientes besas
> 15 las murallas de mi patria,
> coronadas y soberbias,
> tráeme nuevas de mi esposa,
> y dime si han sido ciertas

---

[72] *banco:* las galeras y otros barcos se desplazaban a vela o por la fuerza de los remos, movidos por los «forzados» o condenados a «galeras», a remar, que ocupaban una serie de bancos, a los que se les encadenaba, vigilados por el «cómitre».
[73] *turquesca:* turca, los grandes enemigos de la cristiandad durante mucho tiempo.
[74] *mar de España:* el Mediterráneo.
[75] *navales tragedias:* alude a las batallas navales en el Mediterráneo.

las lágrimas y suspiros
20 que me dice por sus letras [76],
porque si es verdad que llora
mi cautiverio en tu arena,
bien puedes al mar del Sur
vencer en lucientes perlas [77].
25 Dame ya, sagrado mar,
a mis demandas respuesta,
que bien puedes, si es verdad
que las aguas tienen lengua [78],
pero, pues no me respondes,
30 sin duda alguna que es muerta,
aunque no lo debe ser,
pues que vivo yo en su ausencia.
¡Pues he vivido diez años
sin libertad y sin ella,
35 siempre al remo condenado
a nadie matarán penas!»
En esto se descubrieron
de la Religión [79] seis velas,
y el cómitre [80] mandó usar
40 al forzado de su fuerza.

[AHORA QUE ESTOY DESPACIO]

Delicioso y temprano romance de Góngora, en el que, como se verá, expresa escenas de la vida cotidiana, en tono desenfadado. La historieta de fondo narra los desequilibrios que a su vida feliz y tranquila ha oca-

---

[76] *letras:* cartas.
[77] *perlas:* las lágrimas que llora su amada.
[78] *las aguas tienen lengua:* orilla. Naturalmente, está jugando con la dilogía o doble sentido del término.
[79] *Religión:* lo que se descubren son las banderas que llevaban los barcos armados por las Órdenes Militares cristianas, para combatir a los infieles precisamente.
[80] *cómitre:* persona a cuyo cargo está el trabajo de los forzados a remo.

sionado la aparición súbita del amor, por medio de «un rostro con almendras, ojos garzos, trenzas rubias». En esos momentos el romance se tiñe de auténtica emoción, contra la que lucha el poeta, para recuperar su existencia aburguesada y feliz. La mezcla de esos dos tonos, el familiar y festivo frente al emocionado, se resuelve en las imprecaciones finales.

> Ahora que estoy despacio,
> cantar quiero en mi bandurria[81]
> lo que en más grave instrumento
> cantara, mas no me escuchan.
> 5 Arrímense[82] ya las veras
> y celébrense las burlas,
> pues da el mundo en niñerías,
> al fin, como quien caduca.
> Libre un tiempo y descuidado,
> 10 Amor, de tus garatusas[83],
> en el coro de mi aldea
> cantaba mis aleluyas.
> Con mi perro y mi hurón
> y mis calzas[84] de gamuza,
> 15 por ser recias para el campo
> y por guardar las velludas,
> fatigaba[85] el verde suelo
> donde mil arroyos cruzan
> como sierpes de cristal
> 20 entre la hierba menuda,
> ya cantando orilla el agua,
> ya cazando en la espesura,

---

[81] *bandurria:* instrumento de cuerda muy popular, por eso se opone a «más grave».
[82] *arrímense:* exclamación que se utilizaba para apartar algo, «váyanse».
[83] *garatusas:* trampas.
[84] *calzas:* medias largas y algo más fuertes que las actuales, que alcanzaban hasta la cintura. Existían dos tipos: las de «gamuza», más fuertes, y las «velludas», que se utilizaban para andar por casa.
[85] *fatigaba:* recorría. Está utilizando un término que Garcilaso y sus seguidores habían puesto de moda («el monte fatigando»), y que en realidad es un cultismo semántico (del latín *fatigare*).

del modo que se ofrecían
los conejos o las musas.
25 Volvía de noche a casa,
dormía sueño y soltura[86]
no me despertaban penas
mientras me dejaban pulgas.
En la botica otras veces
30 me daba muy buenas zurras[87]
del triunfo[88] con el alcalde,
del ajedrez con el cura.
Gobernaba de allí el mundo
dándole a soplos ayuda
35 a las católicas velas[89]
que el mar de Bretaña surcan,
y hecho otro nuevo Alcides[90],
trasladaba sus columnas
de Gibraltar a Japón
40 con su segundo Plus Vltra.
Daba luego vuelta a Flandes[91],
y de su guerra importuna
atribuía la palma[92]
ya a la fuerza, ya a la industria[93].

---

[86] *soltura:* nótese el tono suavemente humorístico. Dormía también «a pierna suelta», es decir, está jugando con el modismo.
[87] *darse una zurra:* darse una paliza de... juegos. Jugar mucho.
[88] *triunfo:* un juego de cartas.
[89] *católicas velas:* es una metonimia: los barcos católicos, cuyas velas «sopla», nueva imagen. Es decir, hablaban de política y de estrategias militares, como va a desarrollar enseguida.
[90] *Alcides* o *Hércules:* en el sentido de que estaba hecho un nuevo héroe, por un lado, y de que sus logros y victorias llevaban las fronteras desde Gibraltar —en donde se situaban las columnas de Hércules— a Japón, que se estaba evangelizando por aquellos años.
[91] *Flandes:* «me ocupaba luego de los enojosos asuntos de la guerra de Flandes», que no tendrían alivio hasta la tregua de 1609 y eran constante motivo de preocupación pública.
[92] *palma:* la victoria, pues «llevarse la palma» es 'ser el primero en algo'.
[93] *industria:* a la astucia.

        45 Y con el beneficiado [94]
            que era doctor por Osuna [95]
            sobre Antonio de Lebrija [96]
            tenía cien mil disputas.
            Argüíamos también,
        50 metidos en más honduras,
            si se podían comer
            espárragos sin la bula [97].
            Veníame por la plaza
            y de paso vez alguna
        55 para mí compraba pollos,
            para mis vecinas turmas [98].
            Comadres me visitaban,
            que en el pueblo teniá [99] muchas;
            ellas me llamaban padre
        60 y taita [100] sus criaturas.
            Lavábanme ellas la ropa
            y en las obras de costura
            ellas ponián el dedal
            y yo ponía la aguja [101].

---

[94] *beneficiado:* el que tenía un «beneficio» o renta eclesiástica, como era el caso del propio Góngora.

[95] *Osuna:* se la consideraba Universidad de poco valer, de modo que ser doctor por Osuna podía ser un modo de decir que era algo ignorante.

[96] *Antonio de Lebrija o Nebrija:* gramático español autor de la primera gramática en lengua castellana y otras obras fundamentales, que se utilizaron como texto o como autoridad en escuelas y universidades.

[97] *bula:* el permiso que otorgaba la Iglesia para no seguir a rajatabla alguna de sus normas, por ejemplo, la de no comer carne en Semana Santa o en tiempo de vigilia. La broma del romance señala que se discutía sobre la calidad de los «espárragos», tan carnosos y sabrosos como los alimentos que se prohibía tomar. Lo de la discusión más profunda («honduras») es una clara ironía.

[98] *turmas:* criadillas. El lector hará bien en leer, de aquí en adelante, con toda la malicia que pueda las ambiguas alusiones del poeta.

[99] *teniá:* así ha de leerse, aunque no se edite nunca así, como muchos versos de Góngora, particularmente romances festivos. Enseguida: *ponián* y otra vez *teniá.*

[100] *taita:* padre, también.

[101] *dedal* y *aguja:* son dos sencillas figuraciones para dos objetos de función distinta que se complementan.

65 La vez que se me ofrecía
caminar a Extremadura [102],
entre las más ricas de ellas
me daban cabalgaduras.
A todas quería bien,
70 con todas teniá ventura,
porque a todas igualaba
como tijeras de murtas [103].
Ésta era mi vida, Amor [104],
antes que las flechas tuyas
75 me hicieran su terrero [105]
y blanco de desventuras.

Enseñásteme, traidor,
la mañana de san Lucas,
en un rostro como almendras
80 ojos garzos [106], trenzas rubias:
tales eran trenzas y ojos,
que tengo por muy sin duda
que cayera en tentación
un viejo con estangurria [107].
85 Desde entonces acá sé
que matas y que aseguras,

---

[102] *Extremadura:* cierto que la región lindaba con la de Córdoba, de donde era Góngora; pero no estaría de más ver en el término un sencillo calambur (partir la palabra buscando el significado de los dos términos simples que resulten). Así se explica que para ese viaje necesite la cabalgadura que le suministran las damas, cuyos hijos le llamaban «taita», y para las que compraba «pollos» y «turmas».
[103] *murtas:* mirtos, las tijeras que servían para podar, de hojas muy largas.
[104] *Amor:* el cantor del romance cambia ahora su registro, y de la exposición de una vida feliz y sencilla, pasa a imprecar al dios Amor, que le ha herido con sus flechas.
[105] *terrero:* el lugar a donde se dispara.
[106] *garzos:* azules claros.
[107] *estangurria:* incontinencia, mal de orina. Nótese como el poeta no quiere prolongar el lirismo o la seriedad, que quiebra constantemente con la introducción de chistes o infiltraciones antipoéticas.

que das en el corazón
y que a los ojos apuntas.
Sé que nadie se te escapa,
90 pues cuando más de ti huya,
no hay vara de Inquisición [108]
que así halle al que tú buscas.
Sé que es tu guerra civil [109]
y sé que es tu paz de Judas,
95 que esperas para batalla
y convidas para justa [110].
Sé que te armas de diamante
y nos das lanzas de juncia [111]
y para arneses [112] de vidrio
100 espada de acero empuñas.
Sé que es la del rey Fineo [113]
tu mesa, y tu cama dura
potro [114] en que nos das tormento;
tu sueño, sueño de grullas.
105 Sé que para el bien te duermes
y que para el mal madrugas,
que te sirves como grande [115]
y que pagas como mula.
Perdona, pues, mi bonete,
110 no muestres en él tu furia;
válgame esta vez la iglesia [116],

---

[108] *vara de Inquisición:* la vara era un signo de justicia, por llevarla quienes tenían facultad de ejercerla, entre ellos los ministros o funcionarios de la Inquisición, la institución más rigurosa y temida en este ejercicio.
[109] *civil:* cruel.
[110] *justa:* juego o simulacro de lucha.
[111] *juncia:* juncos finos.
[112] *arneses:* armaduras.
[113] *Fineo:* personaje a quien las arpías le arrebataban la comida cada vez que intentaba alimentarse.
[114] *potro:* era, efectivamente, el lugar en donde se colocaba al reo para someterle a cierto tipo de tortura.
[115] *grande:* la dignidad nobiliaria de mayor rango, la de los «Grandes».
[116] *iglesia:* los perseguidos por la justicia civil se acogían a las iglesias, que tenían jurisdicción propia, en donde no se podía entrar a perseguirlos.

mira que te descomulga.
Levantas el arco, y vuelves
de tus saetas las puntas
115 contra los que sus jüicios
significan bien sus plumas,
mas con los que ciñen armas
bien callas y disimulas:
de gallina son tus alas,
120 vete para hideputa [117].

---

[117] *vete para hideputa:* era, como bien se colige, un insulto para rechazar algo.

JUAN DE SALINAS
(Sevilla, 1562?-1643)

Estudió cánones y leyes en la Universidad de Salamanca y consiguó el doctorado; se trasladó a Florencia con su hermano y después a Roma, para pretender la canonjía que logró años después, en Segovia. Fue ordenado sacerdote, aunque parece que nunca llevó una vida acorde con su cargo. Su poesía, jovial, festiva, entra de lleno en uno de los campos de la inspiración del Barroco.

[EN FUENMAYOR, ESA VILLA]

Romance, con ese largo epígrafe que señala su «circunstancialidad», es decir, una de las vetas de la poesía barroca: la poesía de circunstancias, que despliega ingenio —en forma de humor— y curiosidad por hechos y figuras de la condición humana en su quehacer cotidiano. En este caso consiste la agudeza en referir un hecho como si se estuviera hablando de otro, de modo que las palabras y las expresiones van cobrando primero significados dobles (dilogía) y acaban por resemantizarse contextualmente. Todo el romance es parodia de los romances viejos, es decir, recurre a fórmulas («esa villa», «grandes alaridos dan», etcétera.) que eran clichés del género y ahora se utilizan ridículamente. Por otro lado, se trata casi de una alegoría escatológica, por lo que el lector podrá imaginar, al hilo del romance, cuantas dilogías sucias se le ocurran, con la seguridad de acertar. Especialmente advertimos del sentido obsceno de todas las palabras que recuerden a «rabo» o a «culo»; todas las que señalen lo que está arriba o abajo; las que distingan entre lo de delante y detrás; y así sucesivamente. No señalaremos, por obvio, el detalle en las notas.

COMPUSO EL DOCTOR JUAN DE SALINAS ESTE ROMANCE AL MAESTRO FUENMAYOR, FRAILE AGUSTINO, QUE SALIÓ A PEDIR, PARA EL REY FELIPE II, CIERTO EMPRÉSTITO GENERAL, A QUE TAMBIÉN SALIERON A PEDIR POR TODA ESPAÑA DIVERSOS RELIGIOSOS, Y EN CIERTA ALDEA, DONDE POSÓ UNA NOCHE, LE SUCEDIÓ LEVANTARSE DESALUMBRADO AL SERVICIO, Y SENTARSE EN UN BRASERO, QUE TENÍA EN EL APOSENTO, PORQUE ERA INVIERNO, DONDE SE CHAMUSCÓ. CALLÓLO, HASTA QUE AQUEJADO DEL DOLOR, FUE NECESARIO DECIRLO, Y EL CONCEJO DEL LUGAR, PARA CURARLE, LE ENVIÓ UNGÜENTO BLANCO

En Fuenmayor, esa villa,
grandes alaridos dan,
a fuego tocan [1] aprisa,
que se quema el arrabal.
5 Quémase un postigo [2] viejo,
adonde está el albañar [3]
que purga las inmundicias
del desdichado lugar.
Imagínase por cierto
10 que era fuego de alquitrán [4],
pues pudo prender tan presto
habiendo tanta humedad.
Quémanse unos entresuelos
y abrásase un palomar,
15 que provee de palominos [5]
a toda la vecindad.
Crece el viento, y el ruido

---

[1] *tocan:* el tañido de las campanas alertaba sobre algún suceso: fuego, nublado, fiesta, etc. No parece fortuito que el verbo «tocar» tenga otros muchos significados.

[2] *postigo:* puerta falsa, puerta de atrás.

[3] *albañar:* el sitio por donde se purga algo, la alcantarilla.

[4] *alquitrán:* fuego alimentado con sustancias químicas para formar una especie de pegamento, muy difícil de apagar.

[5] *palominos:* dilogía, 'polluelos de paloma' y 'mancha de excrementos en la ropa'.

>   de los tronidos es tal,
>   que parece cuando el Draque [6]
> 20 fue a batir a Portugal.
>   A este punto en muchas partes
>   hubo incendio general,
>   abrasóse en Salamanca
>   la calle del Rabanal.
> 25 Un pasajero a Ravena
>   puso fuego artificial,
>   y quemó a Fuenterrabía
>   por la parte de la mar [7].
>   ¡Y vos, Nero, de Tarpeya [8]
> 30 tan gran estrago miráis!
>   ¿Veis arder el Culiseo
>   y no os movéis a piedad?
>   Este epitafio que he dicho
>   diz que topó un sacristán,
> 35 sobre un sepulcro de bronce
>   en figura circular.
>   Y aunque muchos le interpretan
>   a la letra [9], como está,
>   yo sospecho que esta villa
> 40 es cierta Paternidad
>   que, a ser por el Rey del cielo
>   lo que fue por el de acá,
>   pudiera ser aprendiz
>   del mártir del Escurial [10].

---

[6] *Draque:* pirata inglés, que muchas veces asoló las costas de España.
[7] *mar:* por esa parte, porque hacia la mar evacuan las alcantarillas o albañares.
[8] *Tarpeya:* así comenzaba un famoso romance, con este verso, al que sigue «a Roma como se ardía».
[9] *a la letra:* literalmente.
[10] *Escurial:* san Lorenzo murió torturado y quemado en una parrilla, cuya estructura repite el Monasterio de El Escorial; este sepulcro es de figura circular por razones similares.

Si a Mucio Scévola[11] en Roma,
que puso el brazo a quemar,
tanto la fama celebra
porque libró su ciudad,
¿cuánta más gloria merece
este otro gran rabadán[12],
yendo en busca del servicio[13]
de la sacra majestad?
De esta materia de fuego
otros mil ejemplos hay,
mas ninguno tan solemne,
ni tan en particular[14].
Entró a Concejo y sentóse,
pero no se alabarán
que les salió muy barato
el modo del asentar.
Que, según dijo el alcalde,
gastaron gran cantidad
sobre el negro[15] del asiento
del comisario real.
Pero al fin descubrieron
ser persona principal,
hombre de sangre en el ojo[16],
que le viene muy de atrás.
Concertóse un alboroque[17],
y el Padre, por bien de paz,

---

[11] *Mucio Scévola:* en efecto, ésa es la hazaña que le atribuye la tradición.
[12] *rabadán:* el mayoral de una hacienda. Calambur.
[13] *servicio:* dilogía, pues así también se llamaba el bacín u orinal.
[14] *particular:* calambur.
[15] *negro:* dilogía, por 'desdichado' y por 'quemado o tostado'.
[16] *sangre en el ojo:* modismo para significar que alguien era valeroso; aquí se deshace el modismo para recuperar el significado de los términos que lo componen. Luego se prolonga el juego en el verso siguiente, porque si la nobleza y el valor «vienen de muy atrás», se heredan; *muy atrás* es también un espacio físico.
[17] *alboroque:* premio o satisfacción.

para darles culación [18]
puso culantro [19] a tostar.
Dioles cola en carbonada [20],
mas Judas la echara sal,
75 trinchárala Belzebú,
comiérala Satanás.
Trazaron entre otros juegos,
un baile de gran solaz,
al son del rabel del Padre,
80 que hubo en él bien que mirar.
Sintióse indispuesto y nadie
le entiende la enfermedad,
sospechan que es mal de ojo [21],
por ser hermoso de faz.
85 y en tanto que le sahúman
trataron de especular [22],
¿este del ojo perverso [23]
en el pueblo, quién será?
Y calculándolos [24] todos,
90 ninguno pueden hallar,
si no es el ojo del cura,
en quien quepa tanto mal [25].
Mil maldiciones le arrojan,
y en manos de la Hermandad

---

[18] *culación:* al normal «colación» se le ha variado el timbre de la primera vocal, para que el lector no pierda ningún significado.
[19] *culantro:* es una hierba aromática, utilizada en medicina.
[20] *carbonada:* asada en carbón. Enseguida dirá que era para desechar, que la aderece Judas y se la coman los diablos.
[21] *mal de ojo:* el influjo maléfico que, se cree, puede ejercer una persona sobre otra con solo mirarla. En ojo, claro está, hay dilogía.
[22] *especular:* calambur.
[23] *perverso:* nuevo calambur (per-verso).
[24] *calculándolos:* los términos atraídos a este incesante poliptoton acaban por cobrar significados contextuales acordes.
[25] *quepa tanto mal:* el juego obsceno «culmina» en esta insinuación final cargada de malicias.

95   quisiera en Peralvillo [26]
    verle amarrado a un pilar.
    Dan posada [27] al reverendo
    en casa de un secular,
    buen aposento, abrigado,
100 buena cama, otro que tal.
    También le dejaron lumbre,
    sin tener necesidad;
    mas después fue *necesaria* [28]
    según me escriben de allá.
105 Fue la lumbre de sus ojos
    (del uno digo no más),
    aunque la culpa del uno
    con dos se puede llorar.
    Si el quemarse las pestañas [29]
110 arguye dificultad,
    quien se quema un ojo entero
    ¿qué empresa no acabará?
    ¡Oh lumbre!, tú que tocaste
    la parte septentrional [30],
115 aunque estés mil veces muerta
    en la fama vivirás.
    Con mis versos te vinculo,
    si te puedo vincular,
    in secula seculorum,
120 que es para siempre jamás.

---

[26]   *Peralvillo:* la justicia de este pueblo era tan expeditiva que primero se asaeteaba al delincuente y luego se iniciaba el proceso y se le leía la sentencia.
[27]   *posada:* con este término y todos los que atrae se inicia un nuevo juego de poliptotos, sin renunciar al anterior («secular», «culpa», «vinculo», etc.).
[28]   *necesaria:* las «necesarias» era el nombre común en la época para los cuartos de baño.
[29]   *quemarse las pestañas:* modismo por leer o trabajar mucho un asunto.
[30]   *septentrional:* porque en esa parte sopla mucho el viento, aunque realmente esté hacia el Sur.

[COGIENDO ESTE MES DE ABRIL]

Es una décima, forma métrica en auge, que se distingue de la vieja copla real —también de diez octosílabos— por el juego de rimas que traban los versos 4-5 y 6-7. Fue muy cultivada para la expresión epigramática, breve, ingeniosa; y también en tiradas más o menos largas, como forma artística con verso popular (el octosílabo), sobre todo en el teatro. Nótese que el título explica algunos juegos retóricos del poemilla, particularmente los calambures de «mejorana».

A INSTANCIA DE UN CABALLERO MOZO, QUE SERVÍA A UNA DAMA, ERA NATURAL DE GRANADA, Y SE LLAMABA DOÑA ANA DE HUERTA

Cogiendo este mes de abril,
no bien el alba despierta,
frescas yerbas de una *huerta*
que riega el claro Genil [31],
5   mejor-*Ana* y toronjil [32],
verbena y tomillo inculto [33],
y otras mil flores a bulto,
sentí la muerte, Toribio,
Penetróme un áspid libio [34],
10   en la mejor-*Ana oculto*.

---

[31] *Genil:* río que atraviesa Granada.
[32] *mejor-Ana y toronjil:* son dos hierbas olorosas muy populares, la segunda se suele llamar hoy, de modo más soso y culto, melisa.
[33] *inculto:* silvestres, tanto la verbena como el tomillo, otras dos hierbas.
[34] *áspid libio:* serpiente venenosa, como la que dio muerte a Cleopatra.

BARTOLOMÉ LEONARDO DE ARGENSOLA
(Barbastro, Huesca, 1562-Zaragoza, 1631)

Estudió derecho en Salamanca y se ordenó sacerdote. Bajo la protección del duque de Villahermosa, ocupó el cargo de rector. Fue cronista de Aragón y canónigo de la catedral de Zaragoza. Con el nombre de su cargo aparece en los repertorios de la época (el «canónigo»), citado siempre con cierta veneración. Su poesía se caracteriza por ciertos tonos sombríos y el contenido moral, aunque también cultivó la sátira de costumbres, pero sin incurrir nunca en lo grotesco.

[HOY ROMPE DIOS LOS ORBES CELESTIALES]

Soneto de cierto empaque, que cobra mayor sentido si se lee como si hubiera sido escrito en una época habituada a la sangría de las guerras, particularmente en Aragón, en donde las contiendas forales y la intervención de las tropas habían abierto grandes heridas. Bartolomé de Argensola historió aquellos sucesos.

EN LA FIESTA DEL NACIMIENTO DE NUESTRO SEÑOR

Hoy rompe Dios los orbes celestiales,
y al de la tierra tan benigno arriba,
que desarma la diestra vengativa,
para abrazar con ella a los mortales.

5   Y pues gime por paz en los umbrales,
un tiempo odiosos, la esperanza viva
del ofensor, ya próspero, aperciba
al Dios infante júbilos triunfales.

¡Oh feliz culpa!, que si por inmensa,
10 ni en los senos cupieras del olvido,
ni en méritos de humana recompensa,

la justicia y la paz, que tú has unido,
libran hoy el remedio de la ofensa
en el amor del príncipe ofendido.

[YO QUIERO, MI FERNANDO, OBEDECERTE]

Esta larga epístola se dedica a Fernando de Soria Galvarro, amigo de los dos hermanos y chantre de la catedral de Córdoba. Desde el comienzo indica cuál es su función: «en cosas leves discurrir». Como el destinatario también escribía versos, Argensola «discurre» sobre el oficio que los une, con disquisiciones continuas sobre todos sus aspectos. Este tipo de composición fue abundante en la época; por su propia naturaleza, por un lado, y por la formación del autor, por otro, el resultado es un poema algo pedante y subido de tono, que no se puede leer más que despacio y teniendo cuidado del enjambre de referencias cultas sobre el que camina.

A FERNANDO DE SORIA GALVARRO

Yo quiero, mi Fernando, obedecerte,
y en cosas leves discurrir contigo,
como quien de las graves se divierte[1];

por lo cual será bien que las que digo
5 no salgan fuera del distrito nuestro:
que al fin van de un amigo al otro amigo.

Y no soy tan soberbio ni tan diestro
en dar preceptos y admitir enmiendas,
que aspire a proceder como maestro.

---

[1] *divierte:* aparta.

10 Digo, pues, que me place el ver que atiendas
tanto a las filosóficas verdades,
que siempre de sus órdenes dependas;

pero que alguna vez te desenfades
de aquel rigor, y el gusto no apremiado
15 se cebe en más benignas facultades;

que si ellas guardan su nativo agrado,
no será menester que lo compelas
a seguir lo que yo le persüado.

Que allí no hay que ocurrir a las cautelas [2],
20 que por ventura un tiempo ejercitabas,
como lo enseñan hoy nuestras escuelas;

cuando, para probar tu intento, andabas
afilando entimemas [3], que volantes
salen de las dialécticas aljabas,

25 porque a lo ya pacífico levantes
por diversión el gusto con las nueve
Pïerides [4], ingenuas y elegantes.

Y la canuda [5] historia, que nos debe,
a pesar de la muerte, ejemplos vivos,
30 por los vestigios de la edad te lleve.

Y saliendo después de sus archivos,
al poético ardor se ofrezca el pecho,
dispuesto a pensamientos más altivos.

---

[2] *ocurrir a las cautelas:* recurrir a los engaños.
[3] *entimemas:* un tipo de razonamiento lógico.
[4] *Pïerides:* las nueve musas, que habitaban el monte Pierio.
[5] *canuda:* sesuda, porque tiene muchas canas.

Esta excelente inclinación sospecho
35 (sin que preceda riguroso examen)
que es la que más te deja satisfecho.

Síguela, pues, por más que la desamen
la inconsideración y la fortuna;
no aflijas con violencias tu dictamen.

40 Y cuando, en la sazón más importuna,
sigue aquél en la selva unos ladridos
al resplandor escaso de la luna,

y el otro rinde al juego los sentidos,
o en indignos sujetos[6] que no ignoras,
45 andan nuestros patricios[7] divertidos,

tú, retirado en las nocturnas horas,
escribe a vigilante lamparilla,
o en la estudiosa luz de las auroras,

contra el rapaz que la razón humilla,
50 remedios nuevos, con primor juntando
en los versos deleite y maravilla.

Y si te instiga más, dulce Fernando,
la fama de magnánimas acciones,
costumbres y provincias explorando;

55 o si a canto más digno te dispones,
inquiriendo el concurso de los siete
planetas y sus varias impresiones,

---

[6] *sujetos:* temas.
[7] *patricios:* hombres de vida pública y conocida.

resuélvete al designio y acomete;
que a seguir sus estímulos resuelto,
60 el orbe encerrarás en tu retrete [8].

Pero si no te hallares desenvuelto
en consonar nuestro lenguaje, fía
la empresa al generoso verso suelto;

porque la libertad de su armonía,
65 como sólo sus números [9] respeta,
de emparentar las voces se desvía.

Y el que atiende a la parte más perfecta,
ponderando y midiendo consonantes,
a ridículo estorbo se sujeta.

70 ¡El ser forzoso que apercibas antes
lo menos sustancial, verbos y nombres,
que suenen con acentos semejantes;

y que si ha de acabar la estanza [10] en hombres,
como si te mostrase alguna fiera,
75 diga el verso anterior, ¿qué?, *no te asombres!*

Por eso apenas oyes rima entera,
con ambas partes fáciles y llanas,
y excluyes por ociosa la primera;

como para guisar palustres [11] ranas,
80 que, sospechoso el cuerpecillo todo,
las piernas sólo nos ofrecen sanas;

---

[8] *retrete:* lugar o habitación retirada, despacho.
[9] *números:* el ritmo.
[10] *estanza:* estancia, como forma poética.
[11] *palustres:* propias de un pantano.

y cuando aplaya [12] el Nilo, deste modo
causa el fecundo sol generaciones
en las grasezas [13] del informe lodo,

85 que organiza los húmedos terrones,
escarban ya los pies, gruñen las testas,
sin darles forma entera de ratones.

Desde que llevan consonante a cuestas,
miran su trabazón los versos ruda,
90 con voces no importantes ni dispuestas.

Concedo que a las veces [14] nos ayuda
y apoya la sentencia, si lo ablanda
el arte o a mejor lugar lo muda.

La fuerza del dinero o sirve o manda,
95 y la del consonante; que igualmente
por unos destos dos extremos anda.

Mas quien por una cláusula elocuente,
para un final escrita de antemano,
pasa inculta la parte precedente,

100 ¿en qué se diferencia de un tirano
que por medios injustos encamina
alguna utilidad del trato humano?

Perezca la política doctrina
que por sacar de la maldad ganancia
105 la ley de las virtudes arrüina.

---

[12] *aplaya:* se desborda.
[13] *grasezas:* grasas.
[14] *a las veces:* de vez en cuando.

Pero si acomodar la consonancia
con liberalidad o con miseria
es en las rimas caso de importancia,

el escritor abunda en la materia,
110 para que se le vengan a la pluma
cuantas palabras vuelan en Iberia.

Mas el furor nativo no presuma
reducirlas a número y concierto
sin sumo estudio y sin industria suma.

115 Homero, en estas ondas tan experto,
que sobre trozos de animosas[15] naves
responde como oráculo en el puerto,

para ser más acepto a las süaves
musas, surcó primero luengos días
120 profundos golfos de otras ciencias graves.

Si tú para las dos filosofías,
ya por Platón, de Sócrates conoces
las siempre misteriosas ironías,

y prender te dejaste de las voces
125 con que suele el sutil Estagirita[16]
dar caza a los espíritus veloces,

por esa docta antigüedad escrita
deja correr tu ingenio, y, sin recelo,
conforme a su elección, roba o imita.

130 Suelta después al voluntario vuelo
pomposa vela en golfo tan remoto,
que no descubra sino mar y cielo,

---

[15] *animosas:* movidas por el viento.
[16] *Estagirita:* Aristóteles.

no navegante ya, sino piloto
intrépido a las olas insolentes,
135   tanto como a los ímpetus del Noto [17].

Quiero decir que cuando en las corrientes
métodos varios te hayas dado filos [18]
con destreza ya propria los frecuentes;

porque los dos genéricos estilos
140   más de un naufragio nuevo nos avisa
que no por frecuentados son tranquilos.

Obliga el uno a brevedad concisa;
que aunque la demasiada luz desama,
precia la elocución peinada y lisa.

145   Y no sólo el honor del epigrama
recibe calidad deste precepto,
sino la lira, con que Amor nos llama.

El trágico fervor puesto en aprieto,
y la sátira, en este caso amiga
150   siempre del panegírico perfecto.

El émulo de Píndaro lo diga,
por quien Venosa [19] el título recibe
que a venerar a Tebas nos obliga;

y en el romano autor que en prosa escribe
155   (desde que falleció su Augusto) *Annales* [20],
el compendioso laconismo vive.

---

[17]   *Noto:* viento del Sur.
[18]   *dado... filos:* experimentado.
[19]   *Venosa:* en este recordatorio de autores clásicos se rememora a Horacio —el venusino— por el lugar de su nacimiento.
[20]   *Annales:* se está refiriendo con esta obra a Cornelio Tácito, su autor.

A Trajano sus dotes inmortales
refiere Plinio en este acento puro,
sin voces tenebrosas ni triviales.

160 De las primeras, ¿quién corrió seguro,
si el presbítero docto de Cartago[21],
aspirando a ser breve, quedó escuro?

Mas quien al genio floreciente y vago
de Séneca llamó cal sin arena,
165 no probó los efectos de su halago.

No niego yo que, de sentencias llena,
la agudeza sin límites congoja,
y al rigor con que hiere nos condena;

como la nube que granizo arroja
170 sobre esperanzas rústicas floridas,
que aquí destronca y acullá deshoja;

y al golpe de las recias avenidas
mira el cultor[22] su industria defraudada,
que yace entre las ramas esparcidas.

175 La fuerza, pues, no venga arrebatada
en esta brevedad jaculatoria,
si quieres que deleite y persüada;

aunque por ambición de mayor gloria
fleche cada palabra una sentencia
180 y obre cada sentencia una victoria;

que en el segundo estilo hay elocuencia,
que entre la igual corriente del progreso
anima su fervor con la frecuencia,

---

[21] *presbítero docto de Cartago:* san Agustín.
[22] *cultor:* labrador.

y en su mediocridad lleva gran peso,
185　pues sin que lo envilezca ni lo encumbre,
le suele dar más próspero suceso.

Pruébase por razón y por costumbre
que, aunque no influya en término tan breve,
insta con más vigor la mansedumbre.

190　Como en hibierno[23] decender la nieve
tan sosegada vemos, que al sentido
parece que ni baja ni se mueve;

pero en valles y montes recibido
de la cándida lluvia[24] el humor lento
195　los cubre y fertiliza sin rüido.

Con la perseverancia deste aliento,
canta Homero las iras juveniles,
y el orbe escucha atónito o atento.

Y Marón[25] los afectos pastoriles,
200　el culto agreste y el varon troyano[26]
que el cielo arrebató al furor de Aquiles.

Este que llama el vulgo estilo llano
encubre tantas fuerzas, que quien osa
tal vez acometerle, suda en vano.

205　Y su facilidad dificultosa
también convida y desanima luego
en los dos corifeos de la prosa.

---

[23] *hibierno:* invierno.
[24] *cándida lluvia:* blanca lluvia, es decir, la nieve.
[25] *Marón:* Virgilio Marón.
[26] *varón troyano:* Eneas.

Fulmina la retórica del griego;
pero desata aquel vigor divino
210 en la igualdad frecuente con sosiego.

No menos el Demóstenes latino [27],
para cuya riqueza usurpa el oro,
que nació en minas áticas, Arpino.

Yo ha mucho que lo hurté para el decoro
215 de algún poema, y hecho el aparato,
me asenté sobre el arca del tesoro.

Porque me profanó el cuidado ingrato
de gran causa civil, a pesar mío,
y es menester purgarme de su trato;

220 que, al fin, no sufre la altivez de Clío [28]
que canto venerable se medite,
sino en la soledad de su desvío.

Demás desto no falta quien me incite
a que, si ornarme de laurel deseo,
225 los números latinos ejercite;

porque gusta de ver aquel museo [29]
la ostentación del dáctilo gallarda
tropellar la quietud del espondeo [30];

y cuando aquél prosigue y éste tarda,
230 más gracia desta priesa y deste espacio
que de los pies de nuestro verso aguarda.

---

[27] *Demóstenes latino:* Cicerón.
[28] *Clío:* una de las musas, inspiradora de poesía grave, por eso se habla de «altivez».
[29] *museo:* academia o conjunto de hombres doctos.
[30] *dáctilo... espondeo:* tipos de pies de la métrica clásica.

Mas yo sé bien el sueño con que Horacio
(antes el mismo Rómulo) me enseña
que llevar versos al antiguo Lacio [31]

235 fuera lo mismo que a los bosques leña,
y trastornar [32] en Betis o en Ibero
una vasija de agua muy pequeña.

Nuestra patria no quiere, ni yo quiero
abortar un poema colecticio [33],
240 de lenguaje y espíritu extranjero;

pues cuando me quisiera dar propicio
Marón para su fábrica centones [34]
¿quién sabe cuál surgiera el edificio?

Con mármoles de nobles inscripciones
245 (teatro un tiempo y aras) en Sagunto
fabrican hoy tabernas y mesones.

Ya me parece, pues, que, al mismo punto
que me retiro a vida libre y sola,
imitaciones y advertencias junto.

250 Y que mi musa fiel, como española,
a venerar nuestras banderas viene,
donde la religión las enarbola.

Que en los silvosos [35] montes de Pirene [36],
en ningún tiempo infieles ni profanos,
255 las espadas católicas previene,

---

[31] *Lacio:* por Roma.
[32] *trastornar:* acarrear o llevar líquido.
[33] *colecticio:* nuevo.
[34] *centones:* obras en verso, compuestas a base de ensamblar versos ajenos.
[35] *silvosos:* boscosos.
[36] *Pirene:* Pirineos.

para que las reciban de sus manos
los héroes que escogió por lidiadores
contra los escuadrones africanos,

cuando, por dar señal de sus favores,
260 sobre uno de los árboles fue vista
cándida [37] cruz vibrando resplandores.

Con lo cual dio principio a la conquista
el rey, en los fervores de la guerra,
por su velocidad llamado Arista [38].

265 Porque el ímpetu horrible con que cierra [39],
como de flor de sacudidas ramas,
se cubre de arcos púnicos la tierra.

Acero en limpias órdenes de escamas
teje a nuestros campiones [40] las lorigas,
270 que, ilustradas del sol, arrojan llamas.

Y en ambas huestes, fieles y enemigas,
Héctores [41], Turnos, Nisos, Telemones
ejercitan las bélicas fatigas.

Ni con esfuerzo de ínclitos varones
275 faltarán otras vírgenes guerreras,
como en frigios [42] y en tuscos escuadrones.

---

[37] *cándida:* blanca.
[38] *Arista:* primitivo rey de Pamplona (comienzos del siglo IX).
[39] *cierra:* ataca.
[40] *campiones:* campeones.
[41] *Héctores...:* nombres de guerreros famosos.
[42] *frigios... tuscos:* griegos y latinos, de Frigia y de Toscana.

Aquí, verás Pantasileas[43] fieras,
Camilas[44] fuertes, que dejada el arte
de Aragne[45], siguen trompas y banderas.

280 Ni cairá ocioso el arco en esta parte,
de cuyos tiros nacen los deseos
con que Amor solicita al mismo Marte.

Los ramos de los robres pirineos
desgajará el honor de las hazañas,
285 y en tanto que él los viste de trofeos,

sonará el abolorio[46] en sus montañas,
progenitor de tantos graves nietos,
que hoy veneramos en las tres Españas.

No guardaré el rigor de los precetos
290 en muchas partes, sin buscar excusa
ni perdón por justísimos respetos.

Y si algún Aristarco[47] nos acusa,
sepa que los preceptos no guardados
cantarán alabanzas a mi musa;

295 que si sube más que ellos ciertos grados
por obra de una fuga generosa,
contentos quedarán y no agraviados.

---

[43] *Pantasilea:* reina de las amazonas.
[44] *Camilas:* heroína romana, que fue muerta por llorar la muerte de su amado y no la de su hermano.
[45] *Aragne:* la rueca, el trabajo doméstico en general.
[46] *abolorio:* abalorio, las cuentas del rosario.
[47] *Aristarco:* crítico griego muy famoso, cuyo nombre pasó a ser sinónimo de «crítico muy severo».

Así habrás visto alguna ninfa hermosa
que desprecia el ornato o lo modera,
300 quizá con negligencia artificiosa.

Que es mucho de hermosura verdadera
a veces consultar con el espejo,
más por la adulación que dél espera
que por necesidad de su consejo.

JUAN DE ARGUIJO
(Sevilla, 1567-1622)

Estudió con los jesuitas y fue uno de los hombres más ricos de Sevilla, al heredar la fortuna de su padre y de su suegro. Tras malgastarla y endeudarse, se acogió a la casa profesa de los jesuitas, huyendo de sus acreedores; allí murió, apartado de la vida social. Su poesía, a caballo entre los dos siglos, participa de la elegancia de los poetas andaluces de la época y anuncia algunos de los tonos del Barroco.

[YO VI DEL ROJO SOL LA LUZ SERENA]

Soneto en el que la descripción de una tormenta y de los imprevistos cambios de las fuerzas de la naturaleza lleva al poeta a la meditación sobre su fortuna, en términos semejantes a los que ha observado.

A LA MUDANZA DE LA FORTUNA

Yo vi del rojo sol la luz serena
turbarse, y que en un punto desparece [1]
su alegre faz, y en torno se oscurece
el cielo, con tiniebla de horror llena.

5 El Austro [2] proceloso airado suena,
crece su furia, y la tormenta crece,
y en los hombros de Atlante [3] se estremece
el alto Olimpo [4], y con espanto truena;

---

[1] *desparece:* desaparece.
[2] *Austro:* el viento del Sur. Lo de «proceloso» es un recuerdo clásico —de Ovidio—.
[3] *Atlante:* sostenía el mundo sobre sus hombros, según la mitología clásica.
[4] *Olimpo:* lugar donde moran los dioses; metáfora simple por los cielos.

mas luego vi romperse el negro velo
10 deshecho en agua, y a su luz primera
restituirse alegre el claro día,

y de nuevo esplendor ornado el cielo
miré, y dije: ¿Quién sabe si le espera
igual mudanza a la fortuna mía?

PEDRO DE ESPINOSA
(Antequera, Málaga, 1578-Sanlúcar de Barrameda, Cádiz, 1650)

Se licenció en artes y se ordenó sacerdote. Entró al servicio del conde de Niebla y del duque de Medina Sidonia. Fue rector del Colegio de San Ildefonso de Sanlúcar. Siendo joven, en Valladolid (1603), fue el recopilador de una de las más importantes antologías de la poesía española: las Flores de poetas ilustres. *Su inspiración barroca se aderezza con un lirismo especial, que en obras tardías se recrea con la descripción de la naturaleza y el canto casi místico.*

[HONRA DEL MAR DE ESPAÑA, ILUSTRE RÍO]

Espinosa se dirige al río para hacerle partícipe de su amor, recreando una escena idílica —la amenidad del lugar, la amada como pastora— que le permite evocar la figura de la amada.

SONETO AL GUADALHORCE Y SU PASTORCILLA

Honra del mar de España[1], ilustre río
que con cintas de azándar[2] y verbena[3]
ciñes tu margen, de claveles llena,
haciendo alegre ultraje al cierzo[4] frío,

---

[1] *mar de España:* así se denominaba al Mediterráneo.
[2] *azándar:* planta de tipo menta o sándalo.
[3] *verbena:* planta y flor del mismo nombre, muy rústica, como la menta.
[4] *cierzo:* viento frío del norte.

> 5 si ya con tierna planta y dulce brío
> vieres la ingrata, causa de mi pena,
> hurtar tus perlas y pisar tu arena,
> baña sus huellas con el llanto mío.
>
> Así la Aurora vierta por tu orilla
> 10 canastillos de aljófar[5] y esmeraldas,
> olor las auras, flores el verano.
>
> Y, si esto es poco, así mi pastorcilla,
> cuando tus lirios ponga en sus guirnaldas,
> te dé licencia[6] de besar su mano.

[PREGONA EL FIRMAMENTO]

La forma métrica es la de una silva, es decir, disposición irregular de heptasílabos y endecasílabos. El título y el tono son los propios de los salmos bíblicos, uno de los cuales le da el arranque. El poeta imprime a todo el poema un tono exaltado y vehemente a través de las anáforas interrogativas, y luego a través de los continuos cambios tonales. Ese tono se acrecienta según se pasa de la exaltación de la belleza en las criaturas a la búsqueda del artífice de aquellas maravillas, que ocupa todo el final del salmo, con tonos casi místicos.

SALMO A LA PERFECCIÓN DE LA NATURALEZA, OBRA DE DIOS

> Pregona el firmamento
> las obras de tus manos,
> y en mí escribiste un libro de tu sciencia.
> Tierra, mar, fuego, viento
> 5 publican tu potencia,
> y todo cuanto veo

---

[5] *aljófar:* perlillas, es decir, las gotas de rocío que las simulan.
[6] *dar licencia:* en la época era la fórmula cortés para «permitir», en este caso, saludar (besar la mano).

me dice que te ame
y que en tu amor me inflame;
mas mayor que mi amor es mi deseo.
10 Mejor que yo, Dios mío, lo conoces;
sordo estoy a las voces
que me dan tus sagradas maravillas
llamándome, Señor, a tus amores:
¿Quién te enseñó, mi Dios, a hacer flores
15 y en una hoja de entretalles[7] llena
bordar lazos con cuatro o seis labores?
¿Quién te enseñó el perfil de la azucena,
o quién la rosa, coronada de oro,
reina de los olores?
20 ¿Y el hermoso decoro[8]
que guardan los claveles,
reyes de los colores,
sobre el botón tendiendo su belleza?
¿De qué son tus pinceles,
25 que pintan con tan diestra sutileza
las venas de los lirios?
La luna y el sol, sin resplandor segundo,
ojos del cielo y lámpara del mundo,
¿de dónde los sacaste,
30 y los que el cielo adornan por engaste
albos diamantes trémulos?
¿Y el, que buscando el centro, tiene, fuego
claro desasosiego?
¿Y el agua, que, con paso medio humano,
35 busca a los hombres, murmurando en vano
que l'alma se le iguale en floja y fría?
¿Y el que, animoso, al mar lo vuelve cano,
no por la edad, por pleitos y porfía,

---

[7] *entretalles:* las vetas o líneas de las hojas, que obtienen así la apariencia de relieves.
[8] *decoro:* proporción adecuada de algo, en este caso de los colores.

                viento hinchado que tormentas cría⁹?
40   Y ¿sobre qué pusiste
                la inmensa madre tierra,
                que embraza¹⁰ montes, que provincias viste,
                que los mares encierra
                y con armas de arena¹¹ los resiste?
45   ¡Oh altísimo Señor que me hiciste!
                No pasaré adelante:
                tu poder mismo tus hazañas cante;
                que, si bien las mirara,
                sabiamente debiera de estar loco,
50   atónito y pasmado de esto poco.
                Ay, tu olor me recrea,
                sáname tu memoria,
                mas no me hartaré hasta que vea,
                ¡oh Señor!, tu presencia, que es mi gloria.
55   ¿En dónde estás, en dónde estás, mi vida?
                ¿Dónde te hallaré¹², dónde te escondes?
                Ven, Señor, que mi alma
                de amor está perdida,
                y Tú no le respondes;
60   desfallece de amor y dice a gritos:
                «¿Dónde lo hallaré, que no lo veo,
                a Aquel, a Aquel hermoso deseo?»
                Oigo tu voz y cobro nuevo aliento;
                mas como no te hallo,
65   derramo mis querellas por el viento.
                ¡Oh amor, oh Jesús mío!,

---

⁹ *cría:* fuerte hipérbaton: el viento hinchado provoca tormentas y agita el mar, lo vuelve blanco de espuma, no porque sea viejo, sino porque porfía en combatirlo.
¹⁰ *embraza:* abraza, comprende.
¹¹ *armas de arena:* las playas, que resisten —como soldados— al mar.
¹² *hallaré:* como en otros casos, que no señalo sistemáticamente, esta *h-* se aspira (procede de *f-* latina) e impide la sinalefa. Así ocurre, desde luego, en todas las formas del verbo «hallar» que van a aparecer.

¡oh vida mía!, recibid mi alma,
que herida de amores os la envío,
envuelta en su querella.
70 ¡Allá, Señor, os avenid[13] con ella!

[COMO EL TRISTE PILOTO QUE POR EL MAR INCIERTO]

Soneto en alejandrinos (versos de catorce sílabas, con cesura que divide en dos hemistiquios de siete versos cada uno), lo que no era frecuente. Espinosa poetiza su repentina conversión religiosa a través de la imagen de una tormenta en alta mar y la feliz llegada al puerto.

SONETO A LA SANTÍSIMA VIRGEN MARÍA, CON OCASIÓN DE HABERLE GUIADO EN LAS TORMENTAS DEL ALMA

Como el triste piloto que por el mar incierto
se ve, con turbios ojos, sujeto de la pena
sobre las corvas olas, que, vomitando arena,
lo tienen de la espuma salpicado y cubierto,

5 cuando, sin esperanza, de espanto medio muerto,
ve el fuego de Santelmo[14] lucir sobre la antena,
y, adorando su lumbre, de gozo l'alma llena,
halla su nao cascada surgida en dulce puerto,

así yo el mar sulcaba[15] de penas y de enojos,
10 y, con tormenta fiera, ya de las aguas hondas
medio cubierto estaba, la fuerza y luz perdida,

---

[13] *avenid:* concertad.
[14] *fuego de Santelmo:* fenómeno natural, por el que se cree ver fuego, en lo alto del barco, después de las tormentas.
[15] *sulcaba:* surcaba.

cuando miré la lumbre, oh Virgen, de tus ojos,
con cuyo resplandor, quietándose [16] las ondas,
llegué al dichoso puerto donde escapé la vida.

[CON PLANTA INCIERTA Y PASO PEREGRINO]

El poema presenta una factura detalladísima, a base de correspondencias trimembres, que sirven para nombrar de modo impresionista (sólo algunos rasgos) a la juventud, la dama, la naturaleza, la vejez, etc.

SONETO SOBRE LA BELLEZA FRÁGIL Y PERECEDERA

Con planta incierta y paso peregrino,
Lesbia, muerta la luz de tus centellas [17],
llegaste a la ciudad de las querellas [18],
sin dejar ni aun señal de tu camino.

5 Ya el día, primavera y sol divino,
de tus ojos, tu labio y trenzas bellas,
dieron al agua, al campo, a las estrellas,
luz clara, flores bellas, oro fino.

Ya de la edad tocaste tristemente
10 la meta, y pinta tu victoria ingrata
con pálida color el tiempo airado.

Ya obscurece, da al viento, vuelve en plata,
de los ojos, del labio, de la frente,
el resplandor, las flores, el brocado.

---

[16] *quietándose:* aquietándose, tranquilizándose.
[17] *la luz de tus centellas:* el brillo de tus ojos.
[18] *la ciudad de las querellas:* la vejez.

FRANCISCO LÓPEZ DE ZÁRATE
(Logroño, 1580-Madrid, 1658)

Estudió en Salamanca y siguió, durante cortos años, la vida militar. Ocupó cargos políticos durante el valimiento del duque de Lerma y de don Rodrigo Calderón, por lo que cayó en desgracia con el cambio de gobierno, aunque siempre gozó del favor de la nobleza. Es uno de los muchos y excelente poetas barrocos, que cultivó gran variedad de temas y formas.

[ESTE TRONO, ESTE BULTO, A LOS CLAMORES]

Soneto característico del Barroco, que manoseó el tema de la muerte y se complació en un cierto tenebrismo al tratar temas de este tipo. Zárate exhibe los esplendores de la vida y muestra su ruina en un llamativo contraste, que sirve de meditación sobre el destino del hombre. El contraste aboca de modo casi natural a uno de los recursos más frecuentes de la poesía barroca: la paradoja, el enfrentar mundos, visiones, aspectos, etc., de modo tan evidente como irreconciliable. Nótese que todo el arranque sirve para describir al cuerpo como algo ya muerto, como un puro objeto físico. La imagen de la muerte aparecerá en las sombras del verso 8 y en el «polvo» del verso 13.

EL AUTOR A SU CUERPO, YA PARA ESPIRAR

Este trono, este bulto, a los clamores
de tanta exequia y sepultada vida,
pues la tuvo, gozándola, perdida,
deslumbrado en fantásticos honores;

5   éste que siempre, absorto en resplandores,
fue estatua, aunque terrestre, presumida,
ni a luz, ni a voz, ni a rayo estremecida,

horror aun asombroso a los horrores;
este, ya incierta sombra y alma cierta,
10   racional interior con fondo vano;
viva esperanza y Fe, caridad muerta,

fue, fue indigno del nombre de Cristiano:
si vivo ha divertido; polvo advierta;
ya que en vano vivió, no muera en vano.

[ROSAS DESOJADAS VIERTE]

Romance. El trágico final de Adonis, llorado por Venus, fue poetizado miles de veces. En la tradición inmediata lo había sido en metros cultos o italianos, Zárate recobra el octosílabo del romance para su versión. Es esa conjunción de pasión y muerte lo que atraía sobremanera a los poetas barrocos del viejo mito; la misma que les llevaba a motivos como el reloj de arena que funcionaba con las cenizas del amante.

A LA MUERTE DE ADONIS

Rosas desojadas vierte
a un valle, que las recoje
el mas venturoso amante,
y el mas desdichado joven.
5   Con su propia sangre infunde
lo aromático a las flores;
tanto que della animadas,
cada flor es un Adonis.
Robusta fiera ejecuta
10   la voluntad de los dioses,
invidia de su ventura,
y escarmie[n]to de los hombres.
Rayos fulmina su boca,
asolación [1] de los robles,
15   castigo indigno de un Dios

---

[1] *asolación:* destrucción, como abstracto del verbo «asolar».

en un delito tan noble [2].
Ay fiera enemiga, (dice)
qué lazo tan dulce rompes;
si amor por culpa castigas;
20 a Júpiter [3] no perdones.
Cayó, en fin, en tierra, dando
últimas respiraciones:
cuerpo hermoso, q[ue] viviendo
era deidad de los montes.
25 Cuando, por oculta senda,
apresurada a las voces,
muerta de amores venía
la diosa de los amores [4].
De trasparente cristal
30 el pie [5] en la arena pone:
desnudo que solo en sí
pudo hallar de que se adorne.
Entre sierpes de coral [6]
que a darle la nueva corren,
35 la imagen que más adora,
profanada, desconoce.
De sus ansias advertida,
curso y aliento interrompe,
y para poder llegar,
40 de la duda se socorre.
Pendiente de sí le mira,
y luego que reconoce,
toda la deidad abate,
claveles juntando [7] a soles.

---

[2] *delito tan noble:* el del amor.
[3] *Júpiter:* no perdones ni siquiera al padre de los dioses, a quien también alcanzó el sentimiento desbordado del amor.
[4] *la diosa de los amores:* Venus.
[5] *pie:* el pie desnudo era un motivo erótico en la época.
[6] *sierpes de coral:* ríos («sierpes») de sangre roja (como el «coral») que están vertiendo las heridas de Adonis.
[7] *claveles juntando a soles:* besa (los claveles son los labios) los ojos (soles) de Adonis, que se están cerrando (en el ocaso).

45 En el ocaso los halla
    cargados de larga noche,
    y donde antes frescas rosas,
    ya cárdenos lilios [8] coje.
    Para limpiarse la sangre,
50 velos y lágrimas rompe,
    y con reforzado aliento
    contra la muerte se opone.
    A voces le infunde el alma,
    y au[n]q[ue] la imprimirá en bron[n]ces.
55 por la herida sale en viento,
    si entra por la boca en voces.
    No pudiendo con los hados
    que la sentencia deroguen,
    procuraba ser mortal
60 al menos con las pasiones.
    Después que dieron lugar
    a las quejas los dolores,
    juntando a llanto y suspiros
    fragantes adoraciones,
65 a pesar, dijo de invidias,
    multiplicaré favores:
    que naciste a que te amase
    y mueres a que te adore.
    Será tu dulce memoria
70 fin de todos mis ardores
    y no me impedirá Marte
    que de ti no me corone,
    Calló, adornando su frente
    con los recientes Adonis,
75 y vive, si eterno, en flor,
    sagrado en Venus, su nombre.

---

[8] *lilios:* el color rojo de las mejillas (las rosas) está convirtiéndose en blanquecino, como el de los lilios o azucenas.

FRANCISCO DE QUEVEDO
(Madrid, 1580-Villanueva de los Infantes, 1645)

Acompañó al duque de Osuna en sus virreinatos de Sicilia y Nápoles. Tras la caída de la facción Lerma, sufrió varios destierros en su señorío de la Torre de Juan Abad. Congraciado con el nuevo valido, el conde-duque de Olivares, se trasladó de nuevo a la Corte y fue nombrado secretario real. En 1639 fue detenido en casa del duque de Medinaceli y trasladado a San Marcos de León, donde permaneció hasta la caída del conde-duque. Autor de una obra muy variada y extensa, cobró pronto renombre como satírico y moralista. Su poesía, tan rica como compleja, ofrece semejante variedad y, aunque no se publicó en vida, circuló extensamente desde las Flores de poetas ilustres... *(1605), que incluye dieciocho poemas suyos, en adelante. Escondió a sus contemporáneos su poesía amorosa y buena parte de la moral; difundió —con cierto escándalo siempre— la más popular (romances, letrillas...) y la festiva.*

[«¡AH DE LA VIDA!»... ¿NADIE ME RESPONDE?]

Soneto que los editores modernos incluyen en la poesía grave de Quevedo, lo que en la época era «moral», y que corresponde a la expresión amarga de alguien que ha visto desfilar el tiempo y se encuentra abocado a la muerte, con las manos vacías. No es, sin embargo, poema de senectud, sino más bien de madurez, corresponde a uno de esos momentos en que Quevedo adoptó la actitud del filósofo neoestoico que no encuentra más destino que el de la muerte. Muchos poemas de Quevedo, como éste, no son sino la expresión obsesiva del paso del tiempo.

REPRESÉNTASE LA BREVEDAD DE LO QUE SE VIVE Y CUÁN NADA PARECE LO QUE SE VIVIÓ

«¡Ah[1] de la vida!»... ¿Nadie me responde?
¡Aquí de los antaños[2] que he vivido!
La Fortuna mis tiempos ha mordido;
las horas mi locura las esconde.

5 ¡Que sin poder saber cómo ni adónde
la salud y la edad se hayan huido!
Falta la vida, asiste lo vivido,
y no hay calamidad que no me ronde.

Ayer se fue; mañana[3] no ha llegado;
10 hoy[4] se está yendo sin parar un punto:
soy un fue, y un será, y un es cansado.

En el hoy y mañana y ayer, junto
pañales[5] y mortaja, y he quedado
presentes sucesiones de difunto[6].

---

[1] *¡Ah...:* todo este arranque se hace con fórmulas coloquiales: se llama a la vida como se llama a la puerta de una casa.

[2] *antaños:* una de las muchas prosopopeyas del lenguaje poético de Quevedo, literalmente: los «tiempos pasados». Enseguida otras dos más: la Fortuna «morderá» el tiempo; y la locura «esconderá» las horas.

[3] *ayer... mañana:* nótese la expresiva ausencia del presente «es», entre los dos tiempos, pasado y futuro.

[4] *hoy...:* éste y el siguiente son los versos que se dedican al presente, que por obra sobre todo del polisíndeton (repetición obsesiva de *y*) no puede detenerse.

[5] *junto... pañales:* el encabalgamiento funciona, desde luego, señalando mediante la pausa, la tensión entre los dos elementos que significan comienzo y final de la vida («pañales y mortaja»).

[6] *difunto:* todo el verso es una reconcentrada figuración paradójica: lo único que vive es lo muerto; lo único que perdura es la sucesión de lo agotado; lo único que permanece es lo que ya ha muerto; etc.

[VIVIR ES CAMINAR BREVE JORNADA]

Nuevo soneto moral de sabor estoico, que se abre con un verso lapidario, como un aldabonazo que no admite réplica; se continúa con un juego de paradojas (la vida como «muerte viva»; más adelante hablará de «tierra animada») y la entrada del tiempo, como algo frágil y fugitivo («ayer...») que se encarga, sin embargo, de sepultar cada instante al cuerpo (v. 4). El verso 5 es uno de los versos más nihilistas —y mejor logrados— de la poesía grave de Quevedo: se sostiene sobre variaciones del verbo «ser», aquel que señala la mera existencia de modo más neutro, que aparece en varios tiempos pero con un mismo y desolador sujeto: nada. De todos modos, el poeta suele encarrilar su expresión por cauces muy conocidos, a los que consigue insuflar nueva vida; por ejemplo, el soneto se abre con una imagen de la vida como peregrinación y se cierra con otra de la vida como navegación.

DESCUIDO DEL DIVERTIDO VIVIR A QUIEN LA MUERTE LLEGA IMPENSADA

Vivir es caminar breve jornada,
y muerte viva es, Lico[7], nuestra vida,
ayer al frágil cuerpo amanecida,
cada instante en el cuerpo sepultada.

5   Nada que, siendo, es poco, y será nada
en poco tiempo, que ambiciosa olvida;
pues, de la vanidad mal persuadida,
anhela duración, tierra animada.

Llevada de engañoso pensamiento
10 y de esperanza burladora y ciega,
tropezará en el mismo monumento[8].

---

[7] *Lico:* nombre ficticio de raigambre clásica. Lo importante es, de todas maneras, introducir una segunda persona a la que se dirige el poema, que cobra entonces valor de admonición directa y confidencial a una segunda persona.
[8] *monumento:* el sepulcro.

Como el que, divertido[9], el mar navega,
y, sin moverse, vuela con el viento,
y antes que piense en acercarse, llega[10].

[MIRÉ LOS MUROS DE LA PATRIA MÍA]

Famoso soneto quevediano y, por cierto, de interpretación muy controvertida, si se admite que «patria» tiene el valor predominante en la época de 'patria chica', que con «muros» se alude al propio cuerpo, etc. El significado literal e inicial sugiere, sin embargo, sentidos más históricos que metafísicos: nada hay en mi patria (primer cuarteto), en mi tiempo (el espacio natural del segundo cuarteto), en mi casa (terceto inicial), en mi vida, que no me recuerde la muerte. Como poema que es, esa sensación expresada puede conmover a lectores que la hagan suya desde experiencias muy distintas. El soneto está construido con sumo cuidado, tanto para expresar ese movimiento dramático de quien busca algo que no encuentra, como en la filigrana concreta de cada verso y de cada imagen, relevantes y centrales tanto en el ritmo del verso 12, como en el del verso final: ni un solo acento de ese verso (melódico: en 3ª, 6ª y 10ª) cae en otra sílaba que no sea /ue/, la de la palabra «muerte», que, por cierto, en ningún momento aparece directamente nombrada, pero que remata —se encuentra, por fin, después de tanto deambular— todo el soneto.

SALMO XVII

Miré los muros de la patria mía,
si un tiempo fuertes, ya desmoronados,
de la carrera[11] de la edad cansados,
por quien caduca ya su valentía[12].

---

[9] *divertido:* distraído.
[10] *llega:* nótese de qué modo más efectivo sorprende la súbita aparición del verbo y el rápido final del poema: como la muerte, de la que se está hablando. En estas correspondencia entre forma y significado Quevedo fue consumado maestro.
[11] *carrera:* curso, paso.
[12] *valentía:* tenía una acepción ligeramente distinta a la actual, aludiendo a lo que era sustancial o valioso en algo.

5   Salíme al campo, vi que el sol bebía
    los arroyos del yelo desatados,
    y del monte quejosos los ganados,
    que con sombras hurtó su luz al día.

    Entré en mi casa; vi que, amancillada,
10 de anciana habitación era despojos;
    mi báculo, más corvo y menos fuerte;

    vencida de la edad sentí mi espada.
    Y no hallé cosa en que poner los ojos
    que no fuese recuerdo de la muerte.

[UN GODO, QUE UNA CUEVA EN LA MONTAÑA]

Las recientes antologías de Quevedo no recogen este hermoso soneto, que, sin embargo, es una de las pocas expresiones directas en verso del escritor político: en ella se encierra una particular visión de España, como paseo militar por tiempos y espacios, y de su estructura —para nada se citan los territorios de Flandes, por ejemplo, y sí los virreinatos italianos.

    Un godo[13], que una cueva en la montaña
    guardó, pudo cobrar las dos Castillas;
    del Betis y Genil[14] las dos orillas,
    los herederos de tan grande hazaña.

5   A Navarra te dio justicia y maña;
    y un casamiento, en Aragón, las sillas
    con que a Sicilia y a Nápoles humillas,
    y a quien Milán espléndida acompaña.

---

[13] *un godo:* Pelayo; nótese la buscada indeterminación y el alejamiento (Un... una...).
[14] *Betis y Genil:* la Reconquista, a través de dos de sus hitos, Sevilla y Granada.

Muerte[15] infeliz en Portugal arbola[16]
10 tus castillos, Colón pasó los godos
al ignorado cerco de esta bola.

Y es más fácil, ¡Oh España[17]!, en muchos modos,
que lo que a todos les quitaste sola
te puedan a ti sola quitar todos[18].

[RETIRADO EN LA PAZ DE ESTOS DESIERTOS]

Suele recordarse este bello soneto, en defensa de la lectura y del trabajo intelectual, como algunos de los que se escribieron en la época, por ejemplo de Lope de Vega; remite también al interior —la intimidad— del nuevo mundo burgués, que se hace y enriquece paulatinamente, al tiempo que crece el espacio público. Probablemente Quevedo lo escribió en La Torre de Juan Abad, pueblecito al sur de Ciudad Real, en el límite con la sierra de Segura, lugar al que conviene todavía hoy lo de «la paz de estos desiertos». Era un lema conocido lo de leer no muchos libros sino «mucho», que es lo que dice el verso segundo.

DESDE LA TORRE

Retirado en la paz de estos desiertos,
con pocos, pero doctos libros juntos,
vivo en conversación con los difuntos
y escucho con mis ojos a los muertos.

---

[15] *muerte:* la del rey don Sebastián de Portugal, en África.
[16] *arbola:* levanta.
[17] *España:* el ritmo del soneto se quiebra en este endecasílabo, por la aparición del quejido.
[18] *todos:* el soneto termina con una paradoja —tomada de Ovidio—, pero, principalmente, con su peculiar estructura recalca lo que expresa: en dos versos termina todo lo que se ha ido formando en la cadena de versos anteriores. Todo puede acabar, como el soneto, rápidamente.

       Si no siempre entendidos, siempre abiertos
       o enmiendan, o fecundan mis asuntos;
       y en músicos callados contrapuntos [19]
       al sueño de la vida hablan despiertos.

       Las grandes almas que la muerte ausenta,
       de injurias de los años, vengadora,
       libra, ¡oh gran don Iosef!, docta la emprenta.

       En fuga irrevocable huye la hora;
       pero aquélla el mejor cálculo [20] cuenta
       que en la lección y estudios nos mejora.

[FUEGO A QUIEN TANTO MAR HA RESPETADO]

Véase el comentario a este soneto en el apéndice.

AMANTE AUSENTE DEL SUJETO AMADO DESPUÉS DE LARGA NAVEGACIÓN

       Fuego a quien tanto mar ha respetado
       y que, en desprecio de las ondas frías,
       pasó abrigado en las entrañas mías,
       después de haber mis ojos navegado,

       merece ser al cielo trasladado,
       nuevo esfuerzo del sol y de los días;
       y entre las siempre amantes jerarquías,
       en el pueblo de luz, arder clavado.

---

[19] *músicos callados contrapuntos:* probablemente porque está leyendo también poesía, es decir, música.

[20] *cálculo:* el tiempo que pasa, si lo contamos (hacemos cálculo), resultará aprovechado en el caso de que lo hayamos empleado en «lección» y «estudios».

Dividir y apartar puede el camino;
10   mas cualquier paso del perdido amante
es quilate al amor puro y divino.

Yo dejo la alma atrás; llevo adelante,
desierto y solo, el cuerpo peregrino,
y a mí no traigo cosa semejante.

[CERRAR PODRÁ MIS OJOS LA POSTRERA]

Otra de las grandes creaciones poéticas de Quevedo y uno de los sonetos más comentados de nuestra historia literaria. Y muy barroco: el tema del amor aparece inextricablemente asociado al de la muerte; pero esta vez será el amor —mejor aún: la pasión que arde en el alma enamorada— la que derrote al tiempo y permanezca eternamente, como polvo enamorado.

AMOR CONSTANTE MÁS ALLÁ DE LA MUERTE

Cerrar podrá mis ojos la postrera
sombra que me llevare el blanco día,
y podrá desatar esta alma mía
hora [21] a su afán ansioso lisonjera;

5   mas no, de esotra parte, en la ribera [22],
dejará la memoria, en donde ardía:

---

[21] *hora:* la sintaxis de los dos primeros cuartetos es harto dificultosa, pues Quevedo gusta de hacer enlaces semánticos con escasa utilización de elementos morfológicos. Ello ha provocado que la interpretación exacta de estos versos sea distinta según la lectura crítica que se efectúe. Probablemente «hora» va determinada por «lisonjera», porque agrada o lisonjea al «afán ansioso» del alma, que quiere «desatarse», es decir, desligarse o liberarse del cuerpo, por la muerte.

[22] *la ribera:* es la imagen clásica de la muerte, que consiste en cruzar el río del olvido y pasar a la otra orilla.

nadar sabe mi llama la agua fría[23],
y perder el respeto a ley severa[24].

Alma a quien todo un dios[25] prisión ha sido,
venas que humor[26] a tanto fuego han dado,
medulas[27] que han gloriosamente ardido,

su cuerpo dejarán[28] no su cuidado;
serán ceniza, mas tendrá sentido;
polvo serán, mas polvo enamorado.

[ÉRASE UN HOMBRE A UNA NARIZ PEGADO]

Nuevamente hemos de señalar la popularidad del soneto, que describe de modo grotesco a un hombre de gran nariz o —como sugiere el soneto, mejor— la enorme nariz de un hombre. La deformación descriptiva supera lo burlesco para alcanzar lo grotesco, esto es, la deformación de la realidad o de su apreciación para provocar una burla con ingredientes casi monstruosos. Quevedo era un verdadero maestro en la recreación lingüística de tipos y escenas grotescas. La estructura arrebatadamente metafórica del poema es también muy amanerada: se adelantan y acumulan (mediante anáforas) las imágenes deformes de algo, que queda lejos de la superficie del texto. Interesa al poeta ostentar ingenio, hasta tal punto que en muchos casos los malabarismos verbales parecen infinitos: téngase en cuenta que se tenía como habilidad

---

[23] *llama la agua fría:* apuntan a dos metáforas archirrepetidas de la poesía amorosa renacentista y barroca, la del fuego y la pasión frente a la del desdén y el desamor.
[24] *ley severa:* la ley de que todos hemos de morir.
[25] *dios:* en su alma anidó el amor, que es el deificado o sublimado.
[26] *humor:* en la época se denominaban así a los líquidos corporales.
[27] *medulas:* lo más íntimo, lo más recóndito. Se ha defendido la acentuación llana de esa palabra, culta en la época); yo prefiero leerla en correlación con el arranque de los versos anteriores, de realización enfática (acentos esenciales en 1ª y 6ª sílaba) y anteposición clara del término esencial.
[28] *dejarán:* un gran crítico español (J. M. Blecua) propuso también la enmienda «dejará», que, en realidad, no hace falta, para marcar la correlación entre los dos tercetos; si bien se considera, antes la destruye.

de los conceptistas encontrar asociaciones imaginarias entre objetos o hechos distintos. Críticos ha habido, en este sentido, que han encontrado media docena de significados posibles para cada uno de los versos, algunos de ellos asociando cosas tan disparatadas como las que sugieren las notas. En este sentido, parece que, frecuentemente, Quevedo se burla —por exageración— de las doctrinas estéticas y literarias de su tiempo.

A UN HOMBRE DE GRAN NARIZ

Érase un hombre a una nariz pegado,
érase una nariz superlativa,
érase una alquitara [29] medio viva,
érase un peje [30] espada mal barbado;

5   era un reloj de sol [31] mal encarado,
érase un elefante boca arriba [32],
érase una nariz sayón y escriba [33],
un Ovidio Nasón [34] mal narigado.

---

[29] *alquitara:* alambique, es decir, instrumento con un pitorro o apéndice alargado.
[30] *peje:* pez.
[31] *reloj de sol:* no sólo porque se añadían a la superficie de una edificación, sino porque además estaba «mal orientado» *(encarado),* es decir, probablemente no tenía proporción adecuada.
[32] *elefante boca arriba:* el lector se complacerá en imaginar lo que se le sugiere, como posibilidad de comparación a una nariz; claro que esta comparación grotesca sólo era posible aquí, cuando ya hemos progresado en el juego de metáforas grotescas y puede aparecer cualquier cosa como «nariz grande». Es decir: ya no nos perdemos en la intepretación; todo lo que se diga ahora será equivalente a esa «enorme nariz». Para mayor complicación recuérdese que el elefante es el animal que posee la mayor nariz: la trompa.
[33] *sayón y escriba:* como la de un judío, al que se asociaban los dos menesteres.
[34] *Nasón:* chiste frecuente en la época, para utilizar el apellido de Ovidio con su significado etimológico, superlativo de nariz; la coletilla insiste además en que aquella nariz estaba mal puesta, era deforme («mal narigado»).

Érase el espolón de una galera,
10 érase una pirámide de Egito,
los doce tribus [35] de narices era;

érase un naricísimo infinito,
frisón [36] archinariz, caratulera [37],
sabañón garrafal [38], morado y frito.

[LA VOZ DEL OJO, QUE LLAMAMOS PEDO]

Este soneto, junto a otro que disparó contra Góngora, figura entre los más copiados por manuscritos de la época. Nos ha parecido imprimirlo para que no siga circulando de modo vergonzante, pues, en realidad, continúa una tradición literaria antiquísima, más allá del castellano, desde luego. En fin, téngase en cuenta que el sistema de valores del Barroco no es el nuestro ni, por tanto, el sentido de «intimidad», «vergüenza», etc.

La voz del ojo, que llamamos pedo
(ruiseñor de los putos), detenida,
da muerte a la salud más presumida,
y el proprio Preste Juan [39] le tiene miedo.

---

[35] *tribus:* es masculino, las que formaban la ascendencia del pueblo judío. Aquella nariz era como todas las narices juntas de todos los judíos.
[36] *frisón:* se decía de un tipo de caballo, grande y fuerte.
[37] *caratulera:* alusión algo vaga a las «caretas» de carnaval y semejantes, en las que se exageraban los rasgos de la cara, particularmente la nariz.
[38] *sabañón garrafal...:* el soneto ha alcanzado un clímax final figurativo en que todo es posible, como sublimación grotesca; es decir, totalmente alejado ya de cualquier realidad, buscando provocar la carcajada por la misma desproporción de la imagen. Y así es, el *sabañón* es la enfermedad que, por frío, afecta a los dedos; *garrafal* se dice de cualquier producto del campo mayor de la marca; el lector seguirá añadiendo a esas dos cualidades las dos que cierran, muy a su sabor
[39] *Preste Juan:* nombre de rey, es decir, que afecta hasta a los poderosos.

5 Mas pronunciada con el labio acedo[40]
y con pujo sonoro despedida,
con pullas y con risa da la vida,
y con puf y con asco, siendo quedo.

Cágome en el blasón de los monarcas
10 que se precian, cercados de tudescos[41],
de dar la vida y dispensar las Parcas[42].

Pues en el tribunal de sus greguescos[43],
con aflojar y comprimir las arcas,
cualquier culo lo hace con dos cuescos.

[NO HE DE CALLAR, POR MÁS QUE CON EL DEDO]

Esta epístola es un aplauso del poeta a la nueva época política que se anunciaba con el cambio de reinado (1621) y las medidas del nuevo gobierno (1623-1625). Nótese que es una versión poética de la política reformista del gobierno del conde-duque de Olivares, en modo alguno —como se suele decir y citar— una crítica de esas medidas. Quevedo está aplaudiendo a los que mandan. Eso no quiere decir, por lo demás, que no sean sinceras sus ideas, que se explayan, a través de la forma culta de la epístola, en tercetos encadenados. En general, Quevedo aplaude las medidas militaristas destinadas a restaurar el vigor de la conducta y a desterrar la molicie de la vida urbana moderna: lujos, fiestas, etc. Y, como era usual, contrapone el ideal de una edad dorada al mercantilismo, que él ve crecer a su alrededor.

---

[40] *acedo:* rígido.
[41] *tudescos:* alemanes, porque los monarcas tenían una «guarda tudesca».
[42] *Parcas:* muerte.
[43] *greguescos:* calzones.

EPÍSTOLA SATÍRICA Y CENSORIA CONTRA LAS COSTUMBRES PRESENTES, DE LOS CASTELLANOS, ESCRITA A DON GASPAR DE GUZMÁN, CONDE DE OLIVARES, EN SU VALIMIENTO

No he de callar, por más que con el dedo,
ya tocando la boca, o ya la frente,
silencio avises o amenaces miedo.

¿No ha de haber un espíritu valiente?
5 ¿Siempre se ha de sentir lo que se dice?
¿Nunca se ha de decir lo que se siente?

Hoy, sin miedo que, libre, escandalice,
puede hablar el ingenio, asegurado
de que mayor poder le atemorice.

10 En otros siglos pudo ser pecado
severo estudio y la verdad desnuda,
y romper el silencio el bien hablado.

Pues sepa quien lo niega y quien lo duda
que es lengua la verdad de Dios severo,
15 y la lengua de Dios nunca fue muda.

Son la verdad y Dios, Dios verdadero,
ni eternidad divina los separa
ni de los dos alguno fue primero.

Si Dios a la verdad se adelantara,
20 siendo verdad, implicación hubiera
en ser, y en que verdad de ser dejara.

La justicia de Dios es verdadera,
y la misericordia, y todo cuanto
es Dios, todo ha de ser verdad entera.

25 Señor Excelentísimo, mi llanto
    ya no consiente márgenes ni orillas:
    inundación será la de mi canto.

    Ya sumergirse miro mis mejillas,
    la vista por dos urnas derramada
30 sobre las aras de las dos Castillas.

    Yace aquella virtud desaliñada [44],
    que fue, si rica menos, más temida,
    en vanidad y en sueño sepultada.

    Y aquella libertad esclarecida,
35 que en donde supo hallar honrada muerte,
    nunca quiso tener más larga vida.

    Y pródiga de l'alma, nación fuerte,
    contada, por afrentas de los años,
    envejecer en brazos de la suerte.

40 Del tiempo el ocio torpe, y los engaños
    del paso de las horas y del día,
    reputaban los nuestros por extraños.

    Nadie contaba cuánta edad vivía,
    sino de qué manera: ni aun un'hora
45 lograba sin afán su valentía [45].

    La robusta virtud era señora,
    y sola dominaba al pueblo rudo;
    edad, si mal hablada, vencedora.

---

[44] *desaliñada:* sin adorno, sin presunción.
[45] *valentía:* lo genuino o propio de algo, cuando existe de forma relevante.

El temor de la mano daba escudo
50 al corazón, que, en ella confiado,
todas las armas despreció desnudo.

Multiplicó en escuadras un soldado
su honor precioso, su ánimo valiente,
de sola honesta obligación armado.

55 Y debajo del cielo, aquella gente,
si no a más descansado, a más honroso
sueño entregó los ojos, no la mente.

Hilaba la mujer para su esposo
la mortaja, primero que el vestido;
60 menos le vio galán que peligroso.

Acompañaba el lado del marido
más veces en la hueste que en la cama;
sano le aventuró, vengóle herido.

Todas matronas y ninguna dama:
65 que nombres del halago cortesano
no admitió lo severo de su fama.

Derramado y sonoro el Oceano
era divorcio [46] de las rubias minas
que usurparon la paz del pecho humano.

70 Ni los trujo [47] costumbres peregrinas
el áspero dinero, ni el Oriente
compró la honestidad con piedras [48] finas.

---

[46] *divorcio:* el mar impedía que se llegara a las minas —de oro y plata— de América.
[47] *trujo:* trajo.
[48] *piedras:* joyas y productos exóticos se traían del Oriente.

Joya fue la virtud pura y ardiente;
gala el merecimiento y alabanza;
75 sólo se cudiciaba lo decente.

No de la pluma dependió la lanza [49],
ni el cántabro [50] con cajas y tinteros
hizo el campo heredad, sino matanza.

Y España, con legítimos dineros,
80 no mendigando el crédito a Liguria [51],
más quiso los turbantes [52] que los ceros.

Menos fuera la pérdida y la injuria,
si se volvieran Muzas los asientos [53];
que esta usura es peor que aquella furia.

85 Caducaban [54] las aves en los vientos,
y expiraba decrépito el venado:
grande vejez duró en los elementos.

Que el vientre entonces bien diciplinado
buscó satisfación, y no hartura,
90 y estaba la garganta sin pecado [55].

---

[49] *pluma... lanza:* dos metonimias, claro: por letras y armas.

[50] *cántabro:* alusión histórica y costumbrista: los primeros conquistadores de la Península bajaron de las montañas del Norte («cántabros»), para luchar, no para servir en la administración y el gobierno («cajas y tinteros»), como luego siguieron haciendo, hasta la época de Quevedo.

[51] *Liguria:* para nombrar a Génova, pues de allí procedían los banqueros que prestaban dinero al gobierno español, normalmente a cuenta del oro que venía de América.

[52] *turbantes... ceros:* nueva metonimia. Más quiso las guerras que las cuentas.

[53] *Muza... asientos:* este último término, en concreto, es el que definía el contrato entre los banqueros, que asentaban o prestaban grandes cantidades de dinero a la administración. Quevedo hubiera preferido que fuesen «moros» (sinécdoque de Muzas) para atacarlos de frente.

[54] *caducaban:* envejecían.

[55] *garganta sin pecado:* no existía la gula.

Del mayor infanzón[56] de aquella pura
república de grandes hombres, era
una vaca sustento y armadura.

No había venido al gusto lisonjera
95 la pimienta[57] arrugada, ni del clavo
la adulación fragante forastera.

Carnero y vaca fue principio[58] y cabo,
y con rojos pimientos, y ajos duros,
tan bien como el señor, comió el esclavo.

100 Bebió la sed los arroyuelos puros;
después mostraron del carchesio[59] a Baco
el camino los brindis mal seguros.

El rostro macilento, el cuerpo flaco
eran recuerdo del trabajo honroso,
105 y honra y provecho andaban en un saco.

Pudo sin miedo un español velloso[60]
llamar a los tudescos bacchanales[61],
y al holandés, hereje y alevoso.

Pudo acusar los celos desiguales[62]
110 a la Italia; pero hoy, de muchos modos,
somos copias, si son originales.

---

[56] *infanzón:* cierto grado de nobleza sencilla, ganada en el campo de batalla.
[57] *pimienta... clavo:* dos de las especias más preciadas que se traían de Oriente.
[58] *principio:* primer plato.
[59] *carchesio:* cita directa de un verso de Virgilio, el latinismo crudo alude al vaso para hacer sacrificios a Baco, el dios del vino.
[60] *velloso:* peludo, rudo.
[61] *tudescos bacchanales:* los alemanes borrachos.
[62] *celos desiguales:* parece que hay una alusión al afeminamiento de los italianos.

Las descendencias gastan muchos godos[63],
todos blasonan, nadie los imita:
y no son sucesores, sino apodos.

115 Vino el betún precioso que vomita
la ballena, o la espuma de las olas,
que el vicio, no el olor, nos acredita.

Y quedaron las huestes españolas
bien perfumadas, pero mal regidas,
120 y alhajas las que fueron pieles solas.

Estaban las hazañas mal vestidas,
y aún no se hartaba de buriel[64] y lana
la vanidad de fembras[65] presumidas.

A la seda pomposa siciliana,
125 que manchó ardiente múrice[66], el romano
y el oro hicieron áspera y tirana.

Nunca al duro español supo el gusano
persuadir que vistiese su mortaja,
intercediendo el Can[67] por el verano.

130 Hoy desprecia el honor al que trabaja,
y entonces fue el trabajo ejecutoria[68],
y el vicio gradüó[69] la gente baja.

---

[63] *godos:* para presumir de ancestros todo el mundo echa mano de los godos.
[64] *buriel:* paño sencillo.
[65] *fembras:* con la *f-* inicial conservada, como se pronunciaba antiguamente, pues se está hablando de las mujeres de otro tiempo.
[66] *múrice:* un molusco del que se extraía la sustancia con la que se obtenía la púrpura, signo de distinción y lujo en la época.
[67] *Can:* la estrofa, un tanto perifrástica, significa que nunca el español se vistió de seda (la mortaja del gusano), aunque hiciese mucho calor.
[68] *ejecutoria:* documento de hidalguía, de nobleza.
[69] *el vicio gradüó:...:* graduarse u obtener un grado en algo, en este caso, en vicio

Pretende el alentado joven gloria
por dejar la vacada sin marido,
135 y de Ceres [70] ofende la memoria.

Un animal a la labor nacido,
y símbolo celoso [71] a los mortales,
que a Jove [72] fue disfraz, y fue vestido;

que un tiempo endureció manos reales [73],
140 y detrás de él los cónsules [74] gimieron,
y rumia [75] luz en campos celestiales,

¿por cuál enemistad se persuadieron
a que su apocamiento fuese hazaña,
y a las mieses tan grande ofensa hicieron?

145 ¡Qué cosa es ver un infanzón de España
abreviado en la silla a la jineta [76],
y gastar un caballo en una caña [77]!

---

[70] *Ceres:* alude a los juegos de toros, que terminaban con la muerte del animal (dejando viudas a las vacas). Ceres era la diosa de la agricultura, en la que se emplean bueyes y vacas para el laboreo. Siguen, inmediatamente, más alusiones mitológicas.
[71] *símbolo celoso:* por los cuernos.
[72] *Jove:* Júpiter se disfrazó de toro para raptar a Europa.
[73] *manos reales:* antiguamente, en el remate de los cetros reales (dice Covarrubias, un excelente lexicógrafo de la época) figuraba un arado; y los reyes y poderosos encallecían sus manos por el trabajo en el campo, que era honroso.
[74] *cónsules:* Quevedo ennoblece la epístola, como se está viendo, con multitud de referencias clásicas, como ésta al sacrificio de toros por los dignatarios romanos, que suspiraban por que esto ocurriese (señal de que habían alcanzado alguna dignidad).
[75] *rumia:* alusión al signo zodiacal de Taurus, en el cielo.
[76] *abreviado... a la jineta:* montado a lo moro, es decir, con las piernas muy dobladas desde la rodilla, casi paralelas al suelo; ello les exigía cabalgar como encogidos («abreviados»).
[77] *caña:* alusión a los juegos de cañas, en los que se simulaban batallas, a caballo, con cañas en vez de lanzas.

Que la niñez al gallo[78] le acometa
con semejante munición apruebo;
150 mas no la edad madura y la perfeta.

Ejercite sus fuerzas el mancebo
en frentes de escuadrones; no en la frente
del útil bruto l'asta del acebo[79].

El trompeta le llame diligente,
155 dando fuerza de ley el viento vano,
y al son esté el ejército obediente.

¡Con cuánta majestad llena la mano
la pica[80], y el mosquete[81] carga el hombro,
del que se atreve a ser buen castellano!

160 Con asco, entre las otras gentes, nombro
al que de su persona, sin decoro,
más quiere nota dar, que dar asombro.

Jineta y cañas son contagio moro;
restitúyanse justas y torneos,
165 y hagan paces las capas con el toro.

Pasadnos vos de juegos a trofeos,
que sólo grande rey y buen privado
pueden ejecutar estos deseos.

---

[78] *gallo:* los niños emulaban las fiestas de cañas, lanceando con ellas a un gallo subido en un palo.
[79] *acebo:* árbol de madera muy dura.
[80] *pica:* una de las armas típicas de la infantería española, a modo de lanza.
[81] *mosquete:* primitiva arma de fuego.

Vos, que hacéis repetir siglo pasado,
170 con desembarazarnos las personas [82]
y sacar a los miembros de cuidado;

vos distes libertad con las valonas [83],
para que sean corteses las cabezas,
desnudando el enfado a las coronas.

175 Y pues vos enmendastes las cortezas [84],
dad a la mejor parte medicina:
vuélvanse los tablados [85] fortalezas.

Que la cortés estrella, que os inclina
a privar [86] sin intento y sin venganza,
180 milagro que a la invidia desatina,

tiene por sola bienaventuranza
el reconocimiento temeroso,
no presumida y ciega confianza.

Y si os dio el ascendiente [87] generoso
185 escudos, de armas y blasones llenos,
y por timbre el martirio glorïoso,

---

[82] *desembarazarnos las personas:* las primeras leyes antisuntuarias del nuevo gobierno prohibieron galas y adornos de todo tipo en el atuendo de las personas, entre ellos el exceso de seda, las muchas joyas, etc. Los «miembros» se liberan (sacan) de esas preocupaciones (cuidados).
[83] *valonas:* una de las cosas que se prohibieron fueron los cuellos de lechuguilla, que se sustituyeron por otros más sencillos, las valonas.
[84] *cortezas:* el adorno exterior de las gentes. El lenguaje de Quevedo en la epístola es premeditadamente rudo.
[85] *tablados:* los que se montaban para las fiestas públicas de todo tipo.
[86] *privar:* gobernar por comisión directa del monarca, que depositaba en el «privado» las riendas del gobierno.
[87] *ascendiente:* la casa de los Guzmanes, a la que pertenecía el privado, en efecto, era de las de alcurnia más gloriosa; contaba como hazaña memorable la del noble que entregó su propio puñal para que mataran a su hijo, antes que entregar la fortaleza de Tarifa al moro (Guzmán el Bueno). A ella alude con «martirio glorïoso».

mejores sean por vos los que eran buenos
Guzmanes, y la cumbre desdeñosa
os muestre, a su pesar, campos serenos.

190 Lograd, señor, edad tan venturosa;
y cuando nuestras fuerzas examina
persecución unida[88] y belicosa,

la militar valiente disciplina
tenga más platicantes[89] que la plaza:
195 descansen tela falsa[90] y tela fina.

Suceda a la marlota[91] la coraza,
y si el Corpus[92] con danzas no los pide,
velillos y oropel no hagan baza;

el que en treinta lacayos los divide,
200 hace suerte en el toro, y con un dedo
la hace en él la vara que los mide.

Mandadlo ansí, que aseguraros puedo
que habéis de restaurar más que Pelayo[93];
pues valdrá por ejércitos el miedo,
205 y os verá el cielo administrar su rayo.

---

[88] *persecución unida...:* las ligas extranjeras contra la monarquía hispana ahora (1622) que se termina la tregua de los Doce Años.
[89] *platicantes:* practicantes.
[90] *tela falsa:* en este primer caso es la que se armaba para la simulación de batallas, para las justas.
[91] *marlota:* vestidura morisca que cubría, ajustadamente, la parte superior del cuerpo.
[92] *Corpus:* una de las fiestas típicas, en la que no faltaban las «representaciones» y «danzas» que contrataba el municipio. La alusión se continúa en la estrofa siguiente, referida a las fiestas de toros, en las que cada lance es una suerte, y los nobles van acompañados por cuadrillas de lacayos, a quienes da «velillos» ('tela fina para cubrir el rostro') y oropel; pero la vara con que se miden esos regalos suntuarios hace suerte, hiere al noble que gasta su fortuna en esos juegos.
[93] *Pelayo:* el primer rey godo que inicia la Reconquista.

[PODEROSO CABALLERO / ES DON DINERO]

Ésta es una de las primeras letrillas de Quevedo, pues su difusión se documenta tan temprano como 1603. Ya señalamos que este tipo de composiciones servía para expresar la sátira de costumbres de modo festivo y más o menos velado. En este caso, el poeta opone dos símbolos, uno el de los viejos tiempos («caballero») y otro el de los nuevos («dinero»), señalando la destrucción de este segundo sobre los modos de vida y de conducta que él pensaba mejores.

> *Poderoso caballero*
> *es don Dinero.*
>
> Madre, yo al oro me humillo;
> él es mi amante y mi amado,
> 5 pues, de puro enamorado,
> de contino [94] anda amarillo;
> que pues, doblón o sencillo [95],
> hace todo cuanto quiero,
> *poderoso caballero*
> 10 *es don Dinero.*
>
> Nace en las Indias [96] honrado,
> donde el mundo le acompaña;
> viene a morir en España,
> y es en Génova [97] enterrado.
> 15 Y pues quien le trae al lado
> es hermoso, aunque sea fiero [98],
> *poderoso caballero*
> *es don Dinero.*

---

[94] *de contino:* continuamente.
[95] *doblón o sencillo:* dos monedas de la época.
[96] *Indias:* Quevedo describe el itinerario del oro, que se extrae en las minas de Indias, de América.
[97] *Génova:* se entrega a los banqueros genoveses, que lo habían adelantado (los «asientos»).
[98] *fiero:* de aspecto que produce miedo.

Es galán y es como un oro,
20 tiene quebrado el color,
persona de gran valor,
tan cristiano como moro.
Pues que da y quita el decoro
y quebranta cualquier fuero,
25 *poderoso caballero*
es don Dinero.

Son sus padres principales,
y es de nobles descendiente,
porque en las venas de Oriente
30 todas las sangres son reales;
y pues quien hace iguales
al duque y al ganadero,
poderoso caballero
es don Dinero.

35 Mas ¿a quién no maravilla
ver en su gloria sin tasa
que es lo menos de su casa
doña Blanca de Castilla[99]?
Pero, pues da al bajo silla
40 y al cobarde hace guerrero,
poderoso caballero
es don Dinero.

Sus escudos de armas nobles
son siempre tan principales,
45 que sin sus escudos[100] reales
no hay escudos de armas dobles;
y pues a los mismos robles

---

[99] *Blanca de Castilla:* lo menos, porque la moneda castellana de menor valor es la «blanca».
[100] *escudos:* era el nombre de otra moneda. Quevedo se pasea por la dilogía.

            da codicia su minero,
            poderoso caballero
    50   *es don Dinero.*

            Por importar en los tratos
            y dar tan buenos consejos,
            en las casas de los viejos
            gatos [101] le guardan de gatos.
    55   Y pues él rompe recatos
            y ablanda al juez más severo,
            poderoso caballero
            es don Dinero.

            Y es tanta su majestad
    60   (aunque son sus duelos hartos),
            que con haberle hecho cuartos [102],
            no pierde su autoridad;
            pero, pues da calidad,
            al noble y al pordiosero,
    65   *poderoso caballero*
            es don Dinero.

            Nunca vi damas ingratas
            a su gusto y afición;
            que a las caras de un doblón
    70   hacen sus caras baratas [103];

---

[101] *gatos:* bolsones para guardar el dinero —primera acepción— le guardan de rateros o ladrones, segunda acepción de «gatos».
[102] *cuartos:* nueva dilogía. Una de las penas públicas más graves consistía en, después de ejecutar a un delincuente (y algunas veces antes de que muriera), hacerlo pedazos (cuartos), que se colocaban a las entradas de los pueblos y ciudades, para escarmiento de los que llegaban con intención de delinquir. Pero «cuarto» era también la cuarta parte de un real, es decir, otra unidad monetaria.
[103] *caras baratas:* nótese el juego múltiple. Viendo una moneda (doblón) las mujeres hacen sus caras (venden su rostro, su persona; adoptan una actitud amable; y ya no son de mucho precio) baratas.

> y pues las hace bravatas
> desde una bolsa de cuero,
> *poderoso caballero*
> *es don Dinero.*

> 75 Mas valen en cualquier tierra
> (¡mirad si es harto sagaz!)
> sus escudos en la paz
> que rodelas [104] en la guerra.
> Y pues al pobre le entierra
> 80 y hace proprio al forastero,
> *poderoso caballero*
> *es don Dinero.*

[QUIEN QUISIERE SER CULTO EN SOLO UN DÍA]

En un libro publicado en 1631 *(Juguetes de la niñez)* con varias obras festivas, incluyó el autor un *Libro de todas las cosas y otras muchas más,* del que forma parte esta famosa composición, con la que Quevedo se burla de los poetas culteranos, los seguidores de Góngora (muerto en 1627). Se trata de un soneto con estrambote.

RECETAS PARA HACER SOLEDADES EN UN DÍA

> Quien quisiere ser culto en sólo un día,
> la jeri (aprenderá) gonza [105] siguiente:
> *fulgores, arrogar, joven, presiente,*
> *candor, construye, métrica armonía;*

---

[104] *rodelas:* escudos pequeños.
[105] *jeri... gonza:* se burla de uno de los procedimientos típicos de los culteranos, el hipérbaton, al romper no la secuencia sintáctica normal de una frase, sino incluso de una misma palabra, cosa que no hizo nunca Góngora, claro (pero sí Jáuregui).

5 *poco, mucho, si no, purpuracía,*
neutralidad, conculca, erige, mente,
pulsa, ostenta, librar, adolescente,
señas traslada, pira, frustra, arpía;

cede, impide, cisuras, petulante,
10 *palestra, libra, meta, argento, alterna,*
si bien disuelve émulo canoro.

Use mucho de *líquido* y de *errante,*
su poco de *nocturno* y de *caverna,*
anden listos *livor, adunco* y *poro.*

15 Que ya toda Castilla,
con sola esta cartilla[106],
se abrasa de poetas babilones[107],
escribiendo sonetos confusiones;
y en la Mancha, pastores y gañanes,
20 atestadas de ajos las barrigas,
hacen ya cultedades[108] como migas.

[YA ESTÁ GUARDADO EN LA TRENA]

La jácara es un género de composición que popularizó Quevedo —y luego otros muchos compositores—, que presta voz de romance a jaques y delincuentes, quienes narran, de modo grotesco, sus fechorías. Con frecuencia formaron parte del espectáculo teatral, representándose como monólogos cantados —acompañados de música de guitarra— o como diálogos (jácaras entremesadas). Son una versión final de los romances burlescos, casi su contrapartida. Históricamente vienen a ser

---

[106] *cartilla:* la que se utilizaba para aprender a leer y escribir.
[107] *poetas babilones:* poetas indescifrables y confusos, por la confusión que se producía en Babilonia con la variedad de lenguas.
[108] *cultedades:* versos o escritos utilizando un lenguaje culto, que hacen como los labradores y lugareños hacen las «migas», que era su comida más popular.

producto (datan de comienzos de siglo) de la nueva situación social en las grandes urbes, sobre todo por la libertad a la que desde luego no accedieron las masas de población a lo largo de la segunda mitad del siglo XVI (desarraigados, mendigos, advenedizos, arruinados, absentistas...) Su lenguaje es sumamente atrevido, por la libertad expresiva de la que hacen gala los jaques que los vocean, incurriendo muchas veces en el lenguaje de germanías.

CARTA DE ESCARRAMÁN A LA MÉNDEZ

> Ya está guardado en la trena [109]
> tu querido Escarramán,
> que unos alfileres [110] vivos
> me prendieron sin pensar.
> 5 Andaba a caza de gangas [111],
> y grillos [112] vine a cazar,
> que en mí cantan como en haza [113]
> las noches de por San Juan.
> Entrándome en la bayuca [114],
> 10 llegándome a remojar [115]
> cierta pendencia mosquito [116],
> que se ahogó en vino y pan,
> al trago sesenta y nueve [117],
> que apenas dije «Allá va»,

---

[109] *trena:* cárcel.
[110] *alfileres:* corchetes o policías, porque le «prendieron» (dilogía con «alfiler»), por eso son «vivos».
[111] *de gangas:* de oportunidades, sin esfuerzo ni trabajo.
[112] *grillos:* dilogía, caza no un animal, sino los grilletes con que se sujetan los pies de los presos.
[113] *cantan como en haza..:* los grillos que lleva suenan tanto como los ruidoso insectos del mismo nombre una noche de verano en un campo segado («haza»). San Juan, la noche más corta del año, el veinticuatro de junio.
[114] *bayuca:* taberna.
[115] *remojar:* beber vino.
[116] *pendencia mosquito:* peleílla causada por el vino (en donde se ahogan los mosquitos).
[117] *sesenta y nueve:* es número que siempre ha tenido connotaciones eróticas.

me trujeron en volandas
 por medio de la ciudad.
 Como el ánima del sastre
 suelen los diablos llevar,
 iba en poder de corchetes
20 tu desdichado jayán [118].
 Al momento me embolsaron,
 para más seguridad,
 en el calabozo fuerte
 donde los godos [119] están.
25 Hallé dentro a Cardeñoso,
 hombre de buena verdad,
 manco [120] de tocar las cuerdas,
 donde no quiso cantar.
 Remolón fue hecho cuenta [121]
30 de la sarta de la mar,
 porque desabrigó a cuatro
 de noche en el Arenal.
 Su amiga la Coscolina
 se acogió [122] con Cañamar,
35 aquel que, sin ser San Pedro,
 tiene llave [123] universal.
 Lobrezno está en la capilla [124].

---

[118] *jayán:* hombrachón, gigante; iba en poder de «corchetes» o policías.
[119] *godos:* los presos de más importancia, de la misma manera que «hacerse de los godos» es inventarse una antigüedad de nobleza y prestigio.
[120] *manco:* le habían destrozado los brazos en el tormento del potro, en donde se le estiraban las coyunturas con cuerdas. Pero él no «cantó», no confesó.
[121] *cuenta...:* le condenaron a ir encadenado con otros («hecho sarta»), como las cuentas de los rosarios, porque quitó las ropas a otros («desabrigó») en el Arenal, zona, probablemente de Sevilla, típica de ciudades con mar, río, etc.
[122] *acogió:* refugió, normalmente, a «sagrado», en las iglesias donde no tenía jurisdicción la justicia seglar.
[123] *llave:* entra a robar en todos los sitios.
[124] *capilla:* preparado para entrar en...; en este caso, le van a ahorcar, pues lo señala enseguida con un nuevo juego dilógico, alusivo a la costumbre de colgar un regalo a quien festeja su cumpleaños o su santo.

Dicen que le colgarán,
sin ser día de su santo,
40 que es muy bellaca señal.
Sobre el pagar la patente [125]
nos venimos a encontrar
yo y Perotudo el de Burgos:
acabóse la amistad.
45 Hizo en mi cabeza tantos [126]
un jarro, que fue orinal,
y yo con medio cuchillo
le trinché medio quijar [127].
Supiéronlo los señores,
50 que se lo dijo el guardián,
gran saludador [128] de culpas,
un fuelle de Satanás.
Y otra mañana a las once,
víspera de San Millán,
55 con chilladores [129] delante
y envaramiento [130] detrás
a espaldas vueltas me dieron
el usado centenar [131]

---

[125] *pagar la patente:* la patente es el dinero que se exigía a los nuevos en cualquier oficio o situación.
[126] *tantos:* trozos.
[127] *quijar:* le cortó el cuello por la mitad, como siempre utilizando una expresión truculenta como si fuera lenguaje familiar.
[128] *saludador:* oficio del que acompañaba a los curanderos, soplando. Lo que sopla (soplar es también «acusar») aquí son las «culpas». El mismo juego se continúa con «fuelle», que también sirve para soplar o delatar.
[129] *chilladores:* los que van chillando o pregonando el castigo del reo, cuando se le lleva por las calles sometiéndole a la vergüenza pública.
[130] *envaramiento:* en principio, los azotes o varazos con que acompañan al reo en ese mismo castigo; pero hay también otra alusión a la postura que les obligaban a mantener en la cabalgadura, para azotarles, montados en un burro al revés, a lo que alude enseguida. Los azotes, justifica el jaque, se los han dado a traición, de espaldas, y por tanto no le deshonran.
[131] *centenar:* los cien azotes. Luego, simulando una cuenta, señala que es la octava vez que le condenan a la misma pena.

>   que sobre los recibidos
> 60 son ochocientos y más.
>   Fui de buen aire a caballo,
>   la espalda de par en par,
>   cara como del que prueba
>   cosa que le sabe mal;
> 65 inclinada la cabeza
>   a monseñor cardenal [132],
>   que el rebenque [133], sin ser papa,
>   cría por su potestad.
>   A puras pencas [134] se han vuelto
> 70 cardo mis espaldas ya;
>   por eso me hago de pencas
>   en el decir y el obrar.
>   Agridulce [135] fue la mano;
>   hubo azote garrafal;
> 75 el asno era una tortuga,
>   no se podía menear [136].
>   Sólo lo que teniá bueno
>   ser mayor que un dromedal [137],
>   pues me vieron en Sevilla
> 80 los moros de Mostagán.

---

[132] *cardenal:* porque la herida del azote le dejaba esa huella. Naturalmente hay una dilogía mantenida en otras alusiones, como la gravedad del paseo, la facultad del Papa para hacerlos, etc.

[133] *rebenque:* látigo.

[134] *penca:* en germanías, 'látigo'; pero es también el tallo de los cardos, y entra a formar parte del modismo «hacerse de pencas», 'disimular para no conceder'. Luego, sus espaldas se han vuelto «cardos», en donde se recuerda lo de «cardenal» y se añade la imagen arrugada y espinosa de esa planta.

[135] *agridulce:* va a explicarse enseguida por la alusión a «garrafal», que servía para nombrar a las frutas mayores de lo usual: unos azotes eran de ese tipo y otros no, estaban mezclados, eran agridulces.

[136] *menear:* el paseo por las calles acostumbradas en asno, en tanto le azotaban, podía aliviarse si se daba deprisa y corriendo; el paso lento de la cabalgadura permitía que se dieran los azotes a conciencia.

[137] *dromedal:* grande como un dromedario, hasta el punto de que podrían verle —dice con exageración— en la ciudad árabe de Mostagán.

No hubo en todos los ciento
azote que echar a mal [138],
pero a traición me los dieron:
no me pueden agraviar.
85 Porque el pregón se entendiera
con voz de más claridad,
trujeron por pregonero [139]
las sirenas de la mar.
Invíanme por diez años
90 (¡sabe Dios quién los verá!)
a que, dándola de palos [140],
agravie toda la mar.
Para batidor del agua
dicen que me llevarán,
95 y a ser de tanta sardina
sacudidor y batán [141].
Si tienes honra, la Méndez [142],
si me tienes voluntad,
forzosa ocasión es ésta
100 en que lo puedes mostrar.
Contribúyeme con algo,
pues es mi necesidad
tal, que tomo del verdugo
los jubones [143] que me da;

---

[138] *echar a mal:* no se pudo despreciar ni un solo azote, todos fueron buenos, bien dados, dice lamentándose.
[139] *pregonero:* los chilladores de que hemos hablado antes iban pregonando su culpa, que era la de ir condenado a remar en galeras en la mar.
[140] *dándola de palos:* al remar en galeras, como forzado, da palos al mar.
[141] *batán:* continúa el juego con los palos que va a dar a la mar, sacudiendo sardinas y golpeando, como los batanes en el agua muelen golpeando.
[142] *la Méndez:* muchos de los nombres que ya nos han surgido son apodos significativos. Ahora la utilización del artículo delante del nombre señala la vulgaridad del lenguaje agermanado.
[143] *jubones:* nueva dilogía. Le pide limosna o ayuda a la Méndez, mediante el empleo pedante de «contribúyeme», porque de pobre que está ha aceptado los jubones (camiseta ajustada y tanda de azotes) del verdugo.

105 que tiempo vendrá, la Méndez,
     que alegre te alabarás
     que a Escarramán por tu causa
     le añudaron el tragar [144].
     A la Pava del cercado,
110 a la Chirinos, Guzmán,
     a la Zolla y a la Rocha,
     a la Luisa y la Cerdán;
     a mama, y a taita [145] el viejo,
     que en la guarda vuestra están,
115 y a toda la gurullada [146]
     mis encomiendas darás.
     Fecha en Sevilla, a los ciento
     de este mes que corre ya,
     el menor de tus rufianes
120 y el mayor de los de acá.

---

[144] *le añudaron el tragar:* le hicieron un nudo en la garganta, le ahorcaron.

[146] a *mama y a taita:* en lenguaje de germanías, «padre» y «madre» son los nombres para los jefes del monipodio, que protegen y ayudan a los delincuentes.

[147] *gurullada:* conjunto de personas que conoce y viven en su círculo.

CONDE DE VILLAMEDIANA
(Lisboa, 1582-Madrid, 1622)

Don Juan de Vera y Tasis era hijo del correo mayor del reino y desde 1599 vivió directamente relacionado con la vida de la Corte, de la que fue desterrado en 1608. Dos años después viajó a Italia en el séquito del conde de Lemos. Allí combatió en las guerras de Nápoles y Lombardía. Con el cambio de gobierno volvió a la Corte, donde siguió llevando una vida arriesgada y fastuosa. Fue asesinado en la calle Mayor de Madrid, probablemente por implicaciones con el pecado «nefando». Su obra poética es muy extensa y variada: cobró justa fama como satírico, con versos de alusiones muy directas a política y políticos de su tiempo, pero también siguió los caminos de la estética gongorina y dejó abundantes muestras de su desengaño en muchos de sus mejores versos.

[EL CACO DE LAS ESPAÑAS]

Décimas contra el duque de Lerma, como dice el título. Estamos hacia 1618, cuando sustituye a Lerma la camarilla de su hijo, el duque de Uceda, y se adivina un cambio de gobierno. Villamediana vuelve entonces del destierro.

AL CARDENAL DUQUE DE LERMA CUANDO SE RETIRÓ
A VALLADOLID

El Caco[1] de las Españas,
Mercurio dios de ladrones,
don Julián[2] de las traiciones,

---

[1] *Caco:* personaje mitológico que robaba el ganado a Hércules.
[2] *don Julián:* el conde que, según la tradición, dejó pasar los moros a la Península.

       se retiró a las montañas;
5   donde con rapantes mañas
       esconde inmensos tesoros,
       no ganados de los moros
       como bueno peleando,
       mas Rey y reino robando,
10   causa de penas y lloros.

       Vistióse de colorado [3],
       color de sangrienta muerte,
       fin que le espera a su suerte,
       que así está pronosticado.
15   Ojalá fuera llegado,
       que traiciones nunca oídas
       por privar privó de vidas
       a un Príncipe, Reina y Rey,
       con hechizos en que ley
20   fueron jamás consentidas.

       Esto de querer privar
       el duque con nuestro Rey
       y tener tan poca ley
       nos da mucho que pensar;
25   mas dicen que de hechizar
       ya debe de estar cansado,
       para esto se ha ausentado,
       y pensándolo encubrir
       ha dado más que decir
30   después que está enterrado.

       El que por largas edades
       toda bolsa deja enferma
       hase retirado a Lerma

---

[3] *colorado:* antes de retirarse el duque obtuvo el capelo cardenalicio (colorado), lo que, en efecto, pudo salvarle de mayores desgracias.

                    por no oír decir verdades.
35   Deja hechas las maldades
                    que no ha de tapar su hijo⁴,
                    y en estando en lugar fijo,
                    se vistió de colorado
                    para gozar lo que ha hurtado
40   a sombra de crucifijo.

[EN CUNAS DE ESMERALDAS, DESTA FUENTE]

En este soneto, el lenguaje exquisito del poeta barroco se pone en juego para, en los tercetos finales, extraer una conclusión metafísica: la vida es como el agua de esa fuente. La estructura del soneto es, en este sentido, muy clásica, pues busca el contraste entre los elementos que se comparan (belleza y lujo, movimiento, agua..., frente al curso de la vida, la vanidad y el engaño).

A UNA FUENTE

En cunas de esmeraldas⁵, desta fuente
aljófar nace o fugitiva plata,
cuyas márgenes claras no dilata
en cuanto es su cristal adolesciente;

5   en undosa después firme creciente,
que de grillos de hielo se desata
sin llegar donde muere, nunca mata
la fatiga y la sed de su corriente.

¡Oh retrato, oh espejo de la vida,
10   que en vanas plumas de sus fines vuela,
más engañada y menos advertida,

---

⁴ *su hijo*: el duque de Uceda, que le sucedió en la privanza, hasta la muerte de Felipe III (1621).
⁵ *esmeralda*: las imágenes para el agua, su curso, la fuente, etc., se extraerán casi siempre de objetos lujosos, suntuarios.

a donde la razón no se rebela,
siguiendo una elección apetecida
por quien ha de morir, por quien anhela!

[AMOR NO ES VOLUNTAD, SINO DESTINO]

Soneto en el que se intenta definir el amor o, al menos, ensayar algún tipo de conocimiento de su naturaleza y efectos. El amor en Villamediana siempre comprenderá rasgos contradichos, zonas de sombra, elementos que acechan; existe un cierto fatalismo frente al amor, que ya está presente en el arranque del poema, y una cierta negación a aceptar su naturaleza.

Amor no es voluntad, sino destino
de violenta pasión y fe con ella;
elección nos parece y es estrella[6]
que sólo alumbra el propio desatino.

5 Milagro humano en símbolos divino,
ley que sus mismas leyes atropella;
ciega deidad, idólatra querella,
que da fin y no medio a su camino.

Sin esperanza, y casi sin deseo,
10 recatado[7] del propio pensamiento,
en ansias vivas acabar me veo.

Persuasión eficaz de mi tormento,
que parezca locura y devaneo
lo que es amor, lo que es conocimiento.

---

[6] *estrella:* casualidad, azar.
[7] *recatado...:* obsérvese la negación del poeta a reconocer rasgos de su propia pasión.

[NO DESCONOZCO EN VOS, MI PENSAMIENTO]

Soneto muy típico de la inspiración tardía de Villamediana, en donde, además de manejar los conceptos cada vez más insistentes de «osadía», «atrevimiento», etc., construye sus imágenes poéticas con dos mitos que le eran muy queridos; los de Ícaro y Faetón. En el lector prende el sentido del riesgo, del desafío con que Villamediana acepta las condiciones de su pasión amorosa.

> No desconozco en vos, mi pensamiento,
> para tanta razón, tanta osadía,
> mas no siempre Fortuna ha de ser guía
> de tan precipitado atrevimiento.
>
> 5 Ícaro en vano se fió del viento,
> Faetón [8] regir en vano el sol quería,
> ventura [9] —y no razón— vence porfía,
> sólo ventura no es merecimiento.
>
> No os turbe, pensamiento, en la subida,
> 10 del lastimoso ejemplo la memoria,
> ni en peligro mayor, menos ventura;
>
> pues Fortuna, que ayuda a la caída,
> no os podrá quitar aquella gloria
> de venir a caer de más altura.

[¡OH CUÁNTO DICE EN SU FAVOR QUIEN CALLA]

Soneto sobre el silencio que, en una época de exageraciones verbales, atrajo a los poetas: hasta del silencio se hacían poemas. También se

---

[8] *Ícaro... Faetón:* los dos mitos más queridos de Villamediana, muy similares, pues, si Ícaro se fabricó alas de cera para volar; Faetón quiso alcanzar con su carro las alturas celestiales. Ambos arriesgaron en un empeño grandioso, que terminó trágicamente, pues se despeñaron desde la altura.
[9] *ventura...:* lo que es azar no tiene mérito.

poetiza la propia expresión poética, considerada como resultado de la
pasión amorosa, que no puede explicarse con palabras. Éste es el
auténtico tema del soneto que, si se logra como expresión, desmiente
su propio contenido. Un cierto tono conceptuoso deriva del merodeo
acerca de términos como «callar», «decir», «morir», «amar»..., que
producen una telaraña conceptual difícil.

> ¡Oh cuánto dice en su favor quien calla,
> porque, de amor, sufrir es cierto indicio,
> y el silencio, el más puro sacrificio
> y adonde siempre Amor mérito halla!
>
> 5 Morir en su pasión, sin declaralla,
> es de quien ama el verdadero oficio,
> que un callado llorar por ejercicio
> da más razón por sí no osando dalla.
>
> Quien calla amando, sólo amando muere,
> 10 que el que acierta a decirse no es cuidado;
> menos dice y más ama quien más quiere.
>
> Porque si mi silencio no ha hablado,
> no sé deciros más que, si muriere,
> otro os ha dicho lo que yo he callado.

[AL SOL NISE SURCABA GOLFOS BELLOS]

Artificioso soneto, que describe el momento en que una dama se
está peinando. Este tipo de escenas hizo las delicias de los poetas
barrocos, que se elevaron desde nimiedades semejantes a creaciones
artísticas soberbias, quizá aparentemente vacías de contenido pero de
extremada calidad verbal e imaginativa. Villamediana lo termina con
un bello verso bimembre, pura nominación, que sugiere la constante y
temblorosa evocación de la belleza de la amada, a partir de ese solo
rasgo.

A UNA DAMA QUE SE PEINABA

Al sol Nise surcaba golfos bellos
con dorado bajel de metal cano [10],
afrenta de la plata era su mano
y afrenta de los rayos sus cabellos.

5 Cuerda el arco [11] de Amor formaba en ellos
del pródigo despojo soberano,
y el ciego dios, como heredero ufano,
lince era volador para cogellos.

Bello pincel, no menos bello el mapa [12]
10 en piélago de rayos cielo undoso
era, y su menor hebra mil anzuelos,

que en red [13] que prende más al que se escapa
cadenas son, y de oro proceloso,
trémulas ondas, navegados cielos.

[NIÑA, PUES EN PAPO CHICO]

Villamediana cultivó con especial gracia la décima de tono satírico, epigramática, como en este ejemplo; muy apropiada para el ingenio repentino.

---

[10] *metal cano:* la mano blanca *(metal cano,* plateada) era un barco *(bajel)* que recorría el mar de sus cabellos rubios; más blanca la mano que la plata, más rubios los cabellos que el sol.

[11] *arco:* el dios Amor formaba su arco, para disparar las flechas con las que enamora, de los cabellos de la dama, que «heredaba» y atrapaba —como un lince— cuando se desprendían.

[12] *pincel... mapa:* el juego metafórico ahora es con «pincel» (la mano) y «mapa» (el cabello), como un mar de rayos dorados, cada uno de ellos (para desarrollar la metaforización de piélago) un anzuelo, imagen que retomará en el último terceto.

[13] *red:* el cabello de la amada, en fin, forma una red, que atrapa, como cadenas de oro.

A UNA DAMA QUE LE ENVIÓ UNA PERDIZ

>   Niña, pues en papo [14] chico
> no cabe chica mitad,
> con perdiz almorzad,
> porque tiene pluma y pico.
> 5 Si mentalmente os fornico,
> no me lo podéis negar,
> que amor sabe penetrar
> hoy, primer día del año,
> mil puertas con un engaño,
> 10 mil llaves con un mirar.

---

[14] *papo:* la parte anterior del cuello, en los animales sobre todo.

FRANCISCO DE RIOJA
(Sevilla, 1583-Madrid, 1659)

De origen humilde, estudió humanidades en Sevilla y se ordenó de menores. Fue amigo y consejero del conde-duque de Olivares y bibliotecario real. Tras la caída del valido volvió a Sevilla, hasta que fue llamado de nuevo para su puesto de bibliotecario en Madrid. Educado con criterios muy clásicos, en su poesía se distingue siempre la ponderación del humanista y la actitud contemplativa del estudioso.

[¡OH, EN PURA NIEVE Y PÚRPURA BAÑADO]

Silva, una de las muchas composiciones que Rioja dedicó a describir y cantar flores o jardines. Después de una larga y hermosa descripción de la planta, de su flor y de sus cualidades, Rioja engarza con el recuerdo de la amada, cuya belleza la flor emula, lo cual sirve para expresar, finalmente, su pasión amorosa.

AL JAZMÍN

¡Oh, en pura nieve y púrpura bañado,
jazmín, gloria y honor del cano estío!,
¿cuál habrá tan ilustre entre las flores,
hermosa flor, que competir presuma
5 con tu fragante espíritu y colores?
Tuyo es el principado
entre el copioso número que pinta
con su pincel y con su varia tinta
el florido verano.
10 Naciste entre la espuma
de las ondas sonantes

que blandas rompe y tiende el ponto en Chío[1],
y quizá te formó suprema mano,
como a Venus también, de su rocío;
15 o, si no es rumor vano,
la misma blanca diosa de Cithera[2],
cuando del mar salió la vez primera,
por do en la espuma el blando pie estampaba
de la playa arenosa
20 albos jazmines daba,
y de la tersa nieve y de la rosa
que el tierno pie ocupaba
fiel copia apareció en tan breves hojas.
La dulce flor de su divino aliento
25 liberal ascondió[3] en tu cerco alado;
hizo en el verdor tu planta:
el soplo la respeta más violento
que impele en nieve el cierzo[4] cano,
y la luz más flamante
30 que Apolo[5] esparce altivo y arrogante.
Si de süave olor despoja ardiente
la blanca flor divina
y amenaza a su cuello y a su frente
cierta y veloz rüina,
35 nunca tan licencioso se adelanta
que al incansable suceder se opone
de la nevada copia,
que siempre al mayor sol igual florece
e igual al mayor yelo resplandece.
40 ¡Oh jazmín glorïoso,
tú solo eres cuidado deleitoso

---

[1] *ponto en Chío:* el mar en la isla de ese nombre.
[2] *Cithera:* se está aludiendo al origen mítico de la flor, quizá formada por un dios («suprema mano»), como a la diosa Venus.
[3] *ascondió:* escondió.
[4] *cierzo:* viento frío del Norte, «cano» por su asociación a la nieve.
[5] *Apolo:* el sol.

de la sin par hermosa Citherea,
y tú también su imagen peregrina!
Tu cándida pureza
45 es más de mí estimada
por nueva emulación de la belleza
de la altiva luz [6] mía
que por obra sagrada
de la rosada planta de Dïone:
50 a tu ecelsa [7] blancura
admiración se debe
por imitar de su color la nieve,
y a tus perfiles rojos
por emular los cercos de sus ojos.
55 Cuando renace el día
fogoso en Orïente,
o con color medroso en Occidente
de la espantable sombra se desvía,
y el dulce olor te vuelve
60 que apaga el frío y que el calor resuelve,
al espíritu tuyo
ninguno habrá que iguale,
porque entonces imitas
al puro olor que de sus labios sale.
65 ¡Oh, corona mis sienes,
flor que al olvido de mi luz previenes!

[PURA, ENCENDIDA ROSA]

Silva. La rosa se presenta como símbolo de la belleza y del amor, pero también de la caducidad. Todo el esplendor y la fragancia de la rosa desaparece con el día, hasta el punto de que no se sabe si el rocío de la aurora está marchitando su nacimiento o llorando su muerte.

---

[6] *altiva luz:* a partir de este verso, el poeta quiebra su inspiración para referirse a su amada.
[7] *ecelsa:* excelsa.

A LA ROSA

Pura, encendida rosa,
émula de la llama
que sale con el día,
¿cómo naces tan llena de alegría
5 si sabes que la edad que te da el cielo
es apenas un breve y veloz vuelo,
y ni valdrán las puntas de tu rama
ni púrpura hermosa
a detener un punto
10 la ejecución del hado[8] presurosa?
El mismo cerco alado
que estoy viendo r̈iente,
ya temo amortiguado,
presto despojo de la llama ardiente.
15 Para las hojas de tu crespo seno
te dio Amor de sus alas blandas plumas,
y oro de su cabello dio a tu frente.
¡Oh fiel imagen suya peregrina!
Bañóte en su color sangre divina
20 de la deidad que dieron las espumas,
¿y esto, purpúrea[9] flor, esto no pudo
hacer menos violento el rayo agudo?
Róbate en una hora,
róbate licencioso su ardimiento
25 el color y el aliento:
tiendes aún no las alas abrasadas,
y ya vuelan al suelo desmayadas.
Tan cerca, tan unida
está al morir tu vida,
30 que dudo si en sus lágrimas la aurora
mustia tu nacimiento o muerte llora.

---

[8] *la ejecución del hado:* que se cumpla el destino, es decir, que llegue tu muerte.
[9] *purpúrea:* es trisílabo (pur-pu-reo).

CONDE DE SALINAS
(Madrid, 1564-1630)

Diego de Silva y Mendoza, conde de Salinas, desempeñó diversos cargos en la Corte, tanto en Castilla como en Nápoles y Portugal, donde fue virrey. Como buen poeta de su tiempo, cultivó todos los géneros; alcanza notable calidad en poemas de contenido existencial y en subgéneros breves, algunos de los cuales recupera de la vieja tradición de los cancioneros.

[YENDO DE LA COLA ASIDO]

Mote, glosado en coplas reales (dos quintillas).

CUESCO, OBISPO, COLA Y PAJE

Yendo de la cola asido
cierto obispo, y de ella atado
un paje muy su privado,
por ser de un cuesco ofendido
5   la soltó muy preferido.

Fue permisión de fortuna
y un alto sonado ultraje
y extraño fin de viaje
que se soltasen a una
10   *cuesco, obispo, cola y paje.*

[UN SANTO MÁRTIR MIRABA]

Nuevo mote, glosado en coplas reales (dos quintillas), y con cierta ingeniosidad en el tratamiento del tema y de las rimas.

QUE NO PUDO ACABAR SU

Un santo mártir miraba
el cuchillo de un tirano
que a muerte le sentenciaba,
y entre él y la cruda mano
5   su muerte y vida luchaba.

Y dijo con viva fe:
«Ayudadme, buen Jesús»,
y el cuchillo al cuello fue;
y volvió a decir je,
10 *y no pudo acabar su.*

JUAN DE JÁUREGUI
(Sevilla, 1583-Madrid 1641)

Fue pintor además de poeta. Viajó por Italia; hacia 1616 escribió el Antídoto contra la pestilente poesía de las «Soledades», *lo que le valió el rechazo de los seguidores de la nueva poesía. Censor de libros en Madrid, al final de su vida redactaba una traducción de* La Farsalia. *Su poesía, mayoritariamente publicada en 1618, es algo desmayada y fría, aunque intentó superar los esquemas culteranos y neoestoicos.*

[DAME EL PEÑASCO, SÍSIFO CANSADO]

Soneto que sigue plenamente los cauces de la expresión mitológica, muy gastada en todos estos casos. De ese modo Jáuregui quiere encarecer su pena amorosa, que ni siquiera todos esos tormentos igualan. Se apreciará, por tanto, el exceso expresivo barroco en la acumulación de imágenes hiperbólicas.

> Dame el peñasco, Sísifo [1] cansado,
> y tú, infelice Tántalo [2], tu pena;
> dame, Prometeo [3], el águila y cadena,
> herido el pecho, y al Caucaso atado.

---

[1] *Sísifo:* condenado por los dioses a subir cargado con una roca hasta la cima de un monte, desde donde se despeñaba una y otra vez. Simboliza, por tanto, la lucha con lo imposible.

[2] *Tántalo:* condenado a padecer hambre y sed eternamente, a pesar de permanecer sumergido en agua hasta la cintura con árboles frutales que pendían sobre él. Símbolo de la ansiedad insatisfecha.

[3] *Prometeo:* por haber robado el fuego sagrado a Zeus, se le condenó a permanecer encadenado, mientras un águila le devoraba las entrañas, en el Cáucaso.

5   Dame, Ixión[4], la rueda en que, amarrado,
    a eterno giro el cielo te condena,
    y llevad todos la miseria ajena
    de un corazón en celos abrasado.

    Aliviaréis el peso a mi tormento,
10 mientras al trueco y desigual porfía
    fuere vuestra paciencia poderosa.

    Y cuando a alguno falte el sufrimiento,
    no juzgará después tan rigurosa
    la pena suya, experto de la mía.

---

[4] *Ixión:* invitado por Jupiter a un banquete, intentó seducir a Juno. Se le condenó a girar eternamente atado a una rueda llena de serpientes.

PEDRO SOTO DE ROJAS
(Granada, 1584-1658)

Fue bachiller en cánones y canónigo de la Colegial de San Salvador, en su ciudad natal. Viajó a la Corte en numerosas ocasiones y allí acudió a academias literarias. Fue letrado de la Inquisición y sufrió encarcelamiento en su propia casa. Su poesía, pulida y exquisita, trata temas y tonos del Barroco.

[EN LA PARTE MÁS TIERNA DE MI PECHO]

INVOCACIÓN

En la parte más tierna de mi pecho
pintaste, Amor, la forma más hermosa
que el mundo vio, con sangre lastimosa
con pungente pincel de metal hecho.

5 ¡Oh, pintor peregrino!, satisfecho
de obra a ti igual, a mí maravillosa,
muestra cómo mi pluma temerosa
dé un gran traslado en mi papel estrecho.

Y ya que no, descubre en esta sombra
10 una señal de luz de aquella brasa
que los nublados de mi llanto escombra.

Y si la pluma, en discurrir escasa,
de mi confusa ceguedad se asombra,
préstele luz el fuego que me abrasa.

[SACA, GENIL, DE TU NEVADA GRUTA]

LISONJEA AL GENIL PORQUE TERCIE EN SU AMOR

Saca, Genil, de tu nevada gruta
los corvos cuernos de cristal luciente,
alza con los remansos la corriente
y echa la vista en tu ribera enjuta.

5 A Flora en flores y a Pomona en fruta
coronando verás tu anciana frente
y a la ninfa que es menos obediente
tus pies besando, humilde más que astuta.

En tu arena verás mi ingrata hermosa,
10 pomposa causa de tu honor florido,
y dirásle mi herida lastimosa:

¡mi herida!, y guarda, si te niega oído,
del pie veloz la estampa rigurosa;
será consuelo de mi amor perdido.

ANTONIO HURTADO DE MENDOZA
(Castro Urdiales, Santander, 1586-Madrid, 1644)

Fue secretario de Felipe IV. Poeta cortesano por antonomasia; dramaturgo y entremesista. Muchas de sus poesías se refieren, por tanto, a la inspiración circunstancial.

[ESTE EDIFICIO EN TU ACIERTO]

El poeta dedica dos décimas al Retiro, que se inauguró en 1632 y fue motivo de admiración y comidilla durante los años siguientes, según se iba acondicionando y ampliando. Poesía circunstancial, por tanto, en la que se expresan algunos de los motivos barrocos: el arte que vencerá al tiempo, el sentido apreciativo del esplendor y la fastuosidad, etc.

AL BUEN RETIRO, QUE FABRICÓ EL CONDE DUQUE
EN SAN JERÓNIMO DE MADRID

       Este edificio en tu acierto
       altamente fabricado,
       de todo esplendor poblado,
       de toda ambición desierto,
5   fiel testigo, y nunca muerto
       será, de que nada en vano
       obrará tu soberano
       designio, y ingenio excelente,
       si donde pones la mente,
10   pusieras también la mano.

       Que esta fabrica dudosa
       al tiempo, a la vista, y cuanto

es también dudado espanto
en lo grande, y en lo hermosa,
15 de una templanza gloriosa
señas son, que en novedad
valida una soledad,
que fue noche, y campo estrecho,
de una modestia, le has hecho
20 capaz de una Majestad.

[DE UN OBISPO DE CRISTAL]

El romance antepone una serie de imágenes sorprendentes —los ocho primeros versos—, que terminan por ser metáforas de la mujer que le enamoró (verso 10). Luego sigue discurriendo a través de otras que demuestran claramente la experiencia cortesana de Mendoza.

De un Obispo de cristal,
de un licenciado de perlas,
de un corregidor de rosa,
de un alcalde de azucenas.
5   De un jazmín en su garnacha[1],
de un clavel en su espetera,
de un alba en su oriente mismo,
de un cielo en su altura mesma,
yo pecador nada errado
10 me enamoré, y tan de veras,
que anda amor de capa, y gorra,
ceños viste, y calzas flechas.
Cuando esperé, que en la niña
brillando tantas bellezas
15 florecía el sol auroras,
el cielo nevaba estrellas.
Hallo en la injusta rapaza,

---

[1] *garnacha:* es un tipo de ropaje.

pero todo hermoso en ella,
desnudo lo Chumacero [2],
20 y flechado lo Contreras.
Que hoy Dorazo en buen Retiro
mostró la faz tan severa
entre lisonjas de yeso,
y entre mentiras de piedra.
25 ¿Qué ministro seco, y duro
de los que en dudosa audiencia
caducan una esperanza,
granizan una respuesta,
fue más crespo y más helado
30 que vos (él tu guarda fuera)
que vos digo, Anfrisia hermosa,
gloria mía hasta en mi pena?
Bello serafín togado,
que entre madres y entre suegras,
35 tremola en dulces mesuras
ancianidades tan tiernas.
De un milagro de hermosura,
¿cómo una hermosa tan fiera
nació, siendo herencia suya,
40 la perfección, en que reina?
Bellísima cien mil veces
(que pocas son para vuestras)
y otras cien mil veces cruda,
que son muchas para ciertas.
45 Fría pólvora de azúcar
en blanca, y rubia pimienta,
justicia de Dios en flores,
y cielo gozado en quejas.
Mentira hermosa de yelo,

---

[2] *lo Chumacero:* era Juan de Chumacero, presidente del Consejo de Castilla, cargo que equivalía al actual de presidente del Gobierno; *Contreras:* uno de los secretarios más poderosos de la administración central; *Dorazo:* otro hombre público.

50 de amor gloriosa cautela,
en cuyo incendio erizado
vidas arden y almas tiemblan.
Cuando en almíbar de nieve
caer mansamente dejas
55 palabras, que en tibios labios
tan airosamente queman;
cuando en tu purpurea[3] boca
en lucientes primaveras
se baña la vista, y Flora
60 donaires chispa en tu lengua;
cuando en floridos balcones
tanta aurora centellea
ese risueño prodigio,
quietud flaca y traición bella;
65 cuya voz, que entre desmayos
brasas pronuncia, y navega
golfos de flor, y en escollos
de rosa y jazmín se quiebra.
Tan ardiente batería
70 hace en mi pecho, que apenas
deja en mí noticias vivas,
si no en la fe nunca muerta.
Cuando los sentidos tienes
en dulcísima conversa
75 suspensos, y en tus palabras
venenos bebe la oreja.
A tus bellos ojos digo,
soles tened competencias
de una boca, que habla rayos
80 en tempestades discretas.
Si en piélagos de hermosura,
a quien te ve con tormentas
en diluvios de sazones
el que te escucha se anega.

---

[3] *purpurea:* como casi siempre en el Siglo de Oro, trisílabo.

85 Si en fin a ningún sentido
    tus perfecciones no dejan
    en paz, y cuanto respira
    tocas arma y mueves guerra.
    ¿Qué ha de hacer un alma tuya,
90 que te llama y te confiesa
    deidad sí, porque es justicia
    dueño no, porque es soberbia?
    Pero que te adora humilde
    aun las ansias no le niegan,
95 que cobardes, cuando finas,
    aun se están negando ofensas.
    ¡Oh venturoso aquel día
    que yo te adore, aunque sea
    morir desaprovechado,
100 que ya logra lo que acierta!
    Hermosísima señora,
    que en dulce tropel de inmensas
    beldades, a tus beldades
    aun la inmensidad es deuda.
105 Con la ley común de amantes
    ofenda el vivir, ofenda
    todo, pero no permita
    profanar vulgares huellas.
    Pero el amor con respecto
110 haga ley, y ley tan nueva,
    que sólo en los imposibles,
    quien los creyere, los venza.

ESTEBAN MANUEL DE VILLEGAS
(Matute, Logroño, 1589-Nájera, Logroño, 1669)

Se trasladó pronto a Madrid y tomó contacto con los poetas de la época. Estudió derecho en Salamanca y fue procesado por la Inquisición por defender cuestiones relacionadas con el libre albedrío. Además de poeta, desarrolló una importante labor filológica. Se le conoce por su imitación de los clásicos grecolatinos, particularmente Anacreonte.

[LOS CABELLOS SUAVES]

Géneros y metros de las *Eróticas o amatorias* de Villegas poseen peculiaridades de todo tipo, que intentan reproducir la métrica clásica. Estas «monostrofes» son estrofas de ocho versos heptasílabos de rima asonante en los pares, es decir, octavillas.

MONOSTROFE DE UN BAILE

Los cabellos suaves
con guirnaldas de rosas,
bailes junta a Lieo
una turba no poca;
5 y al son de los adufes [1],
con planta bulliciosa,
danzas guía una niña
y el tirso [2] con sus hojas.

---

[1] *adufe:* pandero.
[2] *tirso:* vara enramada con hiedra y parra. Solían prepararse en las bacanales o fiestas dedicadas a Baco.

De curada guedeja[3],
10 con voces olorosas,
tierno canta un muchacho
y la cítara toca.
De Baco acompañado,
con cabellera roja,
15 al lado de su madre
Cupido luego[4] asoma;
y luego juntamente
con todos ellos forma
mil danzas, que a los viejos
20 son dulces y gustosas.

[AMÉTE, BRASILDICA]

Desde el punto de vista de la métrica, la oda es una variante del sexteto lira, agrupación de heptasílabos y endecasílabos con rimas completas.

ODA XXXIII

Améte, Brasildica,
como el anciano padre al hijo tierno,
no como el suegro al yerno,
que uno se compadece y otro implica[5];
5 y para ti guardadas
tuve flores de cuatro olimpiadas[6].

Y así como el ligero
corcillo a la corriente el paso lleva,
de quien hicieron prueba

---

[3] *curada guedeja:* cuidada cabellera.
[4] *luego:* enseguida.
[5] *implica:* enreda.
[6] *olimpiadas:* pasaban cuatro años entre una y otra.

10 alano y arcabuz, flecha y montero,
a tu planta la mía
soltero[7] encomendaba cada día.

Tras esto, de mis ojos
eras un arrayán, pompa compuesta,
15 que, a pesar de la siesta,
asombraba la lumbre de mis ojos,
y en medio del estío
daba a mi sueño pabellón umbrío.

La fácil alegría
20 madrugaba en tu luz; la luz serena
de la mañana amena
en tu dulce reír anochecía,
hechizo con que entonces
volvías filigranas[8] a los bronces;

25 por cuanto a la española
te canté mil jonias cantilenas,
de aquella parte llenas
que Venus de su néctar acrisola;
si es que pudieron tanto
30 lisonjear la cítara y el canto.

Pero mudóse el viento,
y en ti facilidad, y en mí descuido,
hicieron de un sonido
dos voces diferentes en acento.
35 Eres de otro; soy mío.
Velas; duermo. ¿Qué más? Lloras y río.

---

[7] *soltero:* solitario.
[8] *volvías filigranas...:* ablandabas.

ANASTASIO PANTALEÓN DE RIBERA
(Madrid, 1600-1629)

Estudió derecho en Alcalá y Salamanca. Admirado por la nobleza y por el mismo Felipe IV, fue un personaje habitual en las academias y las justas literarias de su tiempo, hasta su temprana muerte. Dejó una exigua obra poética, muy variada, pero con abundancia de la veta festiva.

[ESTE ROMANCE, SEÑOR]

Décima ingeniosa, como las muchas que se dispararon en la época para mostrar agudeza cortesana.

DESEÓ UNA DAMA CONOCER A ANASTASIO PANTALEÓN
Y SABIÉNDOLO ÉL, ESCRIBIÓ AL QUE LE DIO LA NOTICIA UNA
DÉCIMA Y A LA SEÑORA UN ROMANCE PINTÁNDOSE

      Este romance, señor,
      para salir de su empeño
      escribió tan mal su dueño
      cuando él estaba peor.
5   Esto de ver al dotor
      a las musas desatina;
      si darle usted determina,
      destas disculpas la avise
      cuando le leyere mi se-
10   ñora doña Catalina.

GABRIEL BOCÁNGEL
(Madrid, 1603-1658)

Estudió en Toledo y en Alcalá, y fue bibliotecario del cardenal-infante don Fernando. Desempeñó diversos cargos cortesanos y fue nombrado cronista real. Es uno de los mejores poetas del Barroco tardío, cuando ya temas y formas se repetían de manera cansina.

[ESTA BIFORME IMAGEN DE LA VIDA]

Soneto muy barroco en el que se intenta expresar las paradojas del tiempo a través de imágenes ingeniosas sobre un reloj y una vela.

A UN VELÓN QUE ERA JUNTAMENTE RELOJ, MORALIZANDO SU FORMA

Esta biforme imagen de la vida,
reloj luciente o lumbre numerosa,
que la describe fácil[1] como rosa,
de un soplo, de un sosiego interrumpida;

5 esta llama que, al sol desvanecida,
más que llama parece mariposa[2];
esta esfera fatal que, rigurosa,
cada momento suyo es homicida,

---

[1] *fácil:* se refiere a la vida. Recuérdese que la rosa fue símbolo constante de la fugacidad de la belleza.
[2] *mariposa:* porque, atraídas por la luz, se queman en el fuego de las velas.

es, Fabio, un vivo ejemplo. No te estorbes
10 al desengaño de su frágil suerte:
términos[3] tiene el tiempo y la hermosura.

El concertado impulso de los orbes
es un reloj de sol, y al sol advierte
que también es mortal lo que más dura.

[HUYE DEL SOL EL SOL, Y SE DESHACE]

Hermoso soneto de Bocángel sobre la caducidad del tiempo, con metáforas cósmicas y constantes recuerdos quevedianos, quizá a través de la doctrina estoica: cada instante de la vida es un momento de muerte; falta el presente.

Huye del sol el sol, y se deshace
la vida a manos de la propia vida,
del tiempo que, a sus partos homicida[4],
en mies de siglos las edades pace.

5 Nace la vida, y con la vida nace
del cadáver la fábrica temida.
¿Qué teme, pues, el hombre en la partida,
si vivo estriba en lo que muerto yace?

Lo que pasó ya falta; lo futuro
10 aún no se vive, lo que está presente
no está, porque es su esencia el movimiento.

Lo que se ignora es sólo lo seguro,
Este mundo, república de viento[5],
que tiene por monarca un accidente.

---

[3] *términos:* plazos, final.
[4] *homicida:* puede que haya alguna referencia mitológica, a Cronos, dios del tiempo, que devoró a sus hijos para que no le destronaran.
[5] *república de viento:* es decir, república «vacía», sin valor.

SALVADOR JACINTO POLO DE MEDINA
(Murcia, 1603, Alcantarilla, Murcia, 1676)

Probable discípulo de Cascales, también fue amigo de Pérez de Montalbán, a través del cual se introdujo en el círculo de Lope de Vega. Secretario del obispo de Lugo y del de Ávila y rector del colegio-seminario de San Fulgencio, estuvo también al servicio de la familia Usodemar. Fue un poeta barroco tardío, con excelentes facultades como paisajista y una cierta tendencia hacia la poesía de tono menor, que quizá le venía ya de la época.

[POMOS DE OLOR SON AL PRADO]

Romance pictórico descriptivo, muy típico de un poeta acostumbrado a la belleza de la luz y de los olores del Mediterráneo.

LOS NARANJOS

> Pomos de olor son al prado
> en el brasero de sol
> estos naranjos hermosos,
> que ámbar[1] exhala su flor.
> 5 Perpetua esmeralda bella,
> donde, en numerosa[2] voz,
> mil parlerías[3] nos canta

---

[1] *ámbar:* como nombre genérico, para señalar que rezumaban buenos olores, no «resinas».
[2] *numerosa:* armoniosa.
[3] *parlerías:* charlas precipitadas y exageradas, por eso califica enseguida al ruiseñor de «bachiller», 'pedante'.

el bachiller ruiseñor;
entre cuyas tiernas hojas
10   las flores que abril formó
de estrellas breves de nieve [4]
racimos fragantes son.
Metamorfoseos [5] del tiempo
que, en dulce transformación,
15   hará topacios mañana
los que son diamantes hoy,
a cuyas libreas [6] verdes
dan vistosa guarnición
ramilletes de cristal,
20   fragantísimo candor [7].
Rico mineral del valle,
adonde franco [8] nos dio
oro el enero encogido;
plata el mayo ostentador.

[YO LLEGUÉ DE MADRID, GERARDO]

Jocosa descripción de la Corte en un romance, lo que fue un subgénero costumbrista que apareció también en novelas, comedias, etc. Describe Madrid como un lugar de confusión, en el que se producen multitud de escenas y situaciones inexplicables que, poetizadas festivamente, producen un costumbrismo burlesco.

Yo llegué de Madrid, Gerardo
(aquí es fuerza el no excusar
lo de llegué con salud,
necedades del llegar).

---

[4] *estrellas breves de nieve:* la flor del azahar, en efecto, es blanca y se compone de partes diminutas.
[5] *metamorfoseos:* metamorfosis. Silabéese así: me-ta-mor-fo-seos.
[6] *libreas:* uniformes. Nótese una cierta «cortesanización» del campo y de las flores (como diamantes, topacios, libreas...).
[7] *candor:* blancura.
[8] *franco:* generoso.

Yo llegué a Madrid, en fin,
que es de pan la soledad,
la cuaresma de los dientes,
y vigilia al manducar [9].
Pero en un arbitrio [10] he dado;
que es grande arbitrista ya
la hambre, y en un poeta
es aguda enfermedad.
Con Ovidio me entretengo
para comer y cenar,
mascando con los dos ojos
la gran fábula del Pan [11].
Cortés me muestro con él;
que temiendo mayor mal,
no quiero mostrarle dientes
por conservar su amistad.
Ya son Tántalo mis muelas,
pues si algún pan se les da,
sin morder se está la boca
en acción de bostezar.
Otros son de los oídos;
pero mi desdicha es tal,
que soy teniente de muelas [12]
y estoy sordo del mascar.
Tan despanado [13] me siento,

---

[9] *manducar:* comer. Toda la estrofa ha referido la escasez de alimentos que para un murciano se apreciaba en la Corte.

[10] *arbitrio:* remedio. Género de escritos que proliferaron según crecían los males, invitando a tomar medidas o «remedios»; arbitristas fueron los que se dedicaron a propagar esos remedios.

[11] *Pan:* como escritor de oficio, propondrá solucionar el hambre con remedios literarios, para los que su ingenio busca dilogías de todo tipo: leer la fábula de Pan; mostrarse «Cortés» (por Hernán Cortés), tener las muelas de Tántalo (nunca las pudo utilizar, pues su condena consistía en no alcanzar nunca los alimentos que le rodeaban); etc.

[12] *teniente de muelas:* es decir, 'tiene' muelas, pero no puede (está sordo) mascar, dice utilizando una sinestesia festiva.

[13] *despanado:* neologismo.

³⁰ y es tal la necesidad,
que se murió por el nombre
Paniagua el cardenal.
Pues sois mi amigo, Gerardo,
aquella villa o lugar
³⁵ de Pan una letra luego
a boca vista [14] enviad.
Ésta es mi vida y mi hambre;
pero crecen mi pesar
bostezos de servidores,
⁴⁰ padrastros del narigal [15].
Siendo forzoso que lleve,
por poder disimular,
de mi nariz el buen gusto,
ensayado en muladar [16].
⁴⁵ Que si por gozar el fresco
os salís a pasear,
os bautizan de secreta [17]
con el nombre de «Agua va».
Aunque nunca es tan secreta
⁵⁰ esta desdicha fatal,
que la nariz más honrada
no lo llegue a murmurar.
Mas tal vez viene tan muda [18],
que se cumple en su callar
⁵⁵ lo de la caca callalla,

---

[14] *a boca vista:* calca la fórmula real de las letras, «a fecha vista», para cobrar en una determinada fecha.
[15] *narigal:* neologismo con la raíz «nariz», 'el lugar donde hay narices'.
[16] *muladar:* estercolero, basurero.
[17] *de secreta:* dilogismo: 'secretamente' e inmundicias que provenían de las «secretas» o cuartos de baño de las casas, que así se llamaban, y que se arrojaban por las noches a los arroyos de las calles, que terminaban en alcantarilla al grito de «Agua va». Volverá a jugar con el término enseguida, al calificar de «secretísimo» a un refrán.
[18] *muda:* nuevo dilogismo: 'callada' y también la muda o cambio de la ropa sucia.

        secretísimo refrán.
        Esto pasan en Madrid,
        y aquesto viene a pasar,
        en quien es cualquiera calle
60   necesaria[19] universal.
        Cuyas ventanas parecen,
        con los lienzos que las dan,
        alojerías[20] de arriba,
        ventanas con avantal[21].
65   Así pasamos la vida,
        yendo a la tarde a parar
        al río, que es en Madrid
        el valle de Josafat[22]:
        Manzanares, aquel río
70   cuyas corrientes están
        tan sin carne, que parece
        esqueleto de cristal.

---

[19] *necesaria:* así se llamaban los váteres y servicios.
[20] *alojería:* puesto en el que se vende la «aloja», una bebida refrescante compuesta de miel, agua y especias.
[21] *avantal:* delantal.
[22] *valle de Josafat:* porque allí se encuentran todos, como ese lugar bíblico.

ANTONIO DE SOLÍS Y RIVADENEYRA
(Alcalá de Henares, Madrid, 1610-Madrid, 1686)

Estudió derecho en la Universidad de Salamanca. Fue secretario del conde de Oropesa, de Felipe IV y de Carlos II. Cronista de Indias, ya maduro se ordenó sacerdote.

[HOY DE TU EDAD EL CURSO FLORECIENTE]

Soneto en el que se expresa claramente, una vez más, la divinización de la amada y los estragos de la pasión como fuego amoroso.

AL CUMPLIR AÑOS UNA DAMA

Hoy de tu edad el curso floreciente
debe otro paso al tiempo fugitivo,
y hoy de mi libertad el cuello altivo,
de otro paso de amor la huella siente.

5 Aquel Sol, que en tus ojos altamente,
retrato es de su autor copiado al vivo,
hoy alumbra eficaz, y abrasa activo,
aunque a pocas distancias de su Oriente.

¡Oh, siempre tu hermosura, en el decoro,
10 que a lo inmortal se debe, esté escondida
del tiempo, que aun el mármol desfigura!

Viva otro tanto, como yo la adoro,
y en la región del alma introducida,
durará más que el tiempo tu hermosura.

FRANCISCO TRILLO Y FIGUEROA
(San Pedro Cerbás, La Coruña, 1618-Granada, h. 1678)

Se trasladó muy pronto de Galicia a Granada, donde se casó. Fue soldado en Italia y volvió a Granada; allí publicó la mayoría de sus obras y se dedicó a la historia y las antiguedades.

[DE UN ROBLE DURO EN LA TENAZ CORTEZA]

El tema del nombre grabado en la corteza de un árbol que, al crecer, agiganta el nombre está en la vieja tradición —incluso en la grecolatina— de la poesía amorosa. Sobre ese motivo, Trillo recompone una nueva anécdota. Nada nuevo quizá, si no es la vuelta a cantar lo que siempre se ha cantado, como una infinita variación.

De un roble duro en la tenaz corteza,
Daliso el nombre de su Fili había
grabado con su fe, donde crecía
al paso que crecía su firmeza.

5 De las frondosas ramas la belleza,
no a su dulce esperanza respondía,
porque un día engañando en otro día,
el roble continuaba en su aspereza.

Florecieron, al fin, con tiempo largo
10 las letras en las ramas, y el amante
presumió ver su largo llanto enjuto [1]:

---

[1] *enjuto:* seco.

cortó una flor, su gusto vido[2] amargo,
y dijo, ¡oh, de mi fe gloria inconstante,
que este es de amor el deseado fruto!

[PASA EL MELCOCHERO]

Letrilla que encabeza una coplilla de cuatro versos irregulares de arte menor, que luego se glosa en sextillas exasilábicas y que juega maliciosamente con la descripción de una escena callejera: la llegada del vendedor ambulante, con su «cascabel», avisando a todos. La malicia está en la interpretación de ese término, a cuyo reclamo acuden tantas mozas y en los resultados que produce.

Pasa el melcochero[3],
Salen las mozas
A los cascabeles,
Y a las melcochas.

5 Mozas encerradas
Y cerradas pocas
Comen unas y bailan otras
Y al tabaque[4] se acercan todas,
Son golosas,
10 De los cascabeles, y las melcochas,

Salen a las puertas
Niñas opiladas[5]
Como ellas cerradas,
Como ellas abiertas.

---

[2] *vido:* vio (notó).
[3] *melcochero:* vendedor de melcocha, miel concentrada y caliente que, al echarle agua fría y amasarla, se utiliza para preparar pastas dulces.
[4] *tabaque:* el cesto de mimbre donde van las melcochas.
[5] *opiladas:* a las que se les ha retirado el flujo menstrual, y que están muy pálidas, como dirá enseguida, para remedio de lo cual mascan sustancias con metales (toman el latón, toman el acero).

15   Las colores muertas
     Resucita el son,
     Toman el latón,
     Toman el acero,
     Pasa el melcochero, & c.

20   Salen a las puertas
     Con mil aldabadas [6],
     Salen opiladas
     Y vuelven engertas [7],
     Todas andan muertas
25   Por el cascabel,
     Que a unas les da miel,
     Y a otras les da suero
     Pasa el melcochero, & c.

     Viejas también salen
30   Niñas inocentes
     Que no tienen dientes,
     Y a chupar mas valen.
     Y sin que las calen
     Venden el melón,
35   Porque la afición
     Cree de ligero.
     Pasa el melcochero, & c.

     Entre blancas tocas
     De amor encendidas
40   Hacen sus salidas
     Las viudas locas.
     Cerradas las bocas,
     Abiertas las manos

---

[6] *aldabadas:* golpes dados con la aldaba.
[7] *engertas:* habrá de leerse con cierta malicia: salen «obstruidas» y vuelven «injertas».

Que polvos indianos [8]
45 Hacen de mortero.
Pasa el melcochero, & c.

Salen las veladas [9]
Que nunca salieran,
Porque no volvieran
50 Cascabeleadas,
Quedan empeñadas
Hasta la cintura,
Y aunque mas lo apura
El pobre cordero.
55 Pasa el melcochero,
Salen las mozas
A los cascabeles,
Y a las melcochas.

Mozas encerradas,
60 Y cerradas pocas,
Comen unas, y bailan otras
Y al tabaque se acercan todas,
Son golosas
De los cascabeles, y las melcochas.

---

[8] *polvos indianos:* sustancias traídas de América, exóticas.
[9] *veladas:* casadas.

SOR JUANA INÉS DE LA CRUZ
(San Miguel Nepantla, México, ¿1651?-Amecameca, México, 1695)

De madre criolla y padre español, destacó enseguida por su talento. Se trasladó a México, donde amplió las lecturas que siempre le habían interesado. De personalidad alegre, ingresó en el convento de las carmelitas, pero lo abandonó tres meses más tarde. Un año después profesó en el convento de San Jerónimo. Fue una gran defensora de los derechos de la mujer. Su poesía es, entre otras cosas, una flor tardía del Barroco en América, con la que resulta muy adecuado cerrar nuestra selección.

[AMOR EMPIEZA POR DESASOSIEGO]

QUE CONSUELA A UN CELOSO, EPILOGANDO
LA SERIE DE LOS AMORES

Amor empieza por desasosiego,
solicitud, ardores y desvelos;
crece con riesgos, lances y recelos,
susténtase en llantos y de ruego.

5 Doctrínanle tibiezas y despego,
conserva el ser entre engañosos velos,
hasta que con agravios o con celos
apaga con sus lágrimas su fuego.

Su principio, su medio y fin es éste;
10 pues ¿por qué, Alcino, sientes el desvío
de Celia que otro tiempo bien te quiso?

¿Qué razón hay de que dolor te cueste,
pues no te engañó Amor, Alcino mío,
sino que llegó el término preciso?

[HOMBRES NECIOS QUE ACUSÁIS]

ARGUYE DE INCONSECUENTE EL GUSTO Y LA CENSURA
DE LOS HOMBRES, QUE EN LAS MUJERES ACUSAN LO
QUE CAUSAN

Hombres necios que acusáis
a la mujer sin razón,
sin ver que sois la ocasión,
de lo mismo que culpáis;

5 si con ansia sin igual
solicitáis su desdén,
¿por qué queréis que obren bien,
si las incitáis al mal?

Combatís su resistencia,
10 y luego, con gravedad,
decís que fue liviandad
lo que hizo la diligencia.

Parecer quiere el denuedo
de vuestro parecer loco,
15 al niño que pone coco
y luego le tiene miedo.

Queréis, con presunción necia,
hallar a la que buscáis,
para pretendida, Tais,
20 y en la posesión, Lucrecia.

¿Qué humor puede ser más raro
que el falto de consejo,
él mismo empaña el espejo,
y siente que no esté claro?

25 Con el favor y desdén
tenéis condición igual,
quejándoos, si os tratan mal,
burlándoos, si os quieren bien.

Opinión ninguna gana
30 pues la que más se recata,
si no os admite, es ingrata,
y si os admite, es liviana.

Siempre tan necios andáis
que, con desigual nivel,
35 a una culpáis por cruel,
y a otra por fácil culpáis.

¿Pues cómo ha de estar templada
la que vuestro amor pretende,
si la que es ingrata, ofende,
40 y la que es fácil, enfada?

Mas entre el enfado y pena
que vuestro gusto refiere,
bien haya la que no os quiere,
y quejaos en hora buena.

45 Dan vuestras amantes penas
a sus libertades alas,
y después de hacerlas malas,
las queréis hallar muy buenas.

¿Cuál mayor culpa ha tenido
50 en una pasión errada,

     la que cae de rogada,
     o el que ruega de caído?

     ¿O cuál es más de culpar,
     aunque cualquiera mal haga,
55   la que peca por la paga,
     o el que paga por pecar?

     ¿Pues para qué os espantáis
     de la culpa que tenéis?
     Queredlas cual las hacéis,
60   o hacedlas cual las buscáis.

     Dejad de solicitar,
     y después, con más razón,
     acusaréis la afición
     de la que os fuere a rogar.

65   Bien con muchas armas fundo
     que lidia vuestra arrogancia,
     pues en promesa e instancia,
     juntáis diablo, carne y mundo.

APÉNDICE

por Mercedes Sánchez Sánchez

DOCUMENTACIÓN COMPLEMENTARIA

1. RECOPILACIÓN DE ROMANCES TRADICIONALES: EL PRÓLOGO DE MARTÍN NUCIO EN SU «CANCIONERO DE ROMANCES»

He querido tomar el trabajo de juntar en este cancionero todos los romances que han venido a mi noticia, pareciéndome que cualquiera persona, para su recreación y pasatiempo, holgaría de lo tener, porque la diversidad de historias que hay en él dichas en metros y con mucha brevedad, será a todos agradable. Puede ser que falten aquí algunos (aunque muy pocos) de los romances viejos, los cuales yo no puse o porque no han venido a mi noticia o porque no los hallé tan cumplidos y perfectos como quisiera; y no niego que en los que aquí van impresos habrá alguna falta, pero ésta se debe imputar a los ejemplares de adonde los saqué, que estaban muy corruptos, y a la flaqueza de la memoria de algunos que me los dictaron, que no se podían acordar dellos perfectamente. Yo hice toda diligencia porque hubiese las menos faltas que fuese posible, y no me ha sido poco trabajo juntarlos y enmendar y añadir algunos que estaban imperfectos. También quise que tuviesen alguna orden, y puse primero los que hablan de las cosas de Francia y de los Doce Pares, después los que cuentan historias castellanas y después los de Troya y últimamente los que tratan de cosas de amores. Pero esto no se pudo hacer tanto a punto (por ser la primera vez) que al fin no quedase alguna mezcla de unos con otros. Querría que todos se contentasen y llevasen en cuenta mi buena voluntad y diligencia. El que así no lo hiciere haya paciencia y perdóneme, que yo no pude más.

(Cancionero de Romances, ed. facsímil, prólogo de Ramón Menéndez Pidal, CSIC, Madrid: 1945, fol. 2.)

2. Reivindicación de la lírica culta castellana: la «reprensión» de Cristóbal de Castillejo

REPRENSIÓN CONTRA LOS POETAS ESPAÑOLES
QUE ESCRIBEN EN VERSO ITALIANO

Pues la sancta Inquisición
suele ser tan diligente
en castigar con razón
cualquier secta y opinión
5 levantada nuevamente,

resucítese Lucero
a corregir en España
una tan nueva y extraña,
como aquella de Lutero
10 en las partes de Alemaña.

Bien se pueden castigar
a cuenta de anabaptistas,
pues por ley particular
se tornan a baptizar
15 y se llaman petrarquistas.

Han renegado la fee
de las trovas castellanas,
y tras las italïanas
se pierden, diciendo que
20 son más ricas y lozanas.

El jüicio de lo cual
yo lo dejo a quien más sabe;
pero juzgar nadie mal
de su patria natural
25 en gentileza no cabe.

Y aquella cristiana musa
del famoso Joan de Mena,
sintiendo desto gran pena,
por infieles los acusa
30 y de aleves los condena.

«Recuerde el alma dormida»,
dice don Jorge Manrique;
y muéstrase muy sentida
de cosa tan atrevida,
35   porque más no se platique.

Garci-Sánchez respondió:
«¡Quién me otorgase, señora,
vida y seso en esta hora
para entrar en campo yo
40   con gente tan pecadora!»

«Si algún dios de amor había,
dijo luego Cartagena,
muestre aquí su valentía
contra tan gran osadía,
45   venida de tierra ajena.»

Torres Naharro replica:
«Por hacer, Amor, tus hechos
consientes tales despechos,
y que nuestra España rica
50   se prive de sus derechos».

Dios dé su gloria a Boscán
y a Garcilaso poeta,
que con no pequeño afán
y por estilo galán
55   sostuvieron esta seta,

y la dejaron acá
ya sembrada entre la gente;
por lo cual debidamente
les vino lo que dirá
60   este soneto siguiente:

SONETO

Garcilaso y Boscán, siendo llegados
al lugar donde están los trovadores
que en esta nuestra lengua y sus primores
fueron en este siglo señalados,

65 los unos a los otros alterados
   se miran, con mudanza de colores,
   temiéndose que fuesen corredores
   espías o enemigos desmandados;

   y juzgando primero por el traje,
70 paresciéronles ser, como debía,
   gentiles españoles caballeros;

   y oyéndoles hablar nuevo lenguaje
   mezclado de extranjera poesía,
   con ojos los miraban de extranjeros [...].

(Cristóbal de Castillejo, «Reprensión contra los poetas españoles que escriben en verso italiano», en *Poesía de la Edad de Oro,* I, ed. José Manuel Blecua, Castalia, Madrid, 1991, págs. 57-58.)

3. Introducción de las formas italianas: el «testimonio» de Juan Boscán en la «Carta a la Duquesa de Soma»

A LA DUQUESA DE SOMA

He miedo de importunar a vuestra señoría con tantos libros. Pero ya que la importunidad no es escusa, pienso que habrá sido menos malo dalla repartida en partes, porque si la una acabare de cansar, será muy fácil remedio dejar las otras. Aunque tras esto me acuerdo agora que el cuarto libro ha de ser de las obras de Garcilaso, y éste no solamente espero yo que no cansará a nadie, mas aun dará muy gran alivio al cansancio de los otros. En el primero habrá vuestra señoría visto esas coplas (quiero dezillo así) hechas a la castellana. Solía holgarse con ellas un hombre muy avisado y a quien vuestra señoría debe de conocer muy bien, que es don Diego de Mendoça. Mas paréceme que se holgaba con ellas como con niños, y así las llamaba las redondillas. Este segundo libro terná otras cosas hechas al modo italiano, las cuales serán sonetos y canciones, que las trobas desta arte así han sido llamadas siempre. La manera déstas es más grave y de más artificio y (si yo no me engaño) mucho mejor que la de las otras. Mas todavía, no embargante esto, cuando quise probar a hazellas no dejé de entender que tuviera en esto muchos reprehensores. Porque la cosa era nueva en nuestra España y los nombres también nuevos, a lo menos muchos dellos, y en tanta novedad era imposible no temer con causa, y aun sin ella. Cuanto más que luego en poniendo las manos en esto, topé con hombres que me cansaron. Y en cosa que toda ella consiste en ingenio y en jüizio, no tiniendo estas dos cosas más vida de cuanto tienen gusto, pues cansándome había de desgustarme, después de desgustado, no tenía donde pasar más adelante. Los unos se quejaban que en las trobas desta arte los consonantes no andaban tan descubiertos ni sonaban tantos como en las castellanas; otros decían que este verso no sabían si era verso o si era prosa, otros argüían diciendo que esto principalmente había de ser para mugeres y que ellas no curaban de cosas de sustancia sino del son de las palabras y de la dulzura del consonante. Estos hombres con estas sus opiniones me movieron a que me pusiese a entender mejor la cosa, porque entendiéndola viese más claro sus sinrazones. Y así cuanto más he querido llegar esto al cabo, discutiéndolo conmigo mismo, y platicándolo con otros, tanto más he visto el poco fundamento que ellos tuvieron en ponerme estos miedos. Y hanme parecido tan livianos sus argumentos, que de solo haber parado en ellos, poco o mucho me corro; y así me correría agora si quisiese responder a sus escrúpulos. Que ¿quién ha de responder a hombres que no se mueven sino al son de los consonantes? ¿Y quién se ha de poner en pláticas con gente que no sabe qué cosa es verso, sino aquel que calzado y vestido con el consonante os entra de un golpe por el un oído y os sale por el otro? Pues a los otros que dizen que estas cosas no siendo sino para mujeres no han de ser muy fundadas, ¿quién ha de gastar tiempo en respondelles? Tengo yo a las mujeres por tan sustanciales, las que aciertan a sello, y aciertan muchas, que en este caso quien se pusiese a defendellas las ofendería. Así que estos hombres y todos los de su arte, licencia ternán de decir lo que mandaren, que yo no pretiendo tanta amistad con ellos que, si hablaren mal, me ponga en trabajo de hablar bien para atajallos. Si a éstos mis obras les parecieren duras y tuvieren soledad de la multitud de los consonantes, ahí tienen un cancionero, que acordó de llamarse «general», para que todos ellos vivan y descansen con él generalmente. Y si quisieren chistes también los hallarán a poca costa. Lo que agora a mí me queda por hacer saber a los que quisieren leer este mi libro es que no querría que me tuviesen por tan amigo de cosas nuevas que pensasen de mí que por hazerme inventor de estas trobas, las cuales hasta agora no las hemos visto usar en España, haya querido probar a hazellas. Antes quiero que sepan que ni yo jamás he hecho profesión de escribir esto ni otra cosa ni, aunque la hiciera, me pusiera en trabajo de probar nuevas invinciones. Yo sé muy bien cuán gran peligro es escribir y entiendo que muchos de los que han escrito, aunque lo hayan hecho más que medianamente bien, si cuerdos son, se deben de haber arrepentido hartas vezes. De manera que si de escribir, por fácil cosa que fuera la que hubiera de escribirse, he tenido siempre miedo, mucho más le tuviera de probar mi pluma en lo que hasta agora nadie en nuestra España ha probado la suya. Pues si tras esto, escribo y hago imprimir lo que he escrito y he querido ser el primero que ha juntado la lengua castellana con el modo de escribir italiano, esto parece que es contradecir con las obras a las palabras. A esto digo que, cuando al escribir, ya di dello razón bastante en el prólogo del primero libro. Cuanto al tentar el estilo de estos sonetos y canciones y otras cosas de este género, respondo: que así como en lo que he escrito nunca tuve fin a escribir sino a andarme descansando con mi spíritu, si alguno tengo, y esto para pasar menos pesadamente algunos ratos pesados de la vida, así también en este modo de invención (si así quieren llamalla) nunca pensé que inventaba ni hacía cosa que huviese de quedar en el mundo, sino que entré en ello descuidadamente como en cosa que iba tan poco en hacella que no había para qué dejalla de hacer habiéndola gana. Cuanto más que vino sobre habla. Porque estando un día en Granada con el Navagero, al cual por haber sido varón tan celebrado en nuestros días he querido aquí nombralle a vuestra señoría, tratando con él en cosas de ingenio y de letras y especialmente en las variedades de muchas lenguas, me dijo por qué no provaba en lengua castellana sonetos y otras artes de trobas usadas por los buenos autores de Italia. Y no solamente me lo dijo así livianamente, mas aun me rogó que lo hiciese. Partíme pocos días después para mi casa, y con la largueza y soledad del camino discurriendo por diversas cosas, fui a dar muchas veces en lo que el Navagero me havía dicho. Y así comencé a tentar este género de verso, en el cual al principio hallé alguna dificultad por ser muy artificioso y tener muchas particularidades diferentes del nuestro. Pero después, pareciéndome quizá con el amor de las cosas proprias que esto comenzava a sucederme bien, fui poco a poco metiéndome con calor en ello. Mas esto no bastara a hacerme pasar muy adelante si Garcilaso, con su jüizio, el cual no solamente en mi opinión, mas en la de todo el mundo, ha sido tenido por regla cierta, no me confirmara en esta mi demanda. Y así, alabándome muchas veces este mi propósito y acabándomele de aprobar con su enjemplo, porque quiso él también llevar este camino, al cabo me hizo ocupar mis ratos ociosos en esto más fundadamente. Y después, ya que con su persuasión tuve más abierto el jüizio, ocurriéronme cada día razones para hacerme llevar adelante lo comenzado. Vi que este vero que usan los castellanos, si un poco asentadamente queremos mirar en ello, no hay quien sepa de dónde tuvo principio. Y si él fuese tan bueno que se pudiese aprobar de suyo, como los otros que hay buenos, no habría necesidad de escudriñar quiénes fueron los inventores dél. Porque él se traería su autoridad consigo y no sería menester dársela de aquellos que le inventaron. Pero él agora ni trae en sí cosa por donde haya de alcanzar más honra de la que alcança, que es ser admitido del vulgo, ni nos muestra su principio con la autoridad del cual seamos obligados a hacelle honra. Todo esto se alla muy al revés en estotro verso de nuestro segundo libro, porque en él vemos, dondequiera que se nos muestra, una disposición muy capaz para recebir cualquier materia: o grave o sotil, o dificultosa o fácil, y asimismo para ayuntarse con cualquier estilo de los que hallamos entre los autores antiguos aprobados. De más desto, ha dejado con su buena opinión tan gran rastro de sí por dondequiera que haya pasado, que si queremos tomalle dende aquí, donde se nos ha venido a las manos y volver con él atrás por el camino por donde vino, podremos muy fácilmente llegar hasta muy cerca de donde fue su comienzo. Y así le vemos agora en nuestros días andar bien tratado en Italia, la cual es una tierra muy floreciente de ingenios, de letras, de jüizios y de grandes escritores. Petrarcha fue el primero que en aquella provincia le acabó de poner en su punto, y en éste se ha quedado y quedará, creo yo, para siempre. Dante fue más atrás, el cual usó muy bien dél, pero diferentemente de Petrarcha. En tiempo de Dante y un poco antes, florecieron los proenzales, cuyas obras, por culpa de los tiempos, andan en pocas manos. Destos proenzales salieron muchos autores ecelentes catalanes, de los cuales el más ecelente es Osias March, en loor del cual, si yo agora me metiese un poco, no podría tan presto volver a lo que agora traigo entre las manos. Mas basta que esto el testimonio del señor Almirante, que después que vio una vez sus obras las hizo luego escribir con mucha diligencia y tiene el libro dellas por tan familiar como dizen que tenía Alejandre el de Homero. Mas tornando a nuestro propósito, digo que, aun volviendo más atrás de los proenzales, hallaremos todavía el camino hecho deste nuestro verso. Porque los endecasíllabos, de los cuales tanta fiesta han hecho los latinos, llevan casi la misma arte, y son los mismos, en cuanto la diferencia de las lenguas lo sufre. Y porque acabemos de llegar a la fuente, no han sido dellos tampoco inventores los latinos, sino que los tomaron de los griegos, como han tomado muchas otras cosas señaladas en diversas artes. De manera que este género de trobas, y con la autoridad de su valor proprio y con la reputación de los antiguos y modernos que la han usado, es dino, no solamente de ser recebido de una lengua tan buena como es la castellana, mas aún de ser en ella preferido a todos los versos vulgares. Y así pienso yo que lleva camino para sello. Porque ya los buenos ingenios de Castilla, que van fuera de la vulgar cuenta, le aman y le siguen y se ejercitan en él tanto que, si los tiempos con sus desasosiegos no lo estorban, podrá ser que antes de mucho se duelan los italianos de ver lo bueno de su poesía transferido en España. Pero esto aún está lejos, y no es bien que nos fundemos en estas esperanzas hasta vellas más cerca. De lo que agora los que escriben se pueden preciar es que para sus escritos tengan un jüizio de tanta autoridad como el de vuestra señoría, porque con él queden favorecidos los buenos y desengañados los malos. Pero tiempo es que el segundo libro comience a dar ya razón de sí y entienda cómo le ha de ir con sus sonetos y canciones. Y si la cosa no sucediera tan bien como él desea, piense que en todas las artes los primeros hacen harto en empezar y los otros que después vienen quedan obligados a mejorarse.

(*Obras completas* de Juan Boscán y Garcilaso de la Vega, Turner, Biblioteca Castro, Madrid 1995, pág. 83-87.)

4. EVOLUCIÓN DEL PETRARQUISMO: FERNANDO DE HERRERA, EDITOR DE GARCILASO. EL PRÓLOGO DE FRANCISCO DE MEDINA

Siempre fue natural pretensión de las gentes victoriosas procurar extender no menos el uso de sus lenguas que los términos de sus imperios, de donde antiguamente sucedía que cada cual nación tanto más adornaba su lenguaje, cuanto con más valerosos hechos acrecentaba la reputación de sus armas [...] Por lo cual, me suelo maravillar de nuestra flojedad y negligencia, porque, habiendo domado con singular fortaleza y prudencia casi divina el orgullo de tan poderosas naciones y levantado la majestad del reino de España a la mayor alteza que jamás alcanzaron fuerzas humanas, y fuera de esta ventura habiéndonos cabido en suerte una habla tan propria en la significación, tan copiosa en los vocablos, tan suave en la pronunciación, tan blanda para doblalla a la parte que más quisiéremos ¿somos, diré, tan descuidados o tan ignorantes que dejamos perderse aqueste raro tesoro que poseemos? Gastamos inmensas riquezas en labrar edificios, en plantar jardines, en ataviar los trajes, y no contentos con estos deleites permitidos a gente vencedora, cargamos las mesas de frutas y viandas tan dañosas a la salud cuan varias y desconocidas; inventamos éstos y otros regalos de excusados entretenimientos, engañados con una falsa apariencia de esplendor, y no hay quien se condolezca de ver la hermosura de nuestra plática tan descompuesta y mal parada, como si ella fuese tan fea que no mereciese más precioso ornamento, o nosotros tan bárbaros que no supiésemos vestilla del que merece.

No negaré que produce España ingenios maravillosos, pues a la clara se ve su ventaja en todas las buenas artes y honestos ejercicios de la vida, mas osaré afirmar que en tan grande muchedumbre de los que hablan y escriben romance, se hallarán muy pocos a quien se deba con razón la honra de la perfecta elocuencia. Bien es verdad que en nuestros tiempos han salido en público ciertas historias llenas de erudición y curiosa diligencia, y de cuyos autores, por l'antigüedad y eminencia de sus estudios, esperábamos un estilo tan lleno y adornado cuanto lo pedía la dignidad del sujeto; mas, leídos sus libros con atención, vimos nuestra esperanza burlada, hallándolos afeados con algunas manchas que, aún miradas sin invidia, son dignas de justa reprehensión.

Concedo también haber criado en pocos años l'Andalucía cuatro o cinco escritores muy esclarecidos por las grandes obras que compusieron, los cuales, o porque fueron de los que comenzaron aquesta empresa (y las que son tan difíciles no se acaban en sus principios ni con las fuerzas de pocos) o porque no supieron cumplidamente l'arte de bien decir o, al menos, no curaron de guiarse por ella, admitieron algunos defectos que no dejaron de oscurecer la claridad de sus escritos. Uno, a mi opinión, de los más elocuentes, no sin buen color de justicia, es despojado de la posesión desta gloria porque los jueces de la causa (mayormente los italianos, que son interesados en ella) l'adjudican al autor que traslada, cuya facundia latina fue tan grande en nuestra edad, que redunda copiosamente en cuantas lenguas se traducen sus historias. Otro pudiera colmar nuestro deseo con el ardor de un amor divino en que se abrasan sus palabras y sentencias sin comparación artificiosas, con las cuales inflama los corazones de los lectores, moviéndolos poderosamente al sentimiento que quiere (fray Luis de Granada, digo, a quien nombro en honra de l'Andalucía, maestro incomparable de discreción y santidad); pero este divino orador, arrebatado en la contemplación de las cosas celestiales, tal vez desprecia las del suelo; y en sus descuidos procura dar a entender cuán poca necesidad tiene la verdad y eficacia de la doctrina cristiana del aparato de las disciplinas humanas. [...] Los poetas, cuyos estudios principalmente se encaminan a deleitar los lectores, estaban más obligados a procurar la lindeza destos atavíos para hacer sus versos pomposos y agradables. Pero puesto que en los más hay agudeza, don proprio de los españoles, y en los mejores buena gracia en el decir, con todo, bien se hecha de ver que derraman palabras vertidas con ímpetu natural antes que asentadas con el artificio que piden las leyes de su profesión. [...] En este lugar podrá, con razón, preguntar alguno por qué causas haya sido tan difícil a nuestra lengua henchir los números de la perfección que se halla en otras. Todas (si no las tengo mal consideradas) se pueden reducir a cuatro. La primera y más general es la dificultad que tienen las cosas de importancia, y ésta en particular. [...] Si bien lo miramos, no es gran maravilla que, habiendo tan poco que sacudimos de nuestras cervizes el yugo con que los bárbaros tenían opresa la España, y habiendo los buenos espíritus atendido con más fervor a recobrar la libertad de la patria que a los estudios de las ciencias liberales que nacen y se mantienen en el ocio, y, sobre todo, habiendo sido nuestros príncipes y repúblicas tan escasas en favorecer las buenas artes, [...] digo, pues, que recebidos en cuenta estos inconvinientes no es mucho de maravillar que no esté desbastada de todo punto la rudeza de nuestra lengua. El otro impedimento ha sido la ignorancia particular de aquellas doctrinas cuyo oficio es ilustrar la lumbre y discurso del entendimiento, y adornar concertada y polidamente las razones con que declaramos los pensamientos de l'alma [...] El tercero y mayor estorbo que nos ha hecho resistencia en aquesta pretensión fue un depravado parecer que se arraigó en los ánimos de los hombres sabios, los cuales, cuanto más lo eran, tanto juzgaban ser mayor bajeza hablar y escrebir la lengua común, creyendo se perdía estimación en allanarse a la inteligencia del pueblo [...] El último daño que los nuestros recibieron en esta conquista fue haber tan pocos autores los cuales, como caudillos, los guiasen por medio de l'aspereza de aquesta barbaria; y, si los había, faltó quien se los diese a conocer. Y así, los que de su inclinación se aficionaban a la beldad de nuestra lengua, [...] faltándoles la noticia de las artes con que podían alcanzalla, escogían algún escritor a quien imitasen [...] mas, engañados en la elección dellos, después de largas jornadas, se hallaban más lejos y más perdidos que al principio del camino. Con todo, no bastaron tantos y tan grandes impedimentos para que algunos de los nuestros no hablasen y escribiesen con admirable elocuencia, entre los cuales se debe contar primero el ilustre caballero Garcilaso de la Vega, príncipe de los poetas castellanos, en quien claro se descubrió cuánto puede la fuerza de un excelente ingenio de España, y que no es imposible a nuestra lengua arribar cerca de la cumbre donde ya se vieron la griega y latina si nosotros, con impiedad, no la desamparásemos; las obras deste incomparable escritor espiran un aliento verdaderamente poético; las sentencias son agudas, deleitosas y graves; las palabras, propias y bien sonante; los modos de decir, escogidos y cortesanos; los números, aunque generosos y llenos, son blandos y regalados; el arreo de toda la oración está retocado de lumbres y matices que despiden un resplandor antes nunca visto; los versos son tersos y fáciles, todos ilustrados de claridad y terneza, virtudes muy loadas en los poetas de su género. En las imitaciones sigue los pasos de los más celebrados autores latinos y toscanos, y, trabajando alcanzallos, se esfuerza con tan dichosa osadía que no pocas veces se les adelanta. En conclusión, si en nuestra edad ha habido excelentes poetas (tanto que puedan ser comparados con los antiguos) uno de los mejores es Garcilaso, cuya lengua, sin duda, escogerán las musas todas las veces que hubieren de hablar castellano.

A nadie de los que con más encendido ardor han acometido esta empresa, me parece haré agravio si después de Garcilaso pusiere a Fernando de Herrera en el segundo lugar, pues si su modestia no lo rehusara, no sé si debíamos dalle el primero, porque dende sus primeros años, por oculta fuerza de naturaleza, se enamoró tanto deste estudio que, con la solicitud y vehemencia que suelen los niños buscar las cosas donde tienen puesta su afición, leyó todos los más libros que se hallan escritos en romance, y no quedando con esto apaciguada su cudicia, se aprovechó de las lenguas extranjeras, así antiguas como modernas, para conseguir el fin que pretendía. Después, gastando los aceros de su mocedad en revolver innumerables libros de los más loados escritores, y tomando por estudio principal de su vida el de las letras humanas, ha venido a aumentarse tanto en ellas que ningún hombre conozco yo el cual con razón se le deba preferir, y son muy pocos los que se le pueden comparar; y, aunque tiene otras cosas comunes con algunos ilustres ingenios desta ciudad, es suya propria la elocuencia de nuestra lengua, en la cual se aventaja tanto o bien escriba prosa o bien verso que, si la pertinacia de tan loables trabajos no le estraga antes de tiempo la salud, tendrá España quien pueda poner en competencia de los más señalados poetas y historiadores de las otras regiones de Europa. [...] Primeramente ha reducido a concordia las voces de nuestra pronunciación con las figuras de las letras que hasta ahora andaban desacordadas, inventando una manera de escrebir más fácil y cierta que las usadas. Después, porque la forma de nuestra plática no desagradase a los curiosos por su simplicidad y llaneza, la compuso con ropas tan varias y tan lucidas que ya la desconocen de vistosa a galana. Al fin, viendo que nuestros razonamientos ordinariamente discurrían sin armonía, nos enseñó con su ejemplo cómo, sin hacer violencia a las palabras, las torciésemos blandamente a la suavidad de los números, y en colmo destos beneficios, porque no faltase dechado de que sacásemos labor tan artificiosa, nos ha puesto delante de los ojos al divino poeta

Garcilaso ilustrado con sus anotaciones; en ellas lo limpió de los errores con que el tiempo, que todo lo corrompe, y los malos impresores, que todo lo pervierten, lo tenían estragado; declaró los lugares oscuros que hay en él; descubrió las minas de donde sacó las joyas más preciosas con que enriqueció sus obras; mostró el artificio y composición maravillosa de sus versos; y, porque podamos imitallo con seguridad, nos advirtió de los descuidos en que incurrió, moderando esta censura en manera que, sin dejar ofendida la honra del poeta, nosotros quedásemos desengañados y mejor instruidos. [...] Y porque la excelencia dellas [de sus obras] sea entendida y no se hundan en el abismo de la inorancia vulgar, tiene acordado escrebir un'*Arte poética*, la cual hará con rarísima felicidad, tantos y tales son los autores que tiene leídos y considerados atentamente en aquesta facultad, y tan contino el uso con que l'a ejercitado. Salidos en público estos y otros semejantes trabajos, se comenzará a descubrir más clara la gran belleza y esplendor de nuestra lengua, y todos, encendidos en sus amores, la sacaremos, como hicieron los príncipes griegos a Elena, del poder de los bárbaros. Encogeráse ya de hoy más l'arrogancia y presunción de los vulgares que, engañados con falsa persuasión de su aviso, osaban requestar atrevidamente esta matrona honestísima, esperando rendilla a los primeros encuentros, como si fuera alguna vil ramera y desvergonzada. Incitaránse luego los buenos ingenios a esta competencia de gloria, y veremos extenderse la majestad del lenguaje español, adornada de nueva y admirable pompa, hasta las últimas provincias donde vitoriosamente penetraron las banderas de nuestros ejércitos.

(Francisco de Medina, prólogo a los lectores, en Fernando de Herrera, *Obras de Garcilaso de la Vega con anotaciones*, Alonso de la Barrera, Sevilla, 1580, págs. 1-12.)

5. UNA ANTOLOGÍA DE LA VANGUARDIA POÉTICA EN EL XVII: LAS «FLORES DE POETAS ILUSTRES». PRÓLOGO DEL RECOPILADOR, PEDRO DE ESPINOSA, AL LECTOR

No temáis, señor lector, que os tengo de moler dando cuenta del intento que tuve en hacer este libro, y al fin de seis pliegos decir que mis amigos me importunaron que lo imprimiese, ni penséis que os he de quebrar la cabeza con el almozada de agua del villano de Xerxes; ni tampoco que he de volverme a los maldicientes, llamándolos áspides de lenguas ponzoñosas que muerden los conturnos de oro. Creedme, señor, que si no temiera enfadaros no hubiera buscado tan varia brevedad, pues esta trae la hermosura y el gusto y tanto he hecho en no escribir cosa mala como en admitir esto bueno, porque para sacar esta Flor de harina he cernido docientos cahíces de poesía, que es la que ordinariamente corre. No quise escribir más volumen porque éste sea la muestra del paño; esto es entrar un pie en el agua para ver si está quemando; si os contenta, le daremos al libro un padre compañero y si no, me excusaréis de trabajo tan grande como es escalar el mundo con cartas y después de pagar el porte, hallar en la respuesta la glosa de *vide a Juana estar lavando* o algunas redondillas de las turquesas de Castillejo o Montemayor (venerable reliquia de los soldados del tercio viejo) o cuando más algún soneto cargado de espaldas y corto de vista, que no ve palmo de tierra, que estos ya gozaron su tiempo; mas ahora, los gentiles espíritus del nuestro (como parecerá en este libro) nos han sacado de las tinieblas desta acreditada ignorancia y yo, por no exceder los rigurosos preceptos de los prólogos, cubriré su alabanza con el velo del silencio. De paso, advertid que las *Odas* de Horacio son tan felices que se aventajan a sí mismas en su lengua latina. Vale.

(Pedro de Espinosa, *Primera parte de las Flores de poetas ilustres de España*, ed. facsímil de la Real Academia Española, Madrid, 1991.)

6. Francisco de Quevedo, editor del misterioso Francisco de la Torre

DON FRANCISCO
de Quevedo Villegas
caballero del hábito
de Santiago.

A los que leerán.

No he podido averiguar la patria de Francisco de la Torre, sintiendo mucho lo que esta ignorancia le quita de verdadera gloria. Él era castellano, vivió antes de Boscán, como se lee en las estancias, que imitó del Bembo.

En el lumbroso, y luzido Oriente.
Cuando dice:

Y el Bachiller que llaman de la Torre.

Donde admira la grandeza de su estilo, que fue tal en aquella antigüedad, que se conoce en el propio Boscán, y en algunas voces del excelentísimo poeta Garcilaso de la Vega, nunca bastantemente aclamado. Y lo que más admira, y se puede contar por milagro del ingenio, que el corriente de los versos, la blandura, la facilidad no esté achacosa con algunas voces ancianas, y que después ha desechado la lengua. Cosa, de que aun en los que escribieron después de Boscán se repara, como frecuentemente en Fernando de Herrera doctísimo, y elegantísimo escritor. Y que como se leeerá en estas obras tuvo por maestro, y ejemplo a Francisco de la Torre, imitando su dicción, y tomando sus frasis tan frecuente, que puedo escusar el señalarlas; pues quien los leyere, verá, que no son semejantes, sino uno

Sea prenda para demostrar esta verdad, advertir, que la más cuidadosa lima de Fernando de Herrera se conoce en la palabra *apena,* que es emienda de la que comunmente se dice *apenas.* Así nuestro autor en el lib. 2. Soneto 11, v. 3.

Se rige apena en pie.

No trato aquí, si esta es voz culpable. También tomó el decir *mientra,* no *mientras.* Nuestro autor en la oda 3 del primer libro, estancia 13, v. 1.

Y mientra le permite Sol dorado

En el artículo femenino, que restituyó esta voz *alma* diciendo *la alma.* En la voz, *corona,* y *cerco,* que no solamente tomó Herrera, sino también la frecuente repetición de ellas. Las voces, *salua, ostro, aura, mustio, orna, cuidosa, desparciendo, perdimiento, despiadada, yerto inuierno, conduzir, cuitado, errando la selua,* y la y repetida en los epítetos, *Soneto* 17.

Solo, y callado, y triste, y pensativo, reluzientes llamas de oro.

Mira Filis furiosa, onda de nieve, y ostro, y de cristal ornada esquiuar. Y por no cansar, todas las palabras, y dicciones, el estilo, la contextura, lo severo de la sentencia, cosa que no la dijera, a no creer que es tan grande, y calificada recomendación del docto juicio de Fernando de Herrera en imitarlo, como del ingenio de Francisco de la Torre en haberlo enseñado primero. Mas con esta ventaja, que no le fue ejemplar a estas voces, que con algún ceño se leen en Fernando de Herrera, *ovosa, pensosa, pocion, crispar de ojos, relazar, sañosa, ensandece, ufania, pauor, adola, espirtu,* sincopa, que no tiene otro misterio, sino que en el verso no cabe *espíritu.* Como las voces *Do* por *Adonde,* y *Vo* por *Voy.* Que si bien Francisco de Rioja dice se hizo con cuidado, y examen docto, consta de las obras no ser otra cosa, sino no caber en el verso la palabra *Adonde,* y *Voy:* porque muchas veces, y siempre donde cabe, dice *adonde,* y *voy:* y en las partes, que no cabe, dice *do* y *bo.* No es menos desapacible la voz *Porfioso desvario:* y de más sonora composición de letras, usa *trayo, cuytoso, lasa voz, dudança, giro del fuego, con puro lampo*. Las unas voces son latinas todas, que escribiéndolas en sonetos amorosos, y a mujer, incurren en la representación de Propercio.

Scribe quod quæuis nosse puella vellit.

Las otras son de composición áspera, y poco necesarias, pues sustituyen voz decente, y elegante.

Advierto, que el divino ingenio de Herrera sacó en su vida las rimas, que se leen en pequeño volumen, limpias de las más de estas voces peregrinas; que se leen en la impresión, que después se hizo por Francisco Pacheco, pintor docto, y estudioso, y de grande virtud en mucho mayor volumen. Creo fue el intento darnos de tan grave, y erudito Maestro hasta lo que él desechó escrupuloso. Que de tales ingenios aun las manchas, que ellos se quitan, pueden ser joyas para los que sabemos poco, y su sombra nos vale por día.

Y sea corona del nombre de nuestro autor, y venerable túmulo de su memoria el haber escrito en la primera hoja de sus obras estas palabras: *Deliraban cum hoc faciebam, et horret animus nunc.* Con frenesí escribí esto, ahora se me escandaliza el ánimo.

Sabe reconocida la sabiduría humilde, intitular con ceniza escritos de oro, como la soberbia mal persuadida, ignorante retular con oro obras de ceniza.

Don Francisco de
Quevedo Villegas

(*Obras de Francisco de la Torre*, ed. M.ª Luisa Cerrón, Cátedra, Madrid, 1984, págs. 68-70.)

7. LA TRANSMISIÓN DE LA POESÍA EN LA SEGUNDA MITAD DEL SIGLO XVI

[...] Pero esta inusitada invasión del verso en la sociedad produjo la complicada transmisión poética del Siglo de Oro. *Los poetas en general fueron reacios a la publicación de sus obras,* pues de entre los más notables de esta segunda mitad del siglo XVI sólo publican en vida Juan Hurtado de Mendoza (1550), Alonso Núñez de Reinoso (1552), Montemayor (1554), Diego Ramírez Pagán (1562), Diego de Fuentes (1563), Jerónimo de Lomas Cantoral (1578), Pedro de Padilla (1580, 1585, etc.), Fernando de Herrera (1582), Juan de la Cueva (1582), Joaquín Romero de Cepeda (1582), López Maldonado (1586), Damián de Vegas (1590), Vicente Espinel (1591) y Juan Rufo (1596). En ediciones póstumas aparecen las obras de Silvestre (1582), Acuña (1591), Aldana (1591), Francisco de Medrano (1617), Francisco de Figueroa (1625), fray Luis de León (1631), Francisco de la Torre (1631) y San Juan de la Cruz (1618 y 1627). Y Sebastián de Horozco, Eugenio de Salazar, Barahona de Soto, Baltasar del Alcázar, Mosquera de Figueroa y Pedro Laýnez se publican a partir del siglo XVIII. [...] Parece, [...] que la imprenta no fue un medio eficaz de difusión de la obra individual. Tampoco lo fue el manuscrito [...], pues, [...] los códices no suelen recoger colecciones de un solo poeta. [...] Es cierto que la obra completa de un poeta que no publicó en vida difícilmente pudo ser conocida, pero basta un repaso a las antologías manuscritas —los llamados «cartapacios»—, recopiladas con aficionados a la lírica, para comprobar que la obra suelta de los grandes poetas, de los medianos y aun de los menudos abunda en ellas y, en general, estas antologías no guardan ni un orden cronológico, ni geográfico, ni temático, aunque tienden a este último en grandes grupos de asuntos y estrofas (burlas, amores, morales y religiosos o églogas, canciones, sonetos, glosas y romances.)

[...] La complicada transmisión de la obra suelta y los problemas de atribución unidos a la falta de descripciones de manuscritos son las causas principales de la ausencia de ediciones críticas y de estudios de conjunto sobre la poesía de este período. Creo, en resumen, que la transmisión manuscrita fue fundamental para el conocimiento y difusión de la lírica; y creo igualmente que, a pesar del exiguo número de ediciones de obras individuales, la imprenta tuvo notable eficacia.

[...] Las antologías impresas, los llamados *Cancioneros, Flores, Silvas,* etc., son muy frecuentes en esta época. [...] Estas colecciones, que en última instancia se remontan al *Cancionero General* de 1511, se caracterizan por presentar un tipo de poesía más apegada a lo tradicional —glosas, canciones, villancicos, romances— que a la nueva poesía. [...] Excepcional en este sentido resulta el *Cancionero General de obras nuevas* (1554) que publica poesía endecasílaba de Juan de Coloma, de don Diego Hurtado de Mendoza y una colección de sonetos anónimos. Y en fechas más tardías el *Cancionero General de la doctrina cristiana,* extensa e interesantísima antología de poesía religiosa recogida por Juan López de Úbeda. [...] En el último cuarto de siglo aparecen los cancioneros-romanceros, antologías híbridas que aprovechan la fama de los cancioneros y romanceros, como la *Flor de romances, glosas y villancicos* de 1578 [...] y el *Romancero historiado,* recopilado en 1579 por Lucas Rodríguez, de notable éxito editorial y de suma importancia para el tránsito del romance pastoril al romancero nuevo. Pero las antologías más frecuentes fueron las de romances, que se inician con un cancionero perdido y el *Cancionero de romances* (h. 1547) de Nucio [...], y continúan con las *Silvas* de Zaragoza de 1550 [...] y las colecciones de Sepúlveda [...], Padilla y Juan de la Cueva, que representan el tránsito del romance viejo al romance artificioso, [...]. Con la *Flor de romances* recopilada en 1589 por Pedro de Moncayo [...] se inicia la publicación de las antologías de romances nuevos que constituirán el *Romancero General* de 1600.

[...] Otros dos medios de difusión de la lírica —aparte de la tradición oral y cantada— no han recibido la atención que merecen. Me refiero a la novela y al teatro. La *Diana* de Montemayor [...], es obra capital para el desarrollo de la lírica. Montemayor incorporó una amplia colección de poemas de muy extensa variedad métrica, una especie de arte poética en la que aparecen desde villancicos hasta la complicada sextina [...]. La difusión de estos versos, como ha advertido Maxime Chevalier (1974), y la del breve cancionerillo de Montemayor que suele cerrar las ediciones de la *Diana,* fue considerable, y ya todas las novelas pastoriles —Alonso Pérez, Gil Polo, Lofraso, Gálvez de Montalvo, Cervantes, etc.— insertarán cerca del centenar de composiciones en diferentes metros, incluido el arte mayor y el alejandrino. Con la *Diana* se produce realmente la simbiosis entre tradiciones castellanas e italianas al incorporar el universo virgiliano pastoril y renacentista al octosílabo.

[...] la épica culta, [...] conoció un desarrollo extraordinario en la segunda mitad del siglo XVI en particular durante los dos últimos decenios. Las fuentes principales de estructura, temas y estilo fueron Virgilio, Lucano y Ariosto —y el Mantuano, Vida y Sannazaro, para la temática religiosa—, pero también Garcilaso, de quien los poetas extrajeron determinados tópicos.

[...] La forma en la lírica del siglo XVI es fundamental porque está sujeta a una especial poética, basada en la teoría de los estilos, aún clasista, y en los modelos dignos de imitación.

[...] las estrofas y los géneros tienen unos modelos bien conocidos que son los que hacen escuelas. En realidad, no es necesario que la obra completa de un poeta se divulgue; basta con que unos poemas determinados lo hagan —por motivos muy complejos— y sean imitados por unos epígonos para que se conviertan en unos modelos.

(Alberto Blecua, «Fernando de Herrera y la poesía de su época», en *Historia y crítica de la literatura española*, 2, Crítica, Barcelona, 1980, págs. 426-431.)

TALLER DE LECTURA

Para estudiar la evolución de la poesía durante los siglos XVI y XVII hemos pasado por las corrientes poéticas que atraviesan esta época: lírica anterior al petrarquismo (popular y culta), poesía petrarquista, manierismo y barroco. En ningún momento pueden ni deben entenderse como etapas poéticas en las que encasillar a unos u otros autores o escuelas. Entendemos que la lírica del Siglo de Oro, en su totalidad, es el resultado de la mezcla y convivencia de todas estas corrientes poéticas.

Como primera tarea, proponemos al alumno la creación de una tabla con filas y columnas que irá completando con las cuestiones planteadas a lo largo de este Taller. Sugerimos los siguientes títulos para las columnas: corrientes poéticas (lírica anterior al petrarquismo, poesía petrarquista, manierismo y barroco); características de cada una de ellas; formas expresivas (metros y formas) y autores. Esta actividad debe entenderse como una manera de estudiar todas estas corrientes, y nunca como un modo de encasillar autores por épocas; de hecho, el cuadro debe concebirse para relacionar todas estas corrientes y observar cómo un mismo autor participa de unas y otras. Una vez terminado, el alumno habrá conseguido reconstruir el panorama poético de nuestro Siglo de Oro.

1. PANORAMA HISTÓRICO Y SOCIAL

Desde el reinado de los Reyes Católicos hasta el fin de la dinastía que iniciaron mediante el matrimonio de su hija Juana con Felipe el Hermoso (los Austrias), se extiende un período histórico denominado Siglo de Oro, que define la creación literaria, artística y cultural de esa época. Es el período en el que España ensancha su territorio hasta unos límites que sus habitantes no pueden conocer. La preservación de la unidad política (el Imperio de Carlos V) implicaba la unidad religiosa y las consecuencias a las que da lugar caracterizaron a la sociedad de esa época: moriscos, judíos y conversos fueron víctimas de un catolicismo exacerbado que salpicó también a todas las manifestaciones artísticas. El gusto por la poesía se difunde en la Península, a pesar de poseer una población analfabeta en un ochenta por ciento.

— Consulta la Introducción. ¿Qué acontecimientos históricos sirven para delimitar la poesía del Siglo de Oro? Señala otros momentos trascendentes para la historia de España que tienen lugar en esta época.
— ¿Qué significado y qué consecuencias tuvo la religión en la sociedad de los siglos XVI y XVII?
— Fíjate en las características de la sociedad áurea. ¿Cómo una población analfabeta podía acceder al mundo de la poesía? ¿Y las clases privilegiadas? Fíjate en la importancia de la música y de los libros que contenían letras para ser cantadas.

2. Lírica anterior al petrarquismo: los cancioneros y romanceros

2.1. *Poesía culta y poesía popular*

Desde finales del siglo XV (Renacimiento) se extiende la poesía cortesana, la poesía denominada *culta* frente a la llamada *popular,* de transmisión oral, con la que convive y cuyos metros y temas comparte en ocasiones. Ambas caracterizan lo que se ha denominado la poesía tradicional castellana, recogida en los «Cancioneros» y «Romanceros». Mientras que la poesía popular es anónima, la poesía de los «Cancioneros» conserva el nombre de su autor: Juan del Enzina, Jorge Manrique...

— ¿Cómo se explica, desde la historia, la mezcla de la poesía culta con la poesía popular? Ten en cuenta en tu respuesta el nacimiento de una nueva clase social: la burguesía.

2.2. La difusión de la poesía

La invención de la imprenta favoreció la transmisión de la poesía culta, al menos en un principio, puesto que enseguida comienzan a imprimirse cancioneros; pero pronto contienen poesía de transmisión oral. Los «pliegos sueltos» también difunden más poesía popular que culta.

— La imprenta y la transmisión oral son factores determinantes en la difusión de la poesía. Se mantuvo, además, la transmisión manuscrita; muchos de nuestros grandes poetas no llegaron jamás a ver impresas sus composiciones. ¿Por qué?
— En una de las composiciones que integran el *Cancionero de Palacio* aparece el personaje de don Gaiferos, perfectamente conocido en la época. Acude al capítulo XXVI de la segunda parte del *Quijote* y, tras su lectura, reflexiona sobre la transmisión de la poesía en la época.

2.3. Métrica y temas

Antes del triunfo de la poesía petrarquista, la lírica medieval culta había evolucionado desde el siglo XIV. Esta poesía, que convive con el petrarquismo posterior, poseía sus propios metros y formas, que forman parte de la tradición poética peninsular: el octosílabo, la copla, el villancico. Así mismo, los temas evolucionan hacia un gusto por lo lírico-novelesco. También la tendencia paródica y el gusto por lo escatológico, de tradición medieval, se reflejan en el *Cancionero General*.

— Fíjate en estas características en las «Coplas del Ropero a unas señoras que preguntaron qué cosas eran los regüeldos».
— Consulta la Introducción. Las coplas permitieron la creación de subgéneros poéticos, como la canción. ¿Qué tipo de sentimientos expresan las composiciones en coplas?
— ¿Qué tipos de coplas puedes definir en los poemas seleccionados en el epígrafe «Poesía de Cancioneros»? ¿Qué otras formas métricas acompañan a la copla? Traza un cuadro que recoja estos metros y sus características. Ten en cuenta para ello no sólo la Introducción, sino también las notas que acompañan en esta antología a la «Poesía de Cancioneros».
— Elabora un cuadro sinóptico que dé cuenta de las características generales de la poesía en las primeras décadas del siglo XVI; relaciona y diferencia las tendencias poéticas que hemos estudiado en un marco común. Ten en cuenta que el cuadro ha de quedar abierto para introducir las siguientes corrientes poéticas que veremos a continuación, y que debe entenderse la variedad poética de toda aquella época como una enriquecedora mezcla de formas y géneros que tiene como testimonio propio *La Diana,* de Jorge de Montemayor. Fíjate en lo que se dice de esta obra en la Introducción.

La innovación que supuso para la lírica castellana la entrada de formas italianas no significó en absoluto la ruptura con las corrientes de la poesía castellana que habían actuado hasta ese momento: la lírica tradicional, el romancero, los poetas cultos del XV y la poesía del *Cancionero General.* Todas estas fuerzas conviven con la nueva lírica petrarquista durante el siglo XVI y desembocan en el Barroco.

3. Garcilaso y la poesía petrarquista

3.1. *La influencia de las formas italianas*

El nacimiento de la burguesía da paso paulatinamente a nuevos sentimientos en el individuo del Renacimiento: la exaltación del yo, de la libertad individual... Es el humanismo, el movimiento cultural de esta época.

Durante estos años, los soldados españoles que acudían a Italia conocieron el Renacimiento italiano y se empaparon de las nuevas formas. La necesidad de expresar los sentimientos humanísticos a través de la poesía exigió también un nuevo molde, unas nuevas formas que se importaban desde Italia, donde acudían numerosos soldados-poetas españoles, como Garcilaso, Hernando de Acuña...

En 1526 tuvo lugar en Granada el encuentro del poeta español Juan Boscán con el embajador de Venecia, Andrea Navaggiero, poeta italiano. El italiano propuso a Boscán que introdujera en la poesía española el modelo italiano, pero a Boscán no le resultaba fácil; se encontraba, además, con el rechazo de otros poetas. Sin embargo, su amigo Garcilaso le animó a proseguir y decidió además seguirle en su aventura.

 — Lee detenidamente la Carta a la duquesa de Soma (Documentación complementaria, 3). Fíjate qué opinión le merecía a los contemporáneos de Boscán la poesía italianizante. Analiza la respuesta de Boscán. ¿Qué piensa del *Cancionero General?*
— Examina cuáles fueron, según Boscán, los orígenes de la poesía castellana y de las nuevas formas italianas.

3.2. *Otros autores que asumen la poesía italianizante*

Boscán acaba su epístola afirmando el triunfo de la poesía italianizante, porque era seguida por otros escritores. ¿Quiénes eran? Hurtado de Mendoza, Hernando de Acuña, Gutierre de Cetina... Podemos hablar de una generación, de la generación de Garcilaso, con elementos biográficos comunes; todos ellos están formados en la Corte, son hombres de armas y letras, y casi todos viajan a Italia, bien como diplomáticos, bien como soldados.

— Si el encuentro entre Boscán y Navaggiero no se hubiera producido, ¿crees que de todos modos se hubieran introducido las formas italianas? Ten en cuenta el momento histórico que vive España en tu respuesta.
— ¿Qué elementos, propios de la poesía de cancioneros, puedes localizar en el soneto «Cargado voy doquier que ando»? ¿Qué elementos petrarquistas?

3.3. *Pervivencia de la poesía tradicional castellana*

Castillejo, contemporáneo de Boscán y Garcilaso, reivindica el valor de la lírica tradicional castellana; no rechaza las formas italianas, sino que teme la pérdida del prestigio de la lengua castellana frente a la italiana.

— Analiza el texto de la «Represión» de Cristóbal de Castillejo (Documentación complementaria, 2); ¿de qué acusa Castillejo a Boscán y a Garcilaso? ¿Qué tipo de lenguaje utiliza para ello? ¿Cuál es su intención?
— ¿En qué se oponen, según Castillejo, las formas italianas y las españolas?
— ¿A qué corriente poética pertenecen los poetas que cita en su composición?
— ¿Crees que Castillejo era consciente del papel que jugaban Boscán y Garcilaso en la evolución de la poesía castellana?

3.4. *Métrica y temas*

3.4.1. El petrarquismo, las nuevas formas importadas de Italia, ofrecía a los poetas españoles nuevos moldes sobre los que expresar sus sentimientos.

3.4.2. Por lo que respecta a los *nuevos usos métricos,* se generalizó el uso del endecasílabo y de los sonetos y las canciones. También se empleó el terceto para las epístolas, el verso suelto y la octava real. El endecasílabo se combinó con el heptasílabo en canciones y madrigales.

— Fíjate en la formas métricas de las composiciones de los poetas de la generación de Garcilaso seleccionadas en esta Antología. ¿Cómo se «construye» un soneto? Puedes recurrir al de Lope de Vega, «Un soneto me manda hacer Violante».
— Los endecasílabos se utilizaron también en las epístolas, como puedes comprobar en la de Diego Hurtado de Mendoza, «A Marfira Damón salud envía». Define este género poético y su esquema métrico. Haz lo mismo con el madrigal («Ojos claros, serenos...») y con la Canción («Sale la aurora, y con su fértil manto...»). Incorpora estas tareas al cuadro sinóptico sugerido en el apartado anterior.

Desde 1550 es evidente el triunfo total del endecasílabo, con numerosas reediciones de la poesía de Boscán y Garcilaso, la desaparición del verso de arte menor y el éxito de los romanceros y de los cancioneros, que incluyen, con leves ejemplos, poesía de verso endecasílabo; entre 1540 y 1560 se produce la simbiosis entre la lengua, los temas, las formas y los géneros italianos con la forma, los temas y géneros tradicionales castellanos.

— Fíjate cómo se desarrollan en el soneto de Diego Hurtado de Mendoza «Ahora en la dulce ciencia embebecido» todas las características de la expresión amorosa del petrarquismo y cómo puede localizarse alguna característica propia de la poesía posterior.

El verso endecasílabo se impone al octosílabo y de igual modo, las nuevas estrofas: sonetos, tercetos, liras..., todo un universo métrico con el que expresar el sentimiento por excelencia: el amor. En efecto, el sentimiento amoroso es el tema sobre el que se estructura la mayor parte de las composiciones poéticas. Es el amor no correspondido, tema que procede de la poesía provenzal, pero, a diferencia de ella, carece de todo erotismo y pasión. El amor lleva a la melancolía; se concibe como virtud del entendimiento y lleva al poeta a la introspección y a la expresión de la autobiografía amorosa.

— Lee el soneto de Garcilaso «Cuando me paro a contemplar mi estado...» ¿Cómo se expresa el «yo» lírico? ¿Realmente se queja Garcilaso del sentimiento amoroso? ¿Qué teme más que el desaire de su amada?
— En la «Canción V» de Garcilaso, el poeta se hace pasar por el mediador de su amigo, Mario Galeota, ante la dama de la que está enamorado. ¿Cómo afecta el amor no correspondido al caballero? ¿Qué deberá hacer la dama?

3.4.3. La naturaleza es, junto con el amor, otro de los temas recurrentes de la poesía italianizante. Absolutamente idealizada, equilibrada, se conmueve con el poeta y le proporciona paz y sosiego. Los personajes se encuentran inmersos en un marco puro, natural, que les acerca a una realidad arquetípica. El bucolismo pastoril enmarca perfectamente la introspección amorosa.

La amada posee todas las características físicas que hacen imposible no enamorarse de ella; sin embargo, todo es efímero y debe ser disfrutado antes de que el tiempo implacable acabe con su belleza.

— Enumera los rasgos del ideal de belleza femenina de la época, expresados en el soneto de Garcilaso «En tanto que de rosa y azucena...» ¿En qué se convertirá el «oro» de su «cumbre»?
— Localiza esas metáforas en otras composiciones de esta época; fíjate en el poema de Francisco de Terrazas y relaciona las prendas de la amada con su identificación en la naturaleza.

3.4.4 Otros poemas, también en la línea de lo autobiográfico, recrean temas soldadescos o políticos, como en el caso del soneto de Acuña.

— ¿Con qué compara Acuña a la monarquía española, encabezada por el emperador Carlos?
— Analiza la ideología política de la época en este soneto, el mundo militar y el papel que juega la religión en todo ello.

3.5. *Carácter cortesano y tradición grecolatina*

Una de las características de la nueva poesía es su *carácter burgués*. Todos los poetas de la generación de Garcilaso están en contacto directo con la Corte y forman parte de la incipiente burguesía. El refinamiento cortesano se proyecta en sus composiciones.

El Renacimiento propició el resurgimiento de las teorías platónicas y de la cultura greco-latina en general. El *universo mitológico heredado de la tradición grecolatina* se retoma para servir al poeta en la expresión de sus sentimientos amorosos y recrear situaciones con las que se identifica.

— Fíjate en el soneto XIII de Garcilaso. Define el mito de Dafne y ponlo en relación con el poema. Analiza la fusión de Dafne con la naturaleza.
— ¿Puedes recoger otros ejemplos en los que se proyecte el universo mitológico?
— Localiza versos en los que se asocie a la amada con el universo léxico de la luz: los ojos, la mirada...

3.6. *Léxico y sintaxis*

Los nuevos sentimientos, las nuevas formas, los nuevos temas, exigían un léxico diferente y un nuevo estilo expresivo más selecto, con la introducción de léxico culto que acerca el lenguaje a sus modelos grecolatinos. La sintaxis se complica y da lugar a numerosos juegos retóricos que amparan la *perfección formal buscada*. Los poetas latinos y Petrarca elaboran cuidadosamente sus composiciones; del mismo modo, los poetas del XVI buscan la naturalidad y la sencillez, pero lejos de lo vulgar. La poesía se aleja de la improvisación, puesto que se trata de una poesía consciente y meditada. El concepto de la poesía es mucho más elevado que en la época precedente. La paradoja se utiliza constantemente. El lenguaje es una imitación directa del italiano. El uso del adjetivo antepuesto al sustantivo es sistemático y subraya la esencia del ser.

 — Analiza los encabalgamientos utilizados por Francisco de Terrazas en el soneto «Dejad las hebras del oro ensortijado...» ¿Qué expresan? Ten en cuenta las notas que acompañan a esta composición en esta Antología.
— Fíjate en el uso de los adjetivos que hace Gregorio Silvestre en la *Elegía a la muerte de doña María*. A veces se posponen al sustantivo, pero casi siempre se anteponen. Extráelos de la composición y cambia el orden. ¿Varía también el significado o el tono del poema?
— Localiza ejemplos de expresiones paradójicas (fuego-hielo) en los poetas de la generación de Garcilaso. Busca algún ejemplo más en la poesía posterior.

4. Manierismo y fin de siglo

4.1. *La evolución del petrarquismo*

El relativo aislamiento de España con respecto a Europa en la segunda mitad del siglo XVI —la Contrarreforma y el Concilio de Trento— se refleja en la lírica en nuevas tendencias artísticas que proyectan sentimientos nacionalistas y religiosos. Es el tiempo de la relajación de los temas petrarquistas, que evolucionan hacia nuevos modos poéticos basados en la búsqueda de la armonía perdida o en el desencanto.

— ¿En qué momento histórico se localiza el manierismo? Consulta la Introducción.

Nuevos caminos aparecen en la evolución de la poesía, motivados por aspectos muy concretos:

4.1.1. *Crisis de las ideas renacentistas:* pérdida de la armonía, de la fe en las posibilidades del hombre; crisis del humanismo, del *yo*. El alma sigue siendo el espacio del amor, pero los poetas dan paso en ella a la angustia, a la soledad, y expresan sus sentimientos a través de las odas y las epístolas. Temas característicos de esta poesía son las ruinas, el paso del tiempo, la amistad o el estudio.

 — Fíjate en el soneto de Juan López Maldonado «¿Será verdad, permitirálo el cielo?» ¿Cómo está tratado el amor? ¿Qué esperanza le queda al poeta tras la consumación física del mismo?
— Enumera las palabras más utilizadas con las que se alude al paso del tiempo; traza dos líneas para establecer su significado en la poesía puramente petrarquista (recuerda que Garcilaso invitaba a disfrutar del presente) y en la de los poetas de la segunda mitad del XVI (la melancolía que provocan las ruinas, testigos mudos del paso del tiempo). Fíjate en los campos semánticos utilizados y cómo se expresa a través de exclamaciones y otros elementos expresivos.
— El humor, el sarcasmo y la ironía caracterizan también algunas composiciones ¿Con qué tradición entroncan? Compara el poema de Sebastián de Horozco «De Ovidio sois muy secaz» con el famoso soneto de Quevedo «Érase un hombre a una nariz pegado».

4.1.2. *Ruptura entre lo formal y lo espiritual*, olvidando la armonía característica del período anterior. La búsqueda de las formas del espíritu y el renacer anterior de las formas clásicas llevan ahora al estoicismo, al estilo meditativo. Las ruinas, jardines abandonados, se convierten en mundos poéticos que acompañan en sus descripciones al sentimiento de los poetas:

— Compara el tema de las ruinas de Itálica en las composiciones de Francisco de Medrano y Rodrigo Caro. Analiza en ellos la imaginería y señala los elementos comunes.
— Lee detenidamente la *Epístola moral a Fabio*. Enumera los tópicos del neoestoicismo: meditación sobre la vida, retirada de lo mundanal... Estudia cómo estos colaboran en la exposición de la vivencia del desengaño y el aprecio de la vida sencilla.

4.1.3. *Visión irónica del mundo poético heredado:* el manierismo pone de manifiesto la exageración formal a la que había llegado la poesía petrarquista. Y no sólo a través de los temas y el lenguaje —mucho más denso, oscuro—, sino también a través de la recuperación de formas métricas abandonadas por el petrarquismo (romances, letrillas).

— Busca la poesía erótica seleccionada en esta Antología. ¿Con qué tradición entronca? ¿Cómo se difundió? Fíjate en las formas métricas que utiliza y añádelas al cuadro métrico y cronológico que estás elaborando.

4.2. *Fray Luis de León*

Fray Luis de León y Fernando de Herrera aportan transformaciones en la lírica posterior a Garcilaso, pero son muchísimos más los que desarrollan su labor creadora durante la segunda mitad del XVI: Sus obras no se publicaron en vida, en la mayoría de los casos, pero la poesía adquirió una difusión extraordinaria a través de las antologías, tanto manuscritas (cartapacios) como impresas *(Cancioneros, Flores,* etc.) obras colectivas en las que, además, se hace visible la presencia de elementos tradicionales (romances, villancicos...), y también en antologías de carácter religioso, como el *Cancionero General de la doctrina cristiana,* recopilado por Juan López de Úbeda.

4.2.1. Fray Luis de León funde en su poesía la inspiración bíblica, el bucolismo latino de Horacio y Virgilio y el petrarquismo de Garcilaso. Es un hombre de letras de su tiempo que gusta de las literaturas romances. Su poesía es sencilla y elegante, perfectamente construida. Prefiere, entre las formas métricas, la lira, con imitación de las odas horacianas, aunque también utiliza el terceto, la octava, la décima e incluso el soneto. Su poesía tiene raíces petrarquistas, pero revela, además, un desasosiego interior que busca en la poesía la paz individual y cósmica. Tradujo a Virgilio, Horacio, Píndaro, tal vez porque se acercan a sus temas y actitudes.

— La «Canción de la vida solitaria» («Qué descansada vida...») refleja la búsqueda de la virtud, de la armonía y la paz interior a través del alejamiento de la vida mundana; es el tópico del *beatus ille.* ¿Cómo se define? Recurre para ello a las notas que acompañan a esta composición. Localiza otra que utilice este tópico.

— El léxico empleado por fray Luis procede de campos semánticos relacionados con la naturaleza y los emplea en dos sentidos: el real y el figurado. Señala pasajes explícitos: la tormenta, la hiedra, el laurel...

— Fíjate en las notas que acompañan a esta composición. Localiza los encabalgamientos e hipérbatos y analiza su significado e intención.

4.2.2. La «Oda a Francisco de Salinas», catedrático de música de la Universidad de Salamanca y ciego, expresa la afinidad entre la armonía musical y la armonía del alma. La música es símbolo de la armonía cósmica y, a través de la realización musical de Salinas, el alma vuelve a su origen divino.

— En su búsqueda expresiva, fray Luis intenta llevar la música a la letra escrita. ¿Cómo lo consigue? Consulta las notas para elaborar tu respuesta.

— Fray Luis presenta una serie de conceptos conocidos de origen pitagórico (las ocho esferas) y platónico. Señálalos. Analiza también las exclamaciones contenidas en la oda, especialmente la última.

— La oda que Fray Luis dedica a don Oloarte expresa la contemplación del cielo y provoca en el poeta el deseo de la unión con Dios. Señala los rasgos místicos y ascéticos en el léxico utilizado.

— Fray Luis utiliza, en las obras seleccionadas en esta Antología, las liras. Defínelas. ¿Qué composición forman? Añádelo al cuadro métrico.

— También incluimos un soneto; señala en el mismo rasgos de la poesía petrarquista.

4.3. *Fernando de Herrera*

La poesía petrarquista, decíamos, comenzó a desgastarse en sus metros y temas; las férreas formas italianas provocaron una paulatina renovación de la poesía que coincide con la crisis del humanismo. En la misma época en que fray Luis renueva la lengua poética de Garcilaso a través de la poesía neolatina y bíblica, abriendo paso así a la lírica intimista no amorosa, Fernando de Herrera regenera la tradición petrarquista a través del soneto, la elegía o la canción pindárica. En efecto, Fernando de Herrera evoluciona hacia un amaneramiento de la poética heredada. Admirador y seguidor de la poesía introducida por Garcilaso y Boscán —escribió las *Anotaciones* a la poesía de Garcilaso de la Vega—, su poesía se diferencia de la de sus «maestros» por una mayor artificiosidad, el recargamiento, la luz y el color. Herrera hereda la temática petrarquista, a la que añade modos propios. Su poesía, eminentemente amorosa y caracterizada por un perfecto dominio del lenguaje, está dedicada a la condesa de Gelves.

— Herrera cultivó en sus comienzos la poesía heroica. ¿Crees que la forma en que expresa la pasión amorosa puede relacionarse con ello?
— Analiza el *yo* poético reflejado en los sonetos amorosos. Verás que es diferente al de Garcilaso. El poeta se queja del amor no correspondido, pero desde un tiempo pasado en el que la dama le concedió sus favores. Lejos de proporcionarle tranquilidad y esperanza, el poeta se revuelve contra los recuerdos dolorosos. Compáralo con la poesía de Garcilaso y analiza qué comparten.
— Recuerda el ideal de belleza femenino típico del Renacimiento expresado en el poema de Garcilaso «En tanto que de rosa y azucena...» Compáralo con el soneto de Herrera «Ardientes hebras, do se ilustra el oro...»
— Reconstruye el campo semántico de la luz (ojos, sol, claridad, fuego) en el soneto «Clara, süave luz, alegre y bella...»

4.4. *Francisco de la Torre*

Francisco de la Torre es el poeta más misterioso del Siglo de Oro; apenas existen datos sobre su vida, pero si leemos las palabras de Quevedo en el prólogo a la edición de sus obras, sus composiciones fueron conocidas en su tiempo e influyeron en la poesía herreriana.

 — Consulta el documento en el que Quevedo afirma que Fernando de Herrera imitó la dicción de Francisco de la Torre y otras características de su poesía que excusa señalar por evidentes (Documentación complementaria, 6). ¿Podrías señalarlas? Utiliza para ello las indicaciones del propio Quevedo.

4.5. *Francisco de Aldana*

Francisco de Aldana, nacido en Italia, refleja las influencias del neoplatonismo en su poesía amorosa, pero con evidentes concesiones a la sensualidad, en un progresivo acercamiento a lo pasional y lo erótico, que aleja a este poeta del petrarquismo más tradicional.

— El soneto de Aldana «¿Cuál es la causa, mi Damón, que estando...» dibuja la relación física entre los amantes. Analiza su diálogo y fíjate en la clara separación de los elementos espirituales de los formales.
— Establece los campos semánticos en los que se expresa la serenidad, la armonía y la belleza en la búsqueda de la unión con Dios en el soneto de Aldana «El ímpetu cruel de mi destino...» Compáralos con los elementos negativos del soneto «Mil veces callo que romper deseo...»
— Traza, ayudándote de las notas que acompañan a las composiciones de Aldana, las características de su poesía. Interprétalas en el marco de la evolución de la poesía del Siglo de Oro.

4.6. *San Juan de la Cruz*

La poesía mística tiene su máximo exponente en san Juan de la Cruz. Toda su imaginería simboliza la unión del alma con Dios. Sus grandes poemas se encuentran acompañados de extensas notas en prosa en las que explica palabra por palabra su significado espiritual. En el *Cántico Espiritual,* san Juan desarrolla la alegoría del alma-esposa que parte a buscar al esposo-Dios.

— San Juan utiliza para ello el ambiente bucólico y pastoril. Señala en el *Cántico Espiritual* las expresiones que lo indican.
— Observa el uso de verbos y sustantivos en las estrofas más dinámicas y el de adjetivos en las más pausadas, también en el *Cántico*. ¿Qué efectos consigue san Juan?
— El simbolismo y la alegoría caracterizan la poesía sanjuanista. Observa en los textos seleccionados estas características: el fuego, la caza...

— Recuerda los temas, formas y estilos del petrarquismo de Garcilaso. Señala pasajes que conecten a san Juan con la tradición petrarquista, pero fíjate también en cómo van dejando paso a la estética manierista.

— «Tras de un amoroso lance...» y «Un pastorcico solo está penando...» parecen poemas amorosos, pero finalmente se convierten en poemas religiosos. ¿Cómo se denomina este recurso expresivo? Analiza el cambio de significado de las composiciones desde el punto de vista «humano» y su conversión a lo «divino».

4.7. *Nuevas formas de poesía*

El agotamiento de la poesía petrarquista lleva a los poetas a la búsqueda de nuevos caminos; la lírica culta de tipo tradicional, la poesía cancioneril, se hace hueco al lado de la poesía italianizante. La necesaria renovación de la poesía petrarquista no sólo encontró en la poesía neoestoica sus líneas de expresión, ya que la poesía cantada se muestra a los poetas de finales del XVI como otro lugar donde buscar inspiración para las nuevas necesidades expresivas. Los cancioneros recopilados durante el XVI son testimonio de la progresiva apertura desde las formas petrarquistas hasta la búsqueda de mayor libertad creadora en las formas líricas tradicionales. Estas recopilaciones anuncian el cambio del gusto poético, porque se decían y se cantaban y se bailaban composiciones con temas procedentes del romancero; la difusión de los nuevos gustos era enorme, mucho más allá de lo que finalmente llegaba a la imprenta.

También la lírica debe su difusión a la novela y al teatro. La *Diana* de Jorge de Montemayor muestra en sus versos la confluencia de las formas italianas y las tradicionales castellanas, y las más de treinta ediciones que alcanzó revelan su éxito y difusión.

— Uno de los sonetos de Cervantes incluidos en esta Antología se encuentra en una de sus novelas ejemplares, ¿en cuál?

5. EL BARROCO

5.1. *La vuelta a formas anteriores*

5.1.1. Las nuevas generaciones de poetas —Lope de Vega, Góngora— participan plenamente de la recuperación de formas apartadas por el petrarquismo y de la vuelta del verso de arte menor. Educados poéticamente en el endecasílabo y en las formas italianizantes, las conocen y cultivan, pero incorporan plenamente los gustos populares. Seguidillas, ovillejos, versos libres y libertad en las formas conforman un universo de nuevas formas métricas con las que expresar por igual temas amorosos, religiosos o burlescos. El *poliestrofismo* caracteriza las composiciones del Barroco. Asistimos, por tanto, a la *mezcla de la poesía culta tradicional con la italiana*. Los poetas utilizan en sus composiciones versos endecasílabos y octosílabos. También el encuentro con la *silva* permite libertad métrica para expresar la meditación estoica lejos de los límites estróficos del petrarquismo.

— Fíjate en las formas métricas que utiliza Lope en las composiciones seleccionadas para esta Antología. Observa cómo utiliza versos de arte mayor y de arte menor. ¿En qué tipo de composiciones? Localiza romances y romancillos en otros autores. Define la forma métrica del romancillo e incorpóralo al cuadro.

— Encontrarás otras formas métricas que no habíamos visto hasta ahora: *décimas* (Villamediana, «El Caco de las Españas...»), *quintillas* (Conde de Salinas, «Yendo de la cola asido»), y *silvas* (Pedro de Espinosa, «Pregona el firmamento», o las dos composiciones de Francisco de Rioja). Defínelas, ayudándote de las notas que acompañan a dichas composiciones. Añádelas al cuadro que estás elaborando.

5.1.2. Consciente del nuevo rumbo de la poesía, Pedro de Espinosa prepara una antología en la que recoge las composiciones de los máximos exponentes de la lírica culta del momento: las *Flores de poetas ilustres*... Allí están representados Góngora y Lope, Quevedo, Villamediana, López de Zárate... Es el gran momento de la poesía española. Coincide históricamente con la decadencia de España, que estimula y enriquece la creatividad artística.

— Traza, a grandes rasgos, el momento histórico que vive España; relaciona los reinados de Carlos V, Felipe II, Felipe III y Felipe IV con la realidad literaria (no solo poética) de los siglos XVI y XVII.

— Analiza el poema de Cervantes «Voto a Dios que me espanta esta grandeza». ¿Qué pretende el autor? ¿Qué recursos utiliza para ello?

— El soneto tiene dieciséis versos. ¿Cómo se denomina este fenómeno? Añádelo como característica en la definición de soneto de tu cuadro métrico.

5.1.3. En los rumbos que la lírica culta va tomando existen posibilidades de una mayor apertura hacia nuevas inspiraciones. El léxico es más variado y más rico y la sintaxis, más abierta. Se poetiza lo cotidiano, lo sencillo, e incluso lo escatológico. La expresión poética se realiza en ocasiones a través de la anécdota, huyendo del sentimentalismo y entrando en el humor y la ironía. Son los últimos años del siglo XVI y nos adentramos en el XVII. En este ambiente poético se desarrolla la actividad creadora de nuestros grandes líricos hasta llegar en 1613 a la poética cultista de Góngora, que no anula la poesía anterior.

— Fíjate en el soneto de Lope «Libros, quien os conoce y os entiende...» y en el de Quevedo «Retirado en la paz de estos desiertos». Ambos poetas cantan al amor a la lectura, a la importancia del saber. Compara los dos poemas.

— Parece que a Lope le «salían» los sonetos casi sin pensar. Localiza uno que realizó mientras probaba la escritura de una pluma.

— En el romancillo «Íbase la niña», de Lope de Vega, se cuenta una historia. Prosifícala.
— Algunas composiciones nos ayudan, con sus descripciones, a conocer el modo de vida en la época: enseres de la casa, ropas, monedas. El romancillo de Góngora «Hermana Marica...» es una buena muestra de ello. Analiza costumbres de la época que encuentres en este poema. Puedes hacer lo mismo con «Ahora que estoy despacio...». Fíjate cómo el amor ha alterado la tranquila vida del poeta. ¿De qué forma se expresa?
— Localiza otras composiciones (a los naranjos, al cumpleaños de una dama, la inspiración poética...) que tengan como tema central lo cotidiano.

5.1.4. La nueva poesía tiene un marcado *carácter cortesano*; los poetas están relacionados con la Corte, lo que condiciona la elaboración de su obra, producto, muchas veces, de las circunstancias cortesanas e históricas: inauguración del palacio del Buen Retiro, muerte de un noble, finalización del palacio de El Escorial, cambio de gobierno... Los autores prestan su pluma a describir estos acontecimientos.

— Lupercio Leonardo de Argensola recoge el neoestoicismo de la época anterior y lo expresa en sus poemas. En esta Antología hemos recogido una composición en la que describe diversos aspectos de la vida cortesana en el palacio de Aranjuez. Localiza el poema y traza algunas líneas que muestren dichos aspectos.
— Góngora dedica un soneto al monasterio de San Lorenzo de El Escorial. ¿Qué admira del edificio? No existe en la composición ninguna interrogación o exclamación. ¿Qué tono se muestra así? Analiza el tiempo y el modo de las formas verbales.
— ¿A quién va dedicado el soneto «Esta en forma elegante, oh peregrino..»? ¿Qué rasgos hiperbólicos puedes localizar? ¿Qué admira del arte del pintor?

— Antonio Hurtado de Mendoza dedicó unas décimas al palacio del Buen Retiro. ¿Quién ordenó su construcción? ¿Sabrías decir qué se conserva en la actualidad de aquel palacio?

— Salvador Jacinto Polo de Medina realiza una festiva descripción de la Corte en su romance «Yo llegué de Madrid, Gerardo...» ¿De qué aspectos de la vida en la Corte se burla más abiertamente?

— ¿Qué situación se narra en el romance de Quevedo «Ya está guardado en la trena...»?

5.1.5. En esa variedad temática propia de la nueva poesía, los poetas ponen a disposición de la Corte su quehacer lírico, y dejan en sus composiciones muestras de aspectos políticos y sociales de la época. Quevedo, por ejemplo, aplaude el cambio de gobierno que se produjo a la muerte de Felipe III; el conde de Villamediana se alegra de la caída del duque de Lerma.

— ¿Qué medidas del nuevo gobierno alaba Quevedo en su *Epístola satírica y censoria*? ¿Calificarías el militarismo de Quevedo como algo individual o como consecuencia de las circunstancias históricas? ¿Qué crees que pretendía Quevedo cuando dio a conocer esta *Epístola*?

— ¿Qué situación histórica critica el conde de Villamediana en las décimas «El Caco de las Españas»?

— El apego al dinero y el egoísmo propios de una sociedad en decadencia se expresan a través de la sátira burlesca. Analiza estos elementos en dos famosas composiciones de Quevedo y Góngora, respectivamente: «Madre, yo al oro me humillo...» y «Ándeme yo caliente...».

5.1.6. El *amor* seguirá siendo uno de los grandes temas, dentro de la tradición petrarquista, pero mucho más colorista: flores, brillos, luces, forman parte de la imaginería que acompaña las descripciones femeninas, muchas veces a través de antítesis y paradojas. El sentimiento amoroso acompaña al poeta, pero es muchas veces engañoso y preludio de malestares y zozobras:

— Francisco de Rioja es el poeta de las flores. En esta selección incluimos la silva dedicada a la rosa. Compárala con el soneto de Lope de Vega al mismo asunto. Establece similitudes en tono, vocabulario y formulación. Ten en cuenta la forma métrica utilizada en uno y otro caso.
— El soneto de Góngora «La dulce boca que a gustar convida...» ejemplifica la actitud del hombre barroco hacia el sentimiento amoroso. ¿Cómo?
— El conde de Villamediana expresa también ese sentimiento de temor al desengaño amoroso en el soneto «Amor no es voluntad, sino destino...» ¿Qué elementos tiene en común con el de Góngora?
— Fíjate en cómo se mezclan la muerte y el amor en el bellísimo soneto de Quevedo «Cerrar podrá mis ojos la postrera...»

Para expresar el sentimiento amoroso, el poeta sigue valiéndose del universo mitológico, ahora ya muy desgastado.

— Analiza los elementos mitológicos que localices en las siguientes composiciones: «La dulce boca que a gustar convida...», «Rosas desojadas vierte...», «No desconozco en vos mi pensamiento».

5.1.7. El paso del tiempo, relacionado con la belleza efímera o las ruinas, es otro de los grandes temas de esta poesía cortesana; es también la época de los grandes poemas desasosegantes que traslucen el sentimiento del desengaño en el hombre barroco, la angustia del mundo heroico perdido y la angustia de la existencia como un paso más hacia la muerte.

— Fíjate en el romance de Góngora «Mozuelas las de mi barrio...». ¿A qué invita el poeta a través de sus versos?
— El estoicismo y la meditación, heredados de la poesía anterior, sirven a Quevedo para expresar su angustia vital. Analiza estos elementos en el soneto «Vivir es caminar breve jornada...»

— La muerte como algo incontrolable, como fin lógico y conocido de la vida, desasosiega al poeta. Fíjate como lo expresa Francisco López de Zárate en el soneto «Este trono, este bulto, a los clamores...», Quevedo en «Miré los muros de la patria mía...» y Luis Carrillo en «Camino de la muerte, en hora breve».

5.2. *Lope de Vega*

La poesía lírica de Lope de Vega destaca por su viveza y su pasión, así como por su riqueza y variedad. Lope traspasa elementos biográficos a su quehacer poético, como si respondiera a cierta necesidad de plasmar su realidad en sus versos.

— Analiza posibles elementos autobiográficos en el romance «Hortelano era Belardo...»

5.2.1. Los romances y composiciones de tipo popular son el alma de su teatro: romances de tema pastoril, moriscos..., formas en las que el amor o los celos encuentran su correspondencia en la naturaleza, sobre todo en sus poemas más juveniles.

El soneto fue la forma procedente de los metros italianos más utilizada por Lope; en el teatro le sirvió para enlazar dos situaciones, como señaló en el *Arte nuevo de hacer comedias*. Ejemplo de ello es el soneto de *La niña de plata,* «Un soneto me manda hacer Violante...».

— Analiza la estructura del poema y su tono. ¿Qué tipo de personaje, típico del teatro áureo, crees que lo recita? ¿Por qué?
— Fíjate en el soneto «Versos de amor, conceptos esparcidos...». ¿Podrías ponerlo en relación con la tradición petrarquista?
— Enumera los adjetivos del soneto «Suelta mi manso, mayoral extraño...» y fíjate en qué momentos los utiliza Lope.

— ¿Qué formas verbales utiliza Lope en el soneto «Ir y quedarse, y con quedar, partirse..»? ¿Qué sentimientos expresa?

5.2.2. Los sonetos contenidos en las *Rimas* y en otros poemarios tienen como tema central el amor humano. Pero el Lope de los últimos años, el Lope de las *Rimas Sacras,* plasma en sus versos el cambio de los amores humanos por los divinos.

— Analiza el estilo de los poemas «¿Qué tengo yo que mi amistad procuras?...» y «No sabe qué es amor quien no te ama...». Fíjate en el sentido de las exclamaciones e interrogaciones.

5.3. *Góngora*

5.3.1. La moda del romancero caló en los poetas de la época, como venimos diciendo. Góngora cultiva romances moriscos, burlescos o pastoriles, en los que trata aspectos de la vida aldeana y rústica.

— Elabora un listado con los estribillos de estas composiciones y glosa algunos de ellos.

5.3.2. Góngora rompió los moldes poéticos que remitían a todo un mundo de referencias conocidas y fue el origen de la poesía culterana. El movimiento de vanguardia que significó en la época fue valorado por los jóvenes de la generación del 27.

— ¿Qué crees que tienen en común? ¿Qué aspectos gongorinos valoraron los jóvenes del 27?

5.4. *Quevedo*

5.4.1. La originalidad de la poesía de Quevedo no reside ni en los temas ni en las formas, sino en el tratamiento estilístico, en el mundo de su palabra, a través del mundo conceptual y afectivo, alejándose de elementos sonoros. Al contrario que los poemas de Lope, las composiciones amorosas de Quevedo no parecen tener un destinatario concreto, sino que el poeta reproduce los tópicos amatorios, dotándolos, eso sí, de una expresividad nueva. En ellos la pasión amorosa dota a los versos de una buscada violencia que le aleja de los códigos petrarquistas. El objeto amoroso sirve para expresar la comunicación íntima, la introspección, a modo de juego retórico.

— Localiza los sonetos amorosos. Analiza su sensualidad.
— ¿Qué tiempos verbales utiliza en el famoso «Cerrar podrá mis ojos...»? ¿Qué suponen en la estructura del soneto?
— Selecciona pasajes de estas composiciones que le relacionen con la tradición petrarquista.

5.4.2. Pero Quevedo ha pasado a la conciencia colectiva como el gran escritor satírico que fue. Dueño de un poderoso ingenio, muestra en este tipo de composiciones su dominio verbal. Nada escapa a su pluma: las costumbres y comportamientos sociales (las letrillas), la Corte, el matrimonio, los intereses económicos... Es el mejor exponente de la *veta festiva,* una de las pautas de la poesía del siglo XVII. El tono festivo, divertido y burlesco y escatológico no son sino reflejo de una época de decadencia política y de malestar social.

— Fíjate en el romance de Juan de Salinas «En Fuenmayor, esa villa...». Localiza los términos con doble significado. Las notas que le acompañan sugieren algunas interpretaciones. Añade las tuyas.
— El soneto de Quevedo «La voz del ojo, que llamamos pedo...». es uno de los más transmitidos en la poesía manuscrita. ¿Por qué?
— Analiza la doble intención del «cascabel» en la letrilla de Francisco de Trillo «Pasa el melcochero...».

5.5. *Sor Juana Inés de la Cruz*

Cierran esta Antología dos poemas de sor Juana Inés de la Cruz. Son testimonio tardío de la poesía petrarquista.

— Localiza algunos de estos elementos.
— ¿Cómo defiende sor Juana a la mujer de los ataques de que es objeto por parte de los hombres? Valora las circunstancias históricas en tu respuesta.

5.6. *Las «Soledades» de Góngora*

Pero Góngora revoluciona la poesía del XVII cuando escribe las *Soledades*. Un nuevo mundo de imágenes, vocabulario y formas sintácticas, que rápidamente obtiene detractores y seguidores. Es la poética cultista que venía desarrollándose desde el siglo inmediatamente anterior. Hacia esos caminos se dirige ahora la poesía...

— A la luz del soneto de Quevedo «Quien quisiere ser culto en sólo un día...», analiza el léxico y las expresiones que caracterizan la poesía culterana. Ten en cuenta, sin embargo, la marcada intención burlesca de Quevedo.

TALLER DE CREACIÓN

— Elabora un mural en el que se establezca el momento histórico y político en España en que tiene lugar la evolución de la poesía castellana. Este cuadro puede completar al que has realizado a lo largo de este Taller de lectura.
— Traza grandes líneas temáticas: el amor, la religión, el paso del tiempo... y analiza el tratamiento que reciben en los poetas contenidos en esta Antología.

COMENTARIO DE TEXTO

por Pablo Jauralde

El texto seleccionado es «Fuego a quien tanto mar ha respetado», de Francisco de Quevedo (ver pág. 300).

Generalidades biográficas e históricas

Este soneto abre un apartado de poesía amorosa en las primeras ediciones de la obra de Quevedo (el de la musa Erato), probablemente porque él lo había dispuesto así: como pórtico a toda su poesía amorosa. Allí se titula «Amante ausente del sujeto amado después de larga navegación».

Forma métrica

La forma métrica del soneto, cada vez más frecuente en la poesía española desde que lo cultivaron Garcilaso y sus seguidores, sirvió pronto para expresar todo tipo de temas y tonos. Indudablemente, el soneto amoroso fue el más clásico, como lo es aquí. Su estructura de alcance corto o medio no permitía digresiones ni vacilaciones, sino cierta concentración, canalizada por una forma artística muy regulada. El poeta no podía cambiar el molde más que en la disposición de las rimas de los tercetos y en variaciones de unidades métricas menores, como las del ritmo, la misma rima, etc. De tal forma que la estructura del soneto forzaba en cierto modo a un tipo de expresión.

En efecto, se trata de catorce versos endecasílabos, con disposición de dos cuartetos (ABBA / ABBA) y dos tercetos (CDC / DCD), según los enlaces de la rima, que siempre era consonante. En este soneto, además, la rima es fácil de conseguir porque se acoge a terminaciones de participios y adjetivos (-ado / -ido; es más morfológica que léxica) y otras formas muy corrientes en el repertorio léxico del español, de modo que ni a Quevedo le costaría mucho trabajo conseguirla ni al lector le extraña la aparición en rima de aquellas palabras.

En cuanto al ritmo, el elemento esencial que dota de sonoridad al verso y, por tanto al poema, se abre con un endecasílabo sáfico, con acentos esenciales en $4^a/6^a$ y 10^a, más uno de apoyo en 1^a, continúa con ritmo sáfico (vv. 2 y 3, y acentos en $4^a/8^a$ o en 4^a y 6^a, en el v. 4). A la serenidad y larga navegación sobre los sáficos del primer cuarteto sucede, en la estrofa segunda, un cambio de ritmo: es heroico (acentos en 2^a y 6^a) el v. 5; melódico (acentos en 3^a y 6^a) el v. 6; vuelve al sáfico (4^a y 6^a) el v. 7; y melódico el v. 8. El primer terceto se abre con otro verso melódico, al que sucede un sáfico (4^a y 8^a) y otro melódico cerrando el terceto. La última estrofa, por fin, se abre con un sáfico (que también podría realizarse como heroico), lo mismo que el verso siguiente, el decimotercero, e incluso que el final. Esta uniformidad del ritmo del terceto final dota al soneto de cierta contundencia.

Estos ritmos eran los usuales y mayoritarios en los endecasílabos de la época: no encontramos variaciones más esporádicas, como las del endecasílabo enfático (1^a y 6^a), ni, desde luego, ritmos modernos, como el dactílico (4^a y 7^a) y otros.

Adecuación de las estructuras sintácticas
a las métricas

Si nos encontramos con un soneto bastante clásico, parecida impresión nos causa la adecuación de las estructuras sintácticas a las métricas, es decir, aquellas que producen figuras como encabalgamientos, redundancias métricas, hipérbatos y desplazamientos de todo tipo, etc. En general recursos expresivos o retóricos potenciados o exigidos por la adecuación del curso lingüístico a la estructura métrica. De esta manera, las estrofas recogen unidades sintácticas amplias y terminan cuando terminan ellas; y los versos —si exceptuamos algún caso dudoso, como el de los versos 12-13— se acoplan totalmente a las estructuras sintácticas, de modo que no se producen desajustes: la pausa métrica, la versal, coincide siempre con algún tipo de pausa sintáctica. Este tipo de estructura produce, nuevamente, una sensación de seguridad, acomodación, contundencia en el modo expresivo.

Tampoco ha tenido que reordenar muchos las unidades lingüísticas mediante hipérbatos; eso sí, percibimos un proceso de anteposición continuada de términos clave a comienzo de verso y de oración, ya desde el comienzo mismo —que comentaremos— hasta en casos como *Dividir y apartar puede el camino* < el camino puede dividir... También se observa el suave pero persistente desplazamiento hacia el final de verso de las palabras que deben cumplir su función en rima: ... *haber mis ojos navegado* < haber navegado mis ojos; *merece ser al cielo trasladado* < merece ser trasladado al cielo; *en el pueblo de luz arder clavado* < arder clavado en el pueblo de luz; etc. Este conjunto de rasgos nos lleva, pues, al taller poético de Quevedo, donde se fragua el poema. En algún caso no podemos dejar de observar cierta dificultad, resuelta a duras penas, como en las rimas de los versos 2 y 3 del primer cuarteto, que se han «rellenado» con poca gracia, casi ripiosamente: ...ondas *frías* / ... entrañas *mías*.

Lenguaje artístico

Uno de los rasgos formales a los que aludíamos antes nos puede servir para acceder al contenido artístico del poema. De acuerdo con el título, sabemos que vamos a leer un poema de amor, de la más pura tradición petrarquista: los efectos de la ausencia amorosa en un «amante». Y el soneto rompe con «fuego». Para cualquier lector de la época situado en la expectativa de un poema amoroso, «fuego» y toda su constelación o isotopía léxica refiere en metáfora consagrada el amor, la pasión. Inmediatamente se matiza: *Fuego a quien tanto mar ha respetado*. La confluencia de esas dos imágenes, la del fuego y la del agua, en un solo contexto poético amoroso crea automáticamente una paradoja figurativa: amor y desdén, pasión y frialdad. No estamos, con todo, históricamente ante un poeta petrarquista temprano, puro; sino ante un poeta que aprendió sus recursos en los petrarquistas y que, por obra del tiempo y de la historia, continúa en cierto modo expresándose con los mismos recursos, frecuentemente rotos, subrayados, exagerados, exprimidos para que sigan produciendo efectos expresivos. La retórica ofrece figuras como la exageración o la hipérbole, que pueden cumplir alguna de esas funciones. En este caso nos vamos a encontrar con esa figuración (Fuego = amor; desdén = agua) mantenida y desarrollada a lo largo de los cuatro primeros versos del soneto. Si ensayáramos las correspondencias de todas esas metáforas, tendríamos que explicar algo así como: Mi amor ardiente *(el fuego)* que no ha podido apagarse *(ha respetado)* con tanto desdén y tantas lágrimas *(mar)*, y que a pesar de desdenes y llantos *(las ondas frías)*, se ha enquistado en mi interior *(paso abrigado en las entrañas mías)*, después de haberme alimentado con los ojos, por los que entró aun cuando los tenía llenos de lágrimas *(navegado)*. Una explicación de este tipo tiene la ventaja de que nos explica esa complejidad que alcanza el lenguaje poético renacentista en los poetas barrocos.

En esos cuatro primeros versos hay un par de cosas más que no deben pasar desapercibidas. El *Fuego...* ha *navegado* también durante esos cuatro versos, que constituyen un solo elemento lingüístico, son el sujeto de «merece» (al comienzo del v. 5). En otras palabras, las determinaciones de «fuego» se alargan, discurren, navegan durante cuatro versos hasta encontrar el término que mejor las califica, sin llegar a su complemento verbal: la forma subraya sutilmente lo que se nos está diciendo. El lector debe dilatar el hallazgo de «merece» y navegar durante aquellos cuatro primeros versos.

Estructura o disposición

A veces se ha señalado que en la estructura del soneto se advierte la peregrinación simbólica del amante, que camina con los versos desde su amor a través de los ojos —la vista es el sentido rey—, luego interiorizado o espiritualizado, y que terminará por «divinizar», emplazándolo en los cielos, como veremos.

Temas

Ahora que ya hemos entrado totalmente en el soneto, que conocemos buena parte de su estructura, de su tema, lenguaje retórico, etc., estamos en disposición de ir alcanzando niveles de interpretación global más profundos. Por ejemplo, ya sabemos que se trata de un poema amoroso y que lo que se nos está expresando son los efectos del amor en el alma del poeta, no una descripción de la amada, un recuerdo de escenas entre los amantes, etc. Esa versión rabiosamente personal e interiorizada (efectos en el alma) del amor es el tema dominante de toda la poesía europea del Renacimiento y del Barroco, por lo menos.

El segundo cuarteto nos ha dicho algo más: que esa pasión «merece» la eternidad («ser al cielo trasladado»), igualarse con estados y fenómenos cosmicos, ser una estrella fija en el firmamento (el pueblo de luz). En este deseo late, desde luego, la hiopérbole barroca de inundar con el amor tiempos y espacios, para mostrar de ese modo su fuerza y conseguir que todo el orbe sienta lo mismo que el poeta, lleno de esa pasión. Es, además, una concesión a las ideas filosóficas de la época, de origen platónico, con las que se pensaba que el cosmos se organizaba como una serie de esferas superpuestas, arriba la más puras, excelsas; abajo, las más perecederas, ínfimas. La divinización del amor supone llevarlo a las alturas celestiales, para que allí goce de la pureza y de la vida eterna.

En la teoría platónica de la muerte y de la inmortalidad, fácilmente asimilada por el cristianismo, en muchos de sus aspectos, el alma «se desata» o libera en la hora de la muerte y vuela hacia las alturas, en tanto el cuerpo queda, como mero objeto físico, en la tierra. Esa doctrina es la que va a explicar los dos tercetos finales, que son una consecuencia de todo lo que se ha venido poetizando antes. El «camino» de la vida nos puede llevar de una parte a otra, pero si amamos (v. 10) eso nos conduce al «amor puro y divino», es decir, podemos continuamente trascender a partir de las criaturas y sus accidentes (una mujer bella, un atardecer hermoso, cualquier sensación...) hacia la idea pura y perfecta que le corresponde (el amor, la hermosura...), como en las doctrinas platónicas.

El terceto final extrae las consecuencias de todo ello para expresarlas fuera de toda lógica, poéticamente: el alma se quedó prendida de esa sensación de amor, del fuego que le abrasó, dispuesta a trascender hacia el mundo altísimo donde reside el amor, la belleza y de cuantos bienes uno alcanza sus accidentes terrenales. El cuerpo continúa empero su camino hacia la muerte terrenal, eso sí «desierto y solo», sin el «alma»; por eso la paradoja del verso final; el poeta que se expresa y habla, el que vive la vida terrenal y sigue su camino no es él, no lleva su «alma», que se quedó atrás, prendida al amor, ascendiendo a la eternidad.

Resumen y explicación histórica

La perfecta disposición del soneto ofrece una síntesis de ideas de la época, utilizadas poéticamente para expresar la pasión amorosa del poeta. Casi todo el lenguaje procede de la tradición literaria renacentista y manierista, aquella en la que se educó Quevedo, que nombra su pasión, su tristeza y otros efectos como lo habían hecho Garcilaso o Herrera (fuego, agua...), y que describe el proceso amoroso en términos de la filosofía neoplatónica (penetra por los ojos, ocupa el alma, trasciende los accidentes sensoriales...) Los poetas barrocos, cuando quisieron, además, señalar que esa pasión, rabiosamente personal, les ocupaba toda su existencia y que no concebían su muerte, acudieron para expresarlo al sistema de valores de la época, para expresar en términos inteligibles aquella excelsitud. Encontraron en la esfera de lo religioso o de la filosofía religiosa (la metafísica) un campo de conceptos adecuado: su amor sería como decían que era la eternidad, la divinidad, el tránsito de la muerte hacia el infinito, etc. Y así se crearon poemas como éste, de sabor trascendental: el amor es un proceso y un camino de divinización, hacia la eternidad, que no acabará con la muerte, porque se asentó en el alma inmortal.

PROCEDENCIA DE LOS TEXTOS

1. POESÍA DE CANCIONEROS
   Fuentes originales.

2. GARCILASO Y LA POESÍA PETRARQUISTA

Cristóbal de Castillejo: ed. de J. DOMÍNGUEZ BORDONA, Espasa Calpe, Madrid, 1958, reimpr.
Juan Boscán: *Las obras de Boscán y Garcilaso* (1546), ed. de Carlos CLAVERÍA, Cátedra, Madrid, 1998.
Garcilaso de la Vega: ed. de B. MORROS, Barcelona, Crítica, 1995.
Diego Hurtado de Mendoza: *Poesía completa,* ed. José Ignacio DÍEZ FERNÁNDEZ, Planeta, Barcelona, 1988.
Gutierre de Cetina: *Sonetos y madrigales completos*, ed. Begoña LÓPEZ BUENO, Cátedra, Madrid, 1981.
Hernando de Acuña: *Varias poesías*, ed. de Luis F. DÍAZ LARIOS, Cátedra, Madrid, 1983.
Gregorio Silvestre: *Obras,* Granada, 1582.
Francisco de Terrazas: Fuentes originales.
Francisco de Figueroa: *Obra y vida de Francisco de Figueroa*, ed. C. MAURER, Istmo, Madrid, 1988.
Francisco de la Torre: ed. Alonso ZAMORA VICENTE, Espasa Calpe, Madrid, 1972, reimpr.

3. MANIERISMO Y FIN DE SIGLO

Sebastián de Horozco: fuentes originales.
Fray Luis de León: *Poesías,* ed. Juan Francisco ALCINA, Madrid, Cátedra, 1986.

Baltasar de Alcázar: ed. F. RODRÍGUEZ MARÍN, Madrid, 1910.
Fernando de Herrera: ed. Cristóbal CUEVAS, Cátedra, Madrid, 1985.
Francisco de Aldana: ed. Rosa NAVARRO DURÁN, Planeta, Barcelona, 1994.
San Juan de la Cruz: ed. Paola ELIA, Castalia, Madrid, 1990.
López Maldonado: fuentes originales: *Cancionero,* 1586.
Miguel de Cervantes: *Obras,* ed. de Florencio SEVILLA, Alianza, Madrid, en publicación.
Luis Barahona de Soto: fuentes originales.
Poesía anónima: fuentes originales.
Vicente Espinel: ed. Alberto NAVARRO, Universidad, Salamanca, 1980.
Francisco de Medrano: *Rimas,* ed. facs. de Felipe PEDRAZA, Ara-Iovis, Aranjuez, 1985.
Rodrigo Caro: *Gozos poéticos de humanos desengaños...,* ed. de Begoña LÓPEZ BUENO, Biblioteca de la Cultura Andaluza, Sevilla, 1985.
Andrés Fernández de Andrada: ed. de Dámaso ALONSO, Gredos, Madrid, 1978.

4. EL BARROCO

Luis Carrillo y Sotomayor: ed. de Rosa Navarro DURÁN, Castalia, Madrid, 1990.
Lupercio Leonardo de Argensola: ed. de J. Manuel BLECUA, Clásicos Castellanos, Madrid, 1972.
Lope de Vega: ed. de J. M. BLECUA, Planeta, Barcelona, 1969.
Luis de Góngora: ed. de A. CARREIRA, Castalia, Madrid, 1988.
Juan de Salinas: ed. de Henry BONNEVILLE, Castalia, Madrid, 1988.
Bartolomé Leonardo de Argensola: ed. de J. M. BLECUA, Espasa Calpe, Madrid, 1974.
Juan de Arguijo: ed. de S. VRANICH, Castalia, Madrid, 1971.
Pedro de Espinosa: ed. de F. LÓPEZ ESTRADA, Espasa Calpe, Madrid, 1975.
Francisco López de Zárate: ed. José SIMÓN DÍAZ, CSIC, Madrid, 1947.
Francisco de Quevedo: ed. de J. M. BLECUA, Planeta, Barcelona, 1968.
Conde de Villamediana: ed. de José Francisco RUIZ CASANOVA, Cátedra, Madrid, 1990 (impresa) y 1994.
Francisco de Rioja: ed. de Begoña LÓPEZ BUENO, Cátedra, Madrid, 1986.
Conde de Salinas: ed. de Trevor J. DADSON, Visor, Madrid, 1985.
Juan de Jáuregui: ed. de Inmaculada FERRER, Espasa Calpe, Madrid, 1973.

Pedro Soto de Rojas: ed. facs. con pról. de Aurora EGIDO, RAE-Caja de Ahorros de Ronda, Málaga, 1991.
Antonio Hurtado de Mendoza: ed. de Rafael Benítez CLAROS, RAE, Madrid, 1947, 3 vols.
Esteban Manuel de Villegas: ed. de Narciso Alonso Cortés, Espasa Calpe, Madrid, 1969.
Anastasio Pantaleón de Ribera: ed. de Rafael de BALBÍN LUCAS, CSIC, Madrid, 1944.
Gabriel Bocángel: *Sonetos,* ed. de Trevor DADSON, Devenir, Barcelona, 1984. También en *Obras,* ed. de Rafael BENÍTEZ CLAROS (1946).
Salvador Jacinto Polo de Medina: ed. de F. José DÍEZ DE REVENGA, Cátedra, Madrid, 1987.
Antonio de Solís y Rivadeneyra: ed. de POZUELO YVANCOS en *Poesía española del siglo XVII,* Taurus, Madrid, 1984.
Francisco Trillo y Figueroa: ed. de A. GALLEGO MORELL, CSIC, Madrid, 1951.

ÍNDICE DE TÍTULOS Y PRIMEROS VERSOS

A Cristo crucificado, 176
A Dafne ya los brazos le crecían, 83
A Fernando de Soria Galvarro (B. Leonardo de Argensola), 268
A Gregorio Silvestre (Luis Barahona de Soto), 174
A instancia de un caballero mozo, que servía a una dama, era natural de Granada, y se llamaba doña Ana de Huerta (Juan de Salinas), 266
A la memoria de la muerte (Luis Carrillo y Sotomayor), 197
A la mudanza de la fortuna (Juan de Arguijo), 282
A la muerte de Adonis (Francisco López de Zárate), 291
A la muerte del marqués del Valle, escribe de veras (Lope de Vega), 217
A la primera luz que al viento mueve, 217
A la rosa (Francisco de Rioja), 338
A Marfira Damón salud envía, 91
A mis soledades voy, 211
A un hombre de gran nariz (Francisco de Quevedo), 303
A un velón que era juntamente reloj, moralizando su forma (Gabriel Bocángel), 354
A una dama que le envió una perdiz (conde de Villamediana), 334
A una dama que se peinaba (conde de Villamediana), 333
A una fuente (conde de Villamediana), 329
A una rosa (Lope de Vega), 219
¿Adónde te escondiste?, 149
Agora con la aurora (fray Luis de León), 134
Agora con la aurora se levanta, 134

«¡Ah de la vida!»...¿Nadie me responde?, 294
Ahora en la dulce ciencia embebecido, 96
Ahora que estoy despacio, 253
Al Buen Retiro, que fabricó el conde duque en San Jerónimo de Madrid (Antonio Hurtado de Mendoza), 345
Al cardenal duque de Lerma cuando se retiró a Valladolid (conde de Villamediana), 327
Al cumplir años una dama (Antonio de Solís y Rivadeneyra), 361
Al jazmín (Francisco de Rioja), 335
Al rey nuestro señor, soneto (Hernando de Acuña), 101
Al sol, Nise surcaba golfos bellos, 333
Al túmulo del rey Felipe II en Sevilla (Miguel de Cervantes), 168
Alma bella, qu'en este oscuro velo, 143
Amante ausente del sujeto amado después de larga navegación (Francisco de Quevedo), 300
Amarrado al duro banco, 251
Améte, Brasildica, 351
Amor constante más allá de la muerte (Francisco de Quevedo), 301
Amor empieza por desasosiego, 366
Amor no es voluntad, sino destino, 330
Aquel caballero, madre, 59
Ardientes hebras, do s'ilustra el oro, 138
Arguye de inconsecuente el gusto y la censura de los hombres, que en las mujeres acusan lo que causan (sor Juana Inés de la Cruz), 367
¡Ay muerte dura!, ¡ay dura y cruda muerte!, 102
Camino de la muerte, en hora breve, 197
Canción a las ruinas de Itálica (Rodrigo Caro), 182
Canción del comendador Escrivá, 64
Canción I (Fernando de Herrera), 141
Canción IV (Francisco de Figueroa), 111
Canción V: Ode ad forem Gnidi (Garcilaso de la Vega), 85
Cántico espiritual (san Juan de la Cruz), 150
Cargado voy de mí doquier que ando, 78
Carta de Escarramán a la Méndez (Francisco de Quevedo), 321
Cerrar podrá mis ojos la postrera, 301
Clara, süave luz, alegre y bella, 139

ÍNDICE DE TÍTULOS Y PRIMEROS VERSOS 429

Cogiendo este mes de abril, 266
Como el triste piloto que por el mar incierto, 288
Compuso el doctor Juan de Salinas este romance al maestro Fuenmayor... (Juan de Salinas), 261
Con diferencia tal, con gracia tanta, 236
Con dos estremos guerreo, 62
Con planta incierta y paso peregrino, 289
¡Con qué artificio tan divino sales, 219
Coplas del Ropero a unas señoras que le preguntaron qué cosa eran los regüeldos, 65
¿Cuál es la causa, mi Damón, que estando, 144
Cuando contemplo el cielo, 130
Cuando me paro a contemplar mi estado, 80
Cuando Preciosa el panderete toca, 167
Cuesco, obispo, cola y paje (conde de Salinas), 339
Dame el peñasco, Sísifo cansado, 341
Dentro en el vergel, 60
De Ovidio sois muy secaz, 121
De san Lorenzo el Real del Escorial (Luis de Góngora), 238
De un caminante enfermo, que se enamoró donde fue hospedado (Luis de Góngora), 237
De un Obispo de cristal, 346
De un roble duro en la tenaz corteza, 362
Decidme, dama graciosa, 171
Deja, que ya es tiempo, en su sosiego, 164
Dejad las hebras de oro ensortijado, 106
Del dulce fuego que en el pecho me arde, 99
Descaminado, enfermo, peregrino, 237
Descuido del divertido vivir a quien la muerte llega impensada (Francisco de Quevedo), 296
Desde la torre (Francisco de Quevedo), 299
Deseó una dama conocer a Anastasio Pantaleón y sabiéndolo él, escribió al que le dio la noticia una décima y a la señora un romance pintándose (Anastasio Pantaleón de Ribera), 393
Desta nube que ha tanto ya que llueve, 165
Dos mil sabios ayuntados, 64
El aire se serena, 128

El auctor motejando a uno de narigudo (Sebastián de Horozco), 121
El autor a su cuerpo, ya para espirar (Francisco López de Zárate), 290
El bermellón a manchas se mostraba, 177
El Caco de las Españas, 327
El ímpetu crüel de mi destino, 146
El pastorcico (san Juan de la Cruz), 162
Elegía a la muerte de doña María (Gregorio Silvestre), 103
En cunas de esmeraldas, desta fuente, 329
En el secreto de la noche suelo, 179
En fin, en fin, tras tanto andar muriendo, 147
En Fuenmayor, esa villa, 260
En la fiesta de nacimiento de Nuestro Señor (B. Leonardo de Argensola), 267
En la parte más tierna de mi pecho, 343
En las mañanicas, 230
En tanto que de rosa y d'azucena, 84
En una noche escura, 158
Epístola (Diego Hurtado de Mendoza), 91
Epístola moral a Fabio (Andrés Fernández de Andrada), 86
Epístola satírica y censoria contra las costumbres presentes, de los castellanos, escrita a don Gaspar de Guzmán, conde de Olivares, en su valimiento (Francisco de Quevedo), 306
Érase un hombre a una nariz pegado, 302
Es la mujer del hombre más bueno, 224
Escrito está en mi alma vuestro gesto, 81
Esta biforme imagen de la vida, 354
Esta en forma elegante, oh peregrino, 239
Este edificio en tu acierto, 345
Este romance, señor, 353
Este trono, este bulto, a los clamores, 290
Estos de pan llevar campos ahora, 180
Estos, Fabio, ¡ay dolor! que ves ahora, 182
Estos tercetos, en que se describe Aranjuez, se escribieron con ocasión de un libro que imprimió el Maestro fray Juan Tolosa..., 201

Fabio, las esperanzas cortesanas, 186
Fuego a quien tanto mar ha respetado, 300
Garcilaso, que al bien siempre aspiraste, 79
Guayaco, si tú me sanas, 73
Hay un lugar en la mitad de España, 200
Hermana Marica, 242
Hombres necios que acusáis, 364
Honra del mar de España, ilustre río, 284
Hortelano era Belardo, 226
Hoy de tu edad el curso floreciente, 361
Hoy rompe Dios los orbes celestiales, 267
Huye del sol el sol, y se deshace, 355
Íbase la niña, 231
Inscripción para el sepulcro de Domínico Greco (Luis de Góngora), 239
Invocación (Pedro Soto de Rojas), 343
Ir y quedarse, y con quedar partirse, 230
La dulce boca que a gustar convida, 234
La más bella niña, 240
La noche oscura (san Juan de la Cruz), 158
La voz del ojo, que llamamos pedo, 304
Lazos de plata, y de esmeralda rizos, 218
Libros, quien os conoce y os entiende, 216
Lisonjea al Genil porque tercie en su amor (Pedro Soto de Rojas), 344
Llama de amor viva (san Juan de la Cruz), 160
Llevó tras sí los pámpanos otubre, 199
Loor del palo de las Indias estando en la cura de él (Cristóbal de Castillejo), 73
Los cabellos suaves, 350
Los naranjos (Salvador Jacinto Polo de Medina), 356
Madrigal (Gutierre de Cetina), 98
Mil veces callo que romper deseo, 145
Miré los muros de la patria mía, 297
Monostrofe de un baile (Esteban Manuel de Villegas), 350
Mozuelas las de mi barrio, 249
Multum legendum, sed non multa (Lope de Vega), 216

Niña, pues en papo chico, 333
No desconozco en vos mi pensamiento, 331
No he de callar, por más que con el dedo, 305
No me mueve mi Dios, para quererte, 176
No puedo apartarme, 60
No sabe qué es amor quien no te ama, 215
No sé cómo, ni cuándo, ni qué cosa, 181
Noche, que en tu amoroso y dulce olvido, 116
Ocio manso del alma, sosegado, 109
Oda I: Canción de la vida solitaria (fray Luis de León), 124
Oda III: A Francisco de Salinas (fray Luis de León), 128
Oda VIII: Noche serena (fray Luis de León), 131
Oda XXXIII (Esteban Manuel de Villegas), 351
¡Oh cuánto dice en su favor quien calla, 331
¡Oh dulces prendas por mi mal halladas, 82
¡Oh llama de amor viva, 160
¡Oh vida dulce y sabrosa, 69
¡Oh, en pura nieve y púrpura bañado, 335
Ojos claros, serenos, 98
Partiendo de la luz donde solía, 107
Pasa el melcochero, 363
Pastor que con tus silbos amorosos, 220
Poderoso caballero / es don Dinero, 316
Pomos de olor son al prado, 356
Pregona el firmamento, 285
Pura, encendida rosa, 337
Que consuela a un celoso, epilogando la serie de los amores (sor Juana Inés de la Cruz), 366
Qué descansada vida, 123
–¿Qué me quiere, señor? –Niña, hoderte, 173
Que no pudo acabar su (conde de Salinas), 340
¿Qué tengo yo, que mi amistad procuras?, 221
Quien quisiere ser culto en solo un día, 319
Rasgos y borrajos de la pluma (Lope de Vega), 218
Recetas para hacer soledades en un día (Francisco de Quevedo), 319

Reconocimiento de la vanidad del mundo (Francisco de Aldana), 147
Represéntase la brevedad de lo que se vive y cuán nada parece lo que se vivió (Francisco de Quevedo), 295
Retirado en la paz de estos desiertos, 299
Rosas desojadas vierte, 291
Saca, Genil, de tu nevada gruta, 344
Sacros, altos, dorados capiteles, 238
Sale la aurora, y de su fértil manto, 110
Salmo a la perfección de la naturaleza, obra de Dios (Pedro de Espinosa), 285
Salmo XVII (Francisco de Quevedo), 297
¿Será verdad, permitirálo el cielo, 165
Si de mi baja lira, 85
Si la harpa, si el órgano sabroso, 174
Sigo, silencio, tu estrellado manto, 115
Sobre Baza estaba el Rey, 61
Soneto (Boscán), 78
Soneto (Diego Hurtado de Mendoza), 96
Soneto (Francisco de Terrazas), 106
Soneto (Gutierre de Cetina), 99
Soneto I (Garcilaso de la Vega), 80
Soneto I (Miguel de Cervantes), 167
Soneto II: A Fernando de Soria Galvarro (Francisco de Medrano), 179
Soneto V (Francisco de Figueroa), 109
Soneto V (Francisco de la Torre), 115
Soneto V (Garcilaso de la Vega), 80
Soneto X (Garcilaso de la Vega), 82
Soneto XI (Francisco de Figueroa), 110
Soneto XII (Fernando de Herrera), 137
Soneto XII (Francisco de Medrano), 179
Soneto XIII (Garcilaso de la Vega), 83
Soneto XLV (Fernando de Herrera), 140
Soneto XV (Francisco de la Torre), 116
Soneto XXIII (Garcilaso de la Vega), 84
Soneto XXIX (Francisco de Medrano), 181

Soneto XXVI (Fernando de Herrera), 143
Soneto XXVI: A las ruinas de Itálica, que ahora llaman Sevilla la Vieja, junto de las cuales está su heredamiento Mirarbueno (Francisco de Medrano), 180
Soneto XXXIII (Fernando de Herrera), 139
Soneto a la Santísima Virgen María, con ocasión de haberle guiado en las tormentas del alma (Pedro de Espinosa), 288
Soneto al Guadalhorce y su pastorcilla (Pedro de Espinosa), 284
Soneto sobre la belleza frágil y perecedera (Pedro de Espinosa), 289
Süave Sueño, tú, qu'en tardo vuelo, 141
Suelta mi mano, mayoral extraño, 223
Tras de un amoroso lance, 161
Traten otros del gobierno, 247
Trébole oledero, amigo, 171
Tres cosas me tienen preso, 135
Un godo, que una cueva en la montaña, 298
Un pastorcico solo está penado, 162
Un santo mártir miraba, 339
Un soneto me manda hacer Violante, 225
Ved el cuerpo donde llega, 63
Ven, muerte, tan escondida, 64
Versos de amor, conceptos esparcidos, 222
Vivir es caminar breve jornada, 296
Voto a Dios que me espanta esta grandeza, 168
Ya está guardado en la trena, 320
Ya no quiero más bien que sólo amaros, 221
Ya se acerca, señor, o ya es llegada, 100
Yendo de la cola asido, 339
Yo llegué de Madrid, Gerardo, 357
Yo quiero, mi Fernando, obedecerte, 268
Yo vi del rojo sol la luz serena, 282
Yo voy por esta solitaria tierra, 137

COLECCIÓN AUSTRAL

EDICIONES DIDÁCTICAS

20 Anónimo
    Cantar de Mio Cid
    Prólogo de Martín de Riquer
    Introducción y apéndice didáctico de Juan Carlos Conde

21 Don Juan Manuel
    El conde Lucanor
    Edición y apéndice didáctico de M.ª Jesús Lacarra

31 Pedro Calderón de la Barca
    La vida es sueño
    Edición y apéndice didáctico de Evangelina Rodríguez Cuadros

33 Antonio Machado
    Poesías completas
    Edición de Manuel Alvar López
    Apéndice didáctico de M.ª Pilar Celma

43 Leopoldo Alas «Clarín»
    El señor, y lo demás son cuentos
    Edición de Gonzalo Sobejano
    Apéndice didáctico de Rafael Rodríguez Marín

51 José Zorrilla
    Don Juan Tenorio
    Prólogo e introducción de Francisco Nieva
    Edición y apéndice didáctico de Juan Francisco Peña

63 Miguel Mihura
    Tres sombreros de copa
    Edición y apéndice didáctico de Antonio Tordera

69 Leandro Fernández de Moratín
    El sí de las niñas / La comedia nueva
    Edición de René Andioc
    Apéndice didáctico de M.ª J. Alcalde

71 Enrique Jardiel Poncela
    Eloísa está debajo de un almendro / Las cinco advertencias de Satanás
    Edición de M.ª J. Conde Guerri
    Apéndice didáctico de J. M. Ocaña Iglesias

77 Federico García Lorca
    La casa de Bernarda Alba
    Edición y apéndice didáctico de Joaquín Forradellas

Voltaire
83 **Tratado sobre la tolerancia**
Edición y traducción de Mauro Armiño
Apéndice didáctico de Francisco Alonso

José Cadalso
94 **Cartas marruecas**
Edición de José Miguel Caso González
Apéndice didáctico de Antonio Cerrada

Garcilaso de la Vega
96 **Poesía completa**
Edición y apéndice didáctico de Juan Francisco Alcina

Mariano José de Larra
99 **Artículos de costumbres**
Edición y apéndice didáctico de L. F. Díaz Larios

Fernando Fernán-Gómez
109 **Las bicicletas son para el verano**
Introducción de Eduardo Haro Tecglen
Apéndice didáctico de Luis Fernández

Miguel de Unamuno
110 **San Manuel Bueno, mártir**
Edición de Víctor García de la Concha
Apéndice didáctico de Óscar Barrero

Miguel de Unamuno
115 **Niebla**
Edición de Germán Gullón
Apéndice didáctico de Heilette van Ree

Wenceslao Fernández Flórez
128 **El bosque animado**
Edición de José Carlos Mainer
Apéndice didáctico de Ana Isabel Gaspar Díaz

Jacinto Benavente
133 **Los intereses creados**
Edición de Francisco Javier Díaz de Castro
Apéndice didáctico de Almudena del Olmo

Jorge Manrique
152 **Poesías completas**
Edición y apéndice didáctico de Miguel Ángel Pérez Priego

Federico García Lorca
156 **Romancero gitano**
Edición de Ch. de Paepe
Introducción y apéndice didáctico de Esperanza Ortega

Duque de Rivas
162 **Don Álvaro o la fuerza del sino**
Edición de Carlos Ruiz Silva
Apéndice didáctico de Juan Francisco Peña

Max Weber
192 **La ciencia como profesión / La política como profesión**
Edición de Joaquín Abellán
Apéndice didáctico de Luis Castro Nogueira

Pedro Antonio de Alarcón
228 **El sombrero de tres picos / El Capitán Veneno**
Edición y apéndice didáctico de Jesús Rubio Jiménez

Juan Ramón Jiménez
243 **Segunda antolojía poética (1898-1918)**
Edición y apéndice didáctico de Javier Blasco

Azorín
254 **Castilla**
Edición de Inman Fox
Apéndice didáctico de Seve Calleja

José Luis Alonso de Santos
260 **El álbum familiar / Bajarse al moro**
Edición y apéndice didáctico de Andrés Amorós

Rubén Darío
269 **Antología poética**
Prólogo de Octavio Paz
Edición y apéndice didáctico de Carmen Ruiz Barrionuevo

Aristóteles
270 **Moral, a Nicómaco**
Introducción y apéndice didáctico de Luis Castro Nogueira

Fernando de Rojas
282 **Celestina**
Edición de Pedro M. Piñero Ramírez
Apéndice didáctico de Fernando Rayo y Gala Blasco

Francisco de Quevedo
300 **Historia de la vida del Buscón**
Edición y apéndice didáctico de Ignacio Arellano

Antonio Buero Vallejo
302 **El tragaluz**
Edición de Luis Iglesias Feijoo
Apéndice didáctico de Ana M.ª Platas

William Shakespeare
317 **Romeo y Julieta**
Edición y traducción de Ángel-Luis Pujante
Apéndice didáctico de Clara Calvo

Carlos Arniches
322 **El amigo Melquiades / La señorita de Trevélez**
Edición de Manuel Seco
Apéndice didáctico de Mariano de Paco

William Shakespeare
350 **Hamlet**
Traducción y edición de Ángel-Luis Pujante
Apéndice didáctico de Clara Calvo

Molière
353 **El Tartufo o El impostor**
Edición y traducción de Mauro Armiño
Apéndice didáctico de Francisco Alonso

Lope de Vega
359 **Fuente Ovejuna**
Edición de Rinaldo Froldi
Apéndice didáctico de Abraham Madroñal Durán

Pablo Neruda
400 **Veinte poemas de amor y una canción desesperada**
Edición y apéndice didáctico de José Carlos Rovira

Miguel de Cervantes
402 **Novelas ejemplares. Selección**
CONTIENE: **La gitanilla / Rinconete y Cortadillo / El casamiento engañoso / El coloquio de los perros**
Edición y apéndice didáctico de Florencio Sevilla y Antonio Rey

Gustavo Adolfo Bécquer
403 **Rimas y leyendas**
Edición y apéndice didáctico de F. López Estrada y
M.ª T. López García-Berdoy

Antonio Buero Vallejo
404 **Historia de una escalera**
Edición y apéndice didáctico de Virtudes Serrano

Rosalía de Castro
406 **En las orillas del Sar**
Edición y apéndice didáctico de Mauro Armiño

José de Espronceda
417 **Prosa literaria y política / Poesía lírica / El estudiante de Salamanca / El diablo mundo**
Edición y apéndice didáctico de Guillermo Carnero

Lope de Vega
418 **El caballero de Olmedo**
Edición y apéndice didáctico de Ignacio Arellano y
José Manuel Escudero

Camilo José Cela
421 **La colmena**
Edición y apéndice didáctico de Eduardo Alonso

Francisco de Quevedo
436 **Los sueños**
Edición y apéndice didáctico de Ignacio Arellano y
M.ª Carmen Pinillos

Miguel de Cervantes
451 **Entremeses**
Edición y apéndice didáctico de Jacobo Sanz Elmira

Rosalía de Castro
462 **Cantares gallegos**
Edición y apéndice didáctico de Mauro Armiño

Voltaire
464 **El ingenuo y otros cuentos**
Edición y apéndice didáctico de Mauro Armiño

Benito Pérez Galdós
470 **Miau**
Edición de Germán Gullón
Apéndice didáctico de Heilette van Ree

AA. VV.
472 **Antología de la poesía española del Siglo de Oro**
Edición de Pablo Jauralde Pou
Apéndice didáctico de Mercedes Sánchez Sánchez

Antonio Buero Vallejo
473 **Las meninas**
Edición y apéndice didáctico de Virtudes Serrano

Carmen Martín Gaite
475 **Cuéntame**
Edición y apéndice didáctico de Emma Martinell

Enrique Jardiel Poncela
478 **Angelina o El honor de un brigadier / Un marido de ida y vuelta**
Edición de Francisco J. Díaz de Castro
Apéndice didáctico de Almudena del Olmo Iturriante

Gustavo Adolfo Bécquer
482 **Desde mi celda. Cartas literarias**
Edición y apéndice didáctico de M.ª Paz Díez-Taboada

Miguel Hernández
487 **Antología poética**
Edición y apéndice didáctico de José Luis V. Ferris

Friedrich Nietzsche
493 **El gay saber**
Edición y apéndice didáctico de José Luis Jiménez Moreno

José Sanchis Sinisterra
495 **Ay, Carmela / El lector por horas**
Edición y apéndice didáctico de Eduardo Pérez Rasilla

Enrique Jardiel Poncela
497 **Cuatro corazones con freno y marcha atrás /
Los ladrones somos gente honrada**
Edición y apéndice didáctico de Fernando Valls y David Roas

Boccaccio
511 **Decamerón**
Traducción de Pilar Gómez Bedate
Edición y apéndice didáctico de Anna Girardi

Luis Rojas Marcos
516 **La ciudad y sus desafíos**
Apéndice didáctico de Francisco Alonso

Voltaire
525 **Cándido**
Traducción y edición de Mauro Armiño
Apéndice didáctico de Francisco Alonso

Luis Mateo Díez
529 **Los males menores**
Edición de Fernando Valls
Apéndice didáctico de Enrique Turpin

Juan Marsé
536 **Cuentos completos**
Edición y apéndice didáctico de Enrique Turpin